Beate Schwartau

Neu im Betriebsrat

aktiv im Betriebsrat

Beate Schwartau

Neu im Betriebsrat

Richtig organisiert – gut informiert –
Fehler vermeiden

3. Auflage

BUND
VERLAG

Bibliographische Information Der Deutschen Nationalbibliothek
Die Deutsche Nationalbibliothek verzeichnet diese Publikation in der Deutschen Nationalbibliografie;
detaillierte bibliografische Daten sind im Internet über http://dnb.d-nb.de abrufbar.

3., überarbeitete Auflage 2014
© 2006 by Bund-Verlag GmbH, Frankfurt am Main
Herstellung: Kerstin Wilke
Umschlag: eigensinn, Frankfurt am Main
Umschlagfoto: ©panthermedia.net/Francesco Perre
Satz: Satzbetrieb Schäper GmbH, Bonn
Druck: CPI books GmbH, Leck
Printed in Germany 2014
ISBN 978-3-7663-6289-6

Alle Rechte vorbehalten,
insbesondere die des öffentlichen Vortrags,
der Rundfunksendung
und der Fernsehausstrahlung,
der fotomechanischen Wiedergabe, auch einzelner Teile.

www.bund-verlag.de

Vorwort

»... und lernen tut man Gott sei Dank ja doch ein ganzes Leben lang.«
Mitarbeiterinnen und Mitarbeiter, die zum ersten Mal in den Betriebsrat gewählt worden sind, stehen am Anfang ihrer Amtszeit oft staunend vor einer unüberschaubaren Herausforderung, die das Amt der Betriebsrätin oder des Betriebsrats mit sich bringt.

Sie wollen nur Gutes für die Kolleginnen und Kollegen tun, und doch verwandelt sich ihre Heldinnen- und Heldenkraft oft in kurzer Zeit zu Ratlosigkeit, und das Amt mutiert zu einer Last, die schlaflose Nächte bereiten kann.

Schnell stellen sie fest, dass es nicht ausreicht, dem Arbeitgeber oder der Arbeitgeberin zu sagen: »Wir wollen und brauchen jenes, weil es gut für den Betrieb und für uns ist.« Kommunikative Begabung allein führt nicht zum Ziel. Ebenso wichtig ist das formaljuristische Korsett des Betriebsverfassungsgesetzes, in dem es sich geschickt zu bewegen gilt.

Mein besonderer Dank geht an die vielen Betriebsräte, die mir ihre vielen Anregungen haben zukommen lassen, damit sie in diesem Buch veröffentlicht werden können. Ich danke Knut Becker für die Erlaubnis, eines seiner Gedichte aufzunehmen, der Grafikerin Nicole Guerniche von www.design-schwestern.de und der Illustratorin Christine »Toni« Neumann www.tonineumann.de oder www.christineneumann.blogspot.com sowie Diana Skoda aus Hamburg.

Dieses Buch beschreibt aus einer über 25-jährigen Erfahrung, über welche Steine erstmals gewählte Betriebsräte stolpern können und welche Hürden es zu meistern gilt.

Es hat nicht den Anspruch, einer dogmatischen Rechtsanwendung zu entsprechen. Es will die geforderte Rechtsanwendung mit praxisrelevanter sozialer Kompetenz vereinen, so dass klassische Anfängerfehler vermieden werden.

Betriebsratsvorsitzende, die zum ersten Mal in ihr Amt gewählt worden sind, bekommen Alltagstipps, damit sie die Gremienarbeit besser moderieren können.

»Alte Hasen« finden Anregungen, wie sie neue Betriebsratsmitglieder möglichst von Beginn an professionell und effizient in die Arbeit einbeziehen können. Dann verteilen sich auch Glück und Frust gleichmäßig – und geteiltes Leid ist bekanntlich halbes Leid.

Mir hilft es in meiner Arbeit immer, mich daran zu erinnern, wie überfordert und überfragt ich war, als ich zur Betriebsrätin gewählt worden war. Es dauerte eine ganze Weile, bis ich auf dem Klavier der gesetzlichen Interessenvertretung einen einigermaßen klangvollen Ton produzieren konnte.

Ich wünsche allen Neulingen »toi, toi, toi«. Ich weiß, dass jede Arbeitnehmerin und jeder Arbeitnehmer den Anforderungen dieses Amtes – mit etwas Geduld und im Laufe der Zeit – gerecht werden kann.

»Ich kann das nicht«, »Ich schaffe das nicht« oder auch »Was habe ich mir denn da angetan?!!«, hat jede und jeder einmal gedacht. Wer diesen vorübergehenden Einbruch überwinden konnte, ging gestärkt aus ihm hervor.

Zunächst aber: Herzlich willkommen in der juristischen Welt!

Anmerkung: Als Autorin befürworte ich die Anwendung weiblicher und männlicher Sprachformen. Der ausgleichenden Gerechtigkeit halber wäre es allerdings vielleicht einmal angebracht, zugunsten einer besseren Lesbarkeit durchgängig die weibliche Form zu benutzen. Das will ich den Männern jedoch nicht zumuten. So habe ich die einzelnen Kapitel abwechselnd in der weiblichen und der männlichen Form verfasst. Auch hier gilt: Geteiltes Leid ist halbes Leid.

Ich freue mich über Anregungen. Sie erreichen mich unter Beate Schwartau, Friedensallee 380, 22761 Hamburg, per E-Mail unter beate.schwartau@web.de und www.beateschwartau.de.

Inhaltsverzeichnis

Vorwort 5
Abkürzungsverzeichnis 13
Literaturverzeichnis 15

Kapitel 1 – Spielregeln im Arbeitsrecht 17

A. Einführung in das juristische Denken 18
1. Systematische Auslegung von Paragraphen –
    Wie Juristinnen werten 21
1.1 Auslegung des Wortlauts –
    Was bedeutet es dem Wort nach? 22
1.2 Systematische Auslegung 23
1.3 Teleologische Auslegung –
    Die Frage nach dem Sinn und Zweck des Paragraphen 25
1.3.1 Historische Auslegung 25
1.3.2 Theologische Auslegung 26
1.4. Fazit 27
2.   Richtig zitieren 28

B. Rechtliche Grundlagen in der Betriebsratsarbeit –
    Rechtsquellen und Gesetzeshierarchie im Arbeitsrecht ... 31

1. Das Grundgesetz 33
2. Europäisches Recht 34
3. Bundesgesetze 35
4. Landesgesetze 36
5. Rechtsverordnungen 37
6. Tarifverträge/Gewerkschaftsrecht 37
7. Betriebsvereinbarungen 44
8. Arbeitsvertrag 46
8.1 Betriebliche Übung 49
8.2 Betriebliche Gesamtzusage 50
9. Direktionsrecht der Arbeitgeberin 50

10.	Aufbau des Betriebsverfassungsgesetzes (Allgemeiner Teil und Besonderer Teil des Gesetzes)	58
11.	Abgrenzung des Arbeitsrechts der einzelnen Arbeitsperson und der Handlungspflicht der Betriebsräte nach dem Betriebsverfassungsgesetz	64
12.	Systematischer Aufbau des Betriebsverfassungsgesetzes	67
C.	**Beginn der Betriebsratsarbeit mit der konstituierenden Sitzung**	**71**

Kapitel 2 – Ein-Personen-Betriebsrat – »Betriebsobmann/Betriebsobfrau« 73

Kapitel 3 – Betriebsratsarbeit in Kleinbetrieben 76

Kapitel 4 – Betriebsratsarbeit mit Freistellung 78

1.	Das große Missverständnis um die Freistellung	79
2.	Die hohe Kunst des Delegierens	81
3.	Nutzen Sie die Möglichkeit, sich professionell zu organisieren	82

Kapitel 5 – Geschäftsführung des Betriebsrats oder »Auch Betriebsratsarbeit ist Teamarbeit« 83

1.	Die verschiedenen Rollen der Betriebsratsmitglieder	83
2.	Die Betriebsratsvorsitzende und die Stellvertreterin	85
3.	Rolle der einzelnen Betriebsratsmitglieder	87
4.	Ersatzmitglieder	89
4.1	Wann muss ein Ersatzmitglied geladen werden?	89
4.2	Wer ist wann ein echtes Ersatzmitglied?/Minderheitenschutz	90
4.2.1	Vertretung bei Listenwahl	90
4.2.2	Vertretung bei Personenwahl	91
4.3	Hat ein Ersatzmitglied Anspruch auf regelmäßige Informationen?	91
5.	Aufgabenteilung – Teamarbeit ist angesagt	92
6.	Warmherziger und nachsichtiger Umgang mit den neuen Betriebsräten	94

Kapitel 6 – Organisation der Betriebsratsarbeit 96

1.	Die Notwendigkeit einer Betriebsratssitzung	96
1.1	Vorbereitung der Betriebsratssitzung, § 29 ff. BetrVG	97
1.2	Checkliste zur Durchführung einer Betriebsratssitzung	98
1.2.1	Eröffnung der Sitzung	98

Inhaltsverzeichnis

1.2.2	Tagesordnung verlesen, Änderungswünsche erfragen	98
1.2.3	Protokoll der letzten Sitzung beraten und beschließen	98
1.2.4	Tagesordnung abarbeiten	98
1.2.5	Vorgehen nach Aufruf des Tagesordnungspunktes	98
1.2.6	Am Ende der Diskussion zu einem Tagesordnungspunkt	98
1.2.7	Arbeitsaufträge an Ausschüsse bzw. einzelne Betriebsratsmitglieder verteilen	99
1.2.8	Termin der nächsten Sitzung vereinbaren	99
1.2.9	Die wesentlichen Punkte protokollieren	99
1.3	Paragraphen, die zwingend beachtet werden müssen	99
1.3.1	Einberufung von Sitzungen	99
1.3.2	Betriebsratssitzung	100
1.3.3	Teilnahme an Betriebsratssitzung für alle Betriebsratsmitglieder	100
1.3.3.1	Beschlüsse des Betriebsrats	100
1.3.3.2	Beschlussfähigkeit	101
1.3.3.3	Wie werden Mehrheiten gefunden? Umgang mit Stimmengleichheit	101
1.3.4	Sitzungsniederschrift	101
1.3.5	Wesentliche Informationen an den Arbeitgeber	105
2.	Zeitlicher Aufwand für die Betriebsratsarbeit	106
3.	Die Geschäftsordnung	107
4.	Übertragung von Arbeit in Ausschüsse	113
5.	Öffentlichkeitsarbeit und Informationspflicht	114
6.	Vereinbarkeit der Betriebsratsarbeit mit Familie & Beruf	116
6.1	Engagement des Bundesministeriums und der Gewerkschaften	117
6.2	Stand der Forschung	117
6.3	Was brauchen Betriebsräte?	119
6.4	Ergebnis	120
7.	Die Pflicht, sich schulen zu lassen	120
7.1	Anspruch nach § 37 Abs. 7 BetrVG: Zusätzlicher Bildungsurlaub	121
7.2	Anspruch nach § 37 Abs. 6 BetrVG: Erforderliche Bildung	121
7.3	Was ist zu tun, wenn der Arbeitgeber die Schulung nicht bewilligt?	126
7.4	Regelung für Teilzeitkräfte/Ausgleichsregelung bei Vollzeitschulungen	127
7.5	Wann hat ein Ersatzmitglied Anspruch auf Schulung?	128
8.	Kosten der Betriebsratsarbeit oder »Geiz ist geil – billig ist das Ziel«?	129
9.	Die Betriebsversammlung	132
9.1	Vorbereitung, Abhalten und Auswertung einer Betriebsversammlung	133

9.2	Organisatorische Eckpunkte zur Vorbereitung einer Betriebsversammlung	136
9.2.1	Einladung und organisatorische Vorbereitung	136
9.2.2	Tagesordnung	136
9.2.3	Tätigkeitsbericht vorbereiten und aufteilen	137
9.2.4	Einbeziehung der Beschäftigten in die Diskussion vorbereiten	137
9.2.5	Redebeiträge vorbereiten	137
9.2.6	Auf mögliche Reaktionen der Opposition vorbereiten	137
9.3	Hausrecht des Betriebsrats während seiner Betriebsversammlung	138
10.	Strategie & Taktik	138
10.1	Beispiel für Strategie & Taktik	141
10.2	Zusammenfassung	145

Kapitel 7 – »Vertrauensvolle Zusammenarbeit«, »Rechte und Pflichten« 147

1.	Wer ist Arbeitgeberin im Sinne des Gesetzes?	147
2.	Plötzlich auf Augenhöhe mit der Arbeitgeberin	149
3.	Sinn und Zweck des Monatsgesprächs nach § 74 Abs. 1 BetrVG	150
3.1	Durchsetzung der Regelmäßigkeit	152
3.2	Recht auf Protokollführung	153
4.	Vertrauensvolle Zusammenarbeit des Betriebsrats mit der Arbeitgeberin	153
5.	Vertrauensvolle Zusammenarbeit der Arbeitgeberin mit dem Betriebsrat	154
6.	Geheimhaltungspflicht des Betriebsrats	157
6.1	Geheimhaltungspflicht vor Betriebsratsmitgliedern?	159
6.2	Geheimhaltungspflicht vor der Arbeitgeberin	159
6.3	Geheimhaltungspflicht vor betriebsfremden Personen	160

Kapitel 8 – Einfluss der Kollegen auf die Betriebsratsarbeit 161

Kapitel 9 – Gesprächs- und Verhandlungsführung 163

1.	Woran ist eine partnerschaftliche Kommunikation erkennbar?	164
1.1	Gesprächsführung als Prozess in vier Phasen	164
1.2	Unterschiedliche Absichten innerhalb der unterschiedlichen Gespräche	165
2.	Kennzeichen der einzelnen Gesprächstypen	166
2.1	Das Beratungsgespräch	166
2.2	Das Seelsorgegespräch	167

Inhaltsverzeichnis

2.3	Für Verhandlungen	168
2.4	Für das Konfliktgespräch	168
2.5	Unterscheidung des Konfliktgesprächs von Kampfauseinandersetzungen	169
2.6	Beispiele für KIVA in den unterschiedlichen Gesprächskategorien	169
2.6.1	Es besteht keine Gesprächsbereitschaft	169
2.6.2	KIVA im Beratungsgespräch	171
2.6.3	KIVA im Seelsorgegespräch	171
2.6.4	KIVA in einer Verhandlung – oder: Warum dauert es so lange!	172
2.6.5	KIVA in einem Konfliktgespräch	175
2.6.5.1	Beispiel für den technischen Ablauf einer Konfliktmoderation	178
2.6.5.2	Zusammenfassung	181
3.	Wie rede ich jetzt mit meiner Chefin?	182

Kapitel 10 – Sich Hilfe organisieren ... 186

1.	Internetnutzung	186
2.	Bücherempfehlung	188
3.	Zusammenarbeit mit der Gewerkschaft	190
4.	Anrufung der Einigungsstelle	192
5.	Sachverstand und Unterstützung organisieren	196
5.1	Sachverstand über § 80 Abs. 2 Satz 3 BetrVG: Interner Sachverstand	196
5.2	Sachverstand über § 80 Abs. 3 BetrVG: Externer Sachverstand	196
5.3	Sachverstand nach § 111 BetrVG, ab 300 Beschäftigten	200
6.	Umgang mit Rechtsanwälten	200
7.	Das Arbeitsgericht einschalten	201
7.1	Auf hoher See und vor Gericht	203
7.1.1	Beispiel der Vereinbarkeit von Familie & Beruf	204
7.1.1.1	Die Sichtweise aus dem Grundgesetz	205
7.1.1.2	§ 80 Abs. 1, Nr. 2a und 2b BetrVG	205
7.1.1.3	Teleologische Bewertung	206
7.2	Zwischenergebnis	206
7.3	Gerichtsentscheidung zum Thema	207
7.3.1	Pro Familie aus Hessen	207
7.3.2	Contra Familie aus Nürnberg	207
7.3.3	Was sagte das Bundesarbeitsgericht?	208
7.3.4	Auswirkung auf die Praxis	208
7.4	Ergebnis	209
8.	Rechtliche Schranken für den Arbeitgeber	209

9. Rechtliche Schranken für den Betriebsrat 210
10. Haftung des Betriebsrats? 210

Stichwortverzeichnis 213

Anmerkungen

* ✱ Beispiel
* ➔ Hinweis
* Ⓟ Achtung

Abkürzungsverzeichnis

Abs.	Absatz
AGG	Allgemeines Gleichbehandlungsgesetz
AiB	Arbeitsrecht im Betrieb (Fachzeitschrift für Betriebsräte)
AP	Arbeitsrechtliche Praxis (Nachschlagwerk des BAG; BAG-Loseblattsammlung)
Art.	Artikel
Aufl.	Auflage
AuR	Arbeit und Recht (Fachzeitschrift für das Arbeitsrecht)
BAG	Bundesarbeitsgericht
BB	Betriebs-Berater (Fachzeitschrift für das Arbeitsrecht)
BetrVG	Betriebsverfassungsgesetz
BGB	Bürgerliches Gesetzbuch
BR	Betriebsrat
BUrlG	Bundesurlaubsgesetz
bzw.	beziehungsweise
DDR	Deutsche Demokratische Republik
Def.	Definition
DGB	Deutscher Gewerkschaftsbund
ebd.	ebenda
etc.	et cetera
EU	Europäische Union
EU-Richtlinie	Europäische Union – Richtlinie
f./ff.	folgende
gem.	gemäß
GBR	Gesamtbetriebsrat
GG	Grundgesetz der Bundesrepublik Deutschland
ggf.	gegebenenfalls
HS.	Halbsatz
i.V.m.	in Verbindung mit
JAV	Jugend- und Ausbildungsvertretung
KBR	Konzernbetriebsrat
KIVA	Kontakt Information Vereinbarung Abschluss
KSchG	Kündigungsschutzgesetz

LAG	Landesarbeitsgericht
MuSchG	Mutterschutzgesetz
Nr.	Nummer
o. ä.	oder ähnliche
Rz	Randziffer
S.	Seite
SGB III	drittes Sozialgesetzbuch
u. a.	unter anderem
USA	United States of America
usw.	und so weiter
v.	vom
vgl.	vergleiche
WA	Wirtschaftsausschuss
z. B.	zum Beispiel

Literaturverzeichnis

Däubler/Kittner/Klebe/Wedde (Hrsg.)   Betriebsverfassungsgesetz, Kommentar für die Praxis, 13. Aufl., 2012, Bund-Verlag

Jurczyk/Szymenderski/Schein u. a.   Entgrenzte Arbeit – entgrenzte Familie; Grenzmanagement im Alltag als neue Herausforderung (Forschung aus der Hans-Böckler-Stiftung Bd. 100), 2009, Edition Sigma

Kittner/Zwanziger/Deinert (Hrsg.)   Arbeitsrecht, Handbuch für die Praxis, 7. Aufl., 2013, Bund-Verlag

Schwartau   Gesamtbetriebsrat und Konzernbetriebsrat, 1. Aufl., 2012

Kapitel 1
Spielregeln im Arbeitsrecht

Vergessen Sie nicht, dass Sie hier auch noch zu produzieren haben. Ich habe Sie nicht eingestellt, damit Sie mir Ärger machen...

Heldin der Arbeit

Was darf ich, was darf ich nicht?
Bloß nichts falsch machen
Gesetze
Neues: Was muss ich tun?
Gewerkschaft
Urteile
Abreitsgesetze
Termine koordinieren
Yoga-Kurs?
Konfliktgespräche führen
Entlassungen verhindern

Schulungen
Job schaffen
Gesetzlichen Anforderungen genügen
Sich unbeliebt beim Chef machen
Den Kolleginnen alles Recht machen?!
Meine Kinder
Meine kranke Mutter
Mein Haushalt
Meine Freunde
Mein Leben
Ich schaff das schon
Wir haben dich gewählt, damit du dich für uns gerade machst

Herzlich willkommen in der juristischen Welt. Das Buch führt Sie zunächst in die juristischen Spielregeln ein, denn um diese kommen Sie nicht herum, wenn Sie Ihr Amt als Betriebsrat professionell und erfolgreich führen wollen.

A. Einführung in das juristische Denken

Solange ein Betriebsrat seine Handlungskompetenz aus dem Betriebsverfassungsgesetz schöpfen muss, ist es unumgänglich zu verstehen, dass juristische Texte ihre eigene Bedeutung haben. Die juristische Sprache unterscheidet sich von der normalen Umgangssprache insofern, als sie bedeutet, was die Juristinnen darunter verstehen. Was im Gesetzestext steht, hat eine eigene, unverwechselbare Bedeutung. Die folgenden Grundvokabeln gelten in allen Gesetzen der Bundesrepublik Deutschland gleichermaßen.

Wörter aus dem Gesetz **Bedeutung**

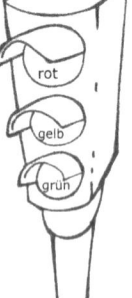

HAT, MUSS, IST Absolut zwingend. Die Nichtanwendung stellt einen Gesetzesverstoß dar.

SOLL Regel mit begründeter Ausnahme.

Es muss ein sachlicher Grund vorliegen, weshalb hier ausnahmsweise etwas anderes geregelt werden soll.

Die Ausnahme muss allerdings im Sinne der gesetzlichen Regelungspflicht begründet werden.

KANN Freies Ermessen. Hier kann der Betriebsrat etwas regeln, er kann es aber auch sein lassen. Die Entscheidungsbefugnis liegt auf der Seite der Person, für die das KANN bestimmt ist.

Aus dem Alltag
Wenn ich mit dem Fahrrad auf eine Ampel zufahre, und die Ampel zeigt ROT, darf ich die Kreuzung nicht überqueren. Wenn die Ampel auf GELB steht, muss ich anhalten, es sei denn, ich schätze mein Tempo so ein, dass ich nicht mehr rechtzeitig zum Stehen komme. Wenn die Ampel GRÜN anzeigt, kann ich mir überlegen, ob ich über die Straße fahren will, oder ob ich noch eine Phase warten und gucken möchte.

Nehmen wir uns drei Beispiele aus dem Betriebsverfassungsgesetz vor:

»Kündigung« nach § 102 BetrVG, hier Arbeitgeber-Pflicht:
Nach § 102 Abs. 1 Satz 1 BetrVG ist der Betriebsrat *vor* jeder Kündigung zu hören, d. h. zu beteiligen. Nach § 102 Abs. 1 Satz 3 BetrVG ist eine Kündigung unwirksam, wenn sie ausgesprochen wird, ohne dass der Betriebsrat ordnungsgemäß beteiligt wurde. Im Arbeitsgericht ist es für die Richterin völlig uninteressant, warum eine Arbeitgeberin die Kündigung ohne ordnungsgemäße Beteiligung des Betriebsrats ausgesprochen hat. In der Entscheidung wird die Kündigung wegen formeller Fehler für ungültig, d. h. für unwirksam erklärt. Selbst wenn eine Arbeitgeberin sich flehend vor die Richterin wirft und um »Gnade vor Recht« bittet, weil sie unglaublich gute Gründe für eine Kündigung zu haben glaubt, muss die Richterin die Kündigung für unwirksam erklären *und die Richterin wird dies auch tun!*

»Monatsgespräch zwischen der Arbeitgeberin und dem Betriebsrat«; hier Pflicht für den Betriebsrat und der Arbeitgeberin
Nach § 74 Abs. 1 Satz 1 BetrVG sollen sich die Arbeitgeberin und der Betriebsrat *mindestens* einmal im Monat zu einer Besprechung treffen, dem *Monatsgespräch*. Stellen wir uns vor, es würde eine MUSS-Regelung vorliegen und der Betrieb hätte im August Betriebsferien! Dann müssten die Arbeitgeberin und der Betriebsrat ihren Urlaub unterbrechen, um den gesetzlichen Anforderungen gerecht zu werden. Die begründete Ausnahme im Sinne des Gesetzes findet sich darin, dass der Betrieb im Urlaub ist und beide sich darauf verständigt haben, dass jetzt eine Gesprächspause ist.

»Kündigung« nach § 102 Abs. 3 BetrVG, hier Recht des Betriebsrats
Nach § 102 Abs. 3 Nr. 1 bis 5 BetrVG kann der Betriebsrat einer Kündigung im Rahmen der Widerspruchsfrist nach § 102 Absatz 2 BetrVG widersprechen. Äußert der Betriebsrat sich innerhalb dieser Frist nicht, gilt seine Zustimmung zur Kündigung als erteilt. Das Gesetz sieht eine ausdrückliche Zustimmung des Betriebsrats zur Kündigung nicht vor. Lediglich durch Schweigen und Fristablauf kommt eine Zustimmung zustande.
Wenn der Betriebsrat ausnahmsweise in seiner Sitzung zu dem Ergebnis kommt, dass eine Kündigung genehmigt wird, wird er seine Zustimmung dadurch geben, dass er schweigt.

Keine Kündigung ohne Widerspruch des Betriebsrats

Ⓟ Nur wenn der Betriebsrat einer fristgemäßen Kündigung ordnungsgemäß nach § 102 Abs. 3 BetrVG widersprochen hat und die Kollegin eine Kündigungsschutzklage eingereicht hat, hat die Kollegin einen Anspruch auf Weiterbeschäftigung bis Ende einer arbeitsgerichtlichen Entscheidung (vgl. dazu § 102 Abs. 4 Satz 1 BetrVG) zu *unveränderten* Arbeitsbedingungen.

Nebenbei bemerkt, hat jede Zustimmung zur Kündigung durch die Betriebsräte für die Arbeitgeberin fatale Folgen, die sie in schlaflose Nächte treiben kann. Nach § 102 Abs. 5 Satz 2 BetrVG, kann sich die Arbeitgeberin von der Weiterbeschäftigungspflicht aus § 102 Abs. 5 BetrVG gegenüber der Kollegin vom Arbeitsgericht nur befreien lassen, wenn der Betriebsrat der Kündigung nach § 102 Abs. 3 Nr. 1 bis 5 BetrVG widersprochen hat. Diese einzige Möglichkeit finden sie oder die Arbeitgeberin in § 102 Abs. 4 Nr. 1 bis 3 BetrVG. Diese Chance vermasseln Betriebsräte ihrer Arbeitgeberin, wenn sie einer Kündigung zustimmen.

Wenn die Arbeitnehmerin eine Kündigungsschutzklage durch alle drei Gerichtsinstanzen führt und nach vielen Jahren in der Instanz des Bundesarbeitsgerichts ihren Kündigungsschutzprozess gewinnt, dann trägt die Arbeitgeberin das gesamte Prozessrisiko, weil sie die gekündigte Arbeitnehmerin wiedereinstellen und ihr auch noch für die ganzen Jahre das Gehalt bezahlen muss, als wäre die Kollegin nie abwesend gewesen. Das kann wirklich teuer für die Arbeitgeberin werden!

Denken Sie daran: Wenn ein KANN auf ihrer Seite steht, KANN Sie niemand zwingen, etwas Bestimmtes zu tun. Dieses Recht steht umgekehrt auch der Arbeitgeberin zu, wenn ihr ein KANN zur Seite steht.

Einsatz von Textmarkern

Ⓟ Machen Sie sich zu Beginn Ihrer Betriebsratstätigkeit einmal die Mühe, das gesamte Betriebsverfassungsgesetz zu lesen und unterstreichen Sie mit Textmarker die jeweiligen Vokabeln, damit Sie immer auf den ersten Blick erkennen, in welcher Gesetzesqualität Sie sich gerade befinden.

ROT	steht für	HAT, IST und MUSS
GELB	steht für	SOLL
GRÜN	steht für	KANN

Es ist reine Zeitvergeudung, sich im Gremium über eine bestimmte Rechtsfolge zu streiten, wenn der Gesetzgeber von Ihnen ein bestimmtes Verhalten verlangt.

Rhetorischer Umgang mit Grundvokabeln

Ⓟ In § 38 Abs. 1 BetrVG ist geregelt, wie viele Betriebsräte mindestens für die Betriebsratsarbeit von ihrer ständigen beruflichen Tätigkeit freizustellen sind. Gehen wir davon aus, dass in Ihrem Betrieb 201 Arbeitspersonen beschäftigt sind. Sie geben ihrer Arbeitgeberin bekannt, dass *eine* Person für die ständige Betriebsratsarbeit von der beruflichen Tätigkeit freigestellt wird. Die Arbeitgeberin bettelt sie nun an, auf diesen Anspruch zu verzichten. Sie können sich natürlich langen und breiten moralischen Diskussionen aussetzen. Sie können sich aber auch kurz fassen, indem sie sagen: »Wir müssen hier nicht streiten. Hier liegt eine zwingende Gesetzesvorgabe vor und wir dürfen die Gesetze nicht verändern.«

1. Systematische Auslegung von Paragraphen – Wie Juristinnen werten

Es ist für nicht juristisch ausgebildete Menschen in der Regel schwer zu verstehen, warum Rechtsgelehrte sich in einer Sprechweise verständigen, die so unendlich strukturiert, steif und unverständlich erscheint. Zahlreiche Betriebsrätinnen haben mir von der Ungeduld berichtet, die sie überfällt, wenn sie einer Arbeitsgerichtsverhandlung folgen müssen, da sie brennend darauf warten, dass die Richterin endlich mal »zur Sache« kommt.

Jeder Beruf und jedes »Handwerk« hat seine eigene Art, seine Aufträge zu erledigen. Denken Sie einfach daran, wie ungeduldig Sie als Automechanikerin werden, wenn sie einem Freund bei einem Reifenwechseln zuschauen müssen. Sie brauchen dafür keine zehn Minuten. Er braucht mit allem Drum und Dran locker 45 Minuten oder auch länger.

Ein juristisch ausgebildeter Mensch geht bei der Gesetzesanwendung in folgenden Schritten vor:
1. Auslegung des Wortlauts – Was bedeutet es dem Wort nach?

2. Systematische Auslegung – Wie Juristinnen arbeiten
3. Teleologische Auslegung – Sinn und Zweck der Norm

→ Juristinnen gehen der Reihenfolge nach. Sie lösen nie einen Fall, indem sie mit Punkt 3 beginnen und dann kreuz und quer in der Begründung hin und her springen. Sie bearbeiten die Fälle, indem sie sich von Punkt 1 bis Punkt 3 systematisch durcharbeiten. Vor allem ist hier wichtig, dass Juristinnen aufhören zu denken und zu arbeiten, wenn ihre Rechtsprüfung zu dem Ergebnis kommt, dass etwas bereits im Wortlaut eindeutig zum Erfolg führt. Alle Einwendungen, die sich möglicherweise aus der systematischen Auslegung oder aus der teleologischen Auslegung ergeben könnten, bleiben unberücksichtigt.

1.1 Auslegung des Wortlauts – Was bedeutet es dem Wort nach?

Hier wird im Rahmen des Wortlauts interpretiert. Es wird auf das geschriebene Wort geblickt und danach gesucht, was z. B. »Mitbestimmung« in der üblichen deutschen Rechtssprache und im allgemeinen Sprachgebrauch bedeutet. Da die deutsche Sprache sehr vielfältig und ihrem Einsatz nach sehr unterschiedlich ist, bedienen sich Juristinnen der Wörterbucher aller Art, so z. B. Fremdwörterbuch, Bedeutungswörterbuch, Herkunftswörterbuch oder Brockhaus.

Beteiligung der Betriebsräte an einer Arbeitgeber-Maßnahme oder einseitige Verfügungsmacht der Arbeitgeberin

✱ Im Betrieb gibt es sehr verletzende, ignorante und dominante Vorgesetzte. Der Umgangston der gesamten Belegschaft ist insgesamt nicht wertschätzend. Der Krankenstand ist in den Abteilungen von besonders verhaltensoriginellen Leitungen auffallend hoch. Der Betrieb hat Schwierigkeiten, neue Mitarbeiterinnen zu halten. Nach zwei bis vier Monaten kündigen mehr als 45 % der neuen Mitarbeiterinnen. Der Betriebsrat beschließt eine eigene Vorlage als Betriebsvereinbarung zum Thema »Gesundheitsmanagement – Kommunikationsverhaltensregelungen«. In der Betriebsvereinbarung ist geregelt, wie sich alle Mitarbeiterinnen des Betriebes wertschätzend, fördernd und motivierend gegenüber zu verhalten haben. Wenn bekannt wird, dass die Erkrankung einzelner Mitarbeiterinnen darauf zurückzuführen ist, dass Leitungskräfte ein verletzendes Verhalten an den Tag legen, ist diesen Leitungskräften zunächst ein Coaching anzudienen. Sollte dies nicht erfolgreich sein, ist die Leitung aus ihrer Leitungsposition zu entfernen und auf eine andere zur Verfügung stehende Position – ohne Leitungsbefugnis – zu versetzen, bevor ihr gekündigt wird.

Der Betriebsrat begründet seine Vorlage der Betriebsvereinbarung mit seinem Mitbestimmungsrecht nach § 87 Abs. 1 Nr. 1 und Nr. 7 BetrVG (Frage der Ordnung und des Verhaltens im Betrieb in Verbindung mit dem Gesundheitsschutz für Mitarbeiterinnen).

Die Arbeitgeberin hält den Inhalt der Betriebsvereinbarung für nicht erforderlich, was in einem Protokoll niedergeschrieben wird. Der Betriebsrat ruft nun die Einigungsstelle nach § 76 BetrVG an. Damit ist in großer Regelmäßigkeit gemeint, dass der Betriebsrat beim örtlichen Arbeitsgericht anruft, um eine Einigungsstelle bilden zu lassen. Fragen Sie wegen Details zur Einberufung der Einigungsstelle Ihre Gewerkschaft oder Ihre Rechtsanwältin.[1] Das Arbeitsgericht wird die Einigungsstelle einberufen, weil der Wortlaut des Paragraphen eindeutig hergibt, dass der Betriebsrat ein Mitbestimmungsrecht in den Themenfeldern »Ordnung des Betriebs und Verhalten der Arbeitnehmer im Betrieb und Gesundheitsschutz für Mitarbeiterinnen« hat.

Wenn die Arbeitgeberin nicht zur Einigungsstelle erscheint, entscheidet die Einigungsstelle rechtsverbindlich eben ohne die Anwesenheit der Arbeitgeberin. Das bedeutet, dass es im Betrieb eine rechtsgültige Betriebsvereinbarung geben wird, an der die Arbeitgeberin nicht mitgewirkt hat. Eine Betriebsvereinbarung wirkt wie ein Gesetz.[2]

1.2 Systematische Auslegung

Hier ist eine Juristin mit der Interpretation des Wortlauts nicht zu einem abschließenden Ergebnis gekommen, da der Wortlaut der Paragraphen nicht eindeutig ist. Dies ist so, damit möglichst alle vorkommenden Fälle im Betrieb durch das Betriebsverfassungsgesetz erfasst werden. Die systematische Aus-

---

[1] Die Bildung der Einigungsstelle spielt hier keine Hauptrolle. Hier geht es um das JA oder NEIN der Frage, ob der Betriebsrat eine Betriebsvereinbarung erzwingen kann.
[2] Natürlich ist mir kein Fall bekannt, in dem ein Betriebsrat so aktiv gehandelt hat. Ich kenne jedoch einen Betriebsrat, der sich geweigert hat an einer Einigungsstellensitzung teilzunehmen, weil das Thema nicht gefallen hat. Dieser Betriebsrat durfte erleben, dass in seiner Abwesenheit eine rechtsgültige Betriebsvereinbarung vereinbart wurde. Die Arbeitgeberin hat mit der Einigungsstellenvorsitzenden gemeinsam den Inhalt der Betriebsvereinbarung beschlossen. Der Betriebsrat hätte sich beteiligen können und er hat es versäumt.

legung sucht nach Erklärungs- bzw. Begründungsansätzen, die sich aus der Stellung der gesetzlichen Regelung innerhalb der Rechtsordnung und Paragraphenhierarchie ergeben werden.

Es wird nach folgenden Verfahren recherchiert und bewertet:
- Was steht in artverwandten Gesetzen oder im Gesetz selbst und was bedeutet es?
- Was steht in Urteilen? (Höhere Gerichtsentscheidungen verdrängen die niederen)
- Was sagt die juristische Literatur?

Die Mitbestimmung des Betriebsrats bei der Gestaltung der Arbeitszeit

Nach § 87 Abs. 1 Nr. 2 BetrVG ist im Wortlaut klar geregelt, dass der Betriebsrat bei der Gestaltung der Arbeitszeit mitzubestimmen hat. Die Frage aber, was Arbeitszeit ist und wie lange ein Mensch am Tag arbeiten darf oder wie lange die Pause, die einer Arbeitnehmerin gewährt werden muss, sein muss, wird im Wortlaut des § 87 Abs. 1 Nr. 2 BetrVG nicht beantwortet. Ebenso nicht die Frage, ob eine Mitarbeiterin ihre Überstunden über Jahre sammeln darf, um dann z. B. im Pflegefall der eigenen Eltern ihr Arbeitszeitkonto wieder auszugleichen.

Ein Blick ins Arbeitszeitgesetz, in Gerichtsurteile oder in den Kommentar zum entsprechenden Gesetz hilft weiter. Alle Fragen zum Thema Arbeitszeit müssen systematisch ermittelt werden. Alle vorhandenen Gesetze, Tarifverträge, Betriebsvereinbarungen und Arbeitsverträge müssen gelesen und bewertet werden. Der Betriebsrat wird immer auch in Kommentaren lesen müssen. Da dies sehr mühevoll ist, beschließen die meisten Betriebsräte eine Schulung zum Thema oder sie beantragen einen Sachverständigen beim Arbeitgeber. Niemand macht eine Betriebsvereinbarung zum Thema Arbeitszeit ohne Hilfe von betriebsfremden Personen.

Wichtig ist in der juristischen Arbeitsweise das Einhalten der juristischen Spielregeln. Das bedeutet:
1. Was sagt der Wortlaut des Gesetzes? Was bedeutet er?
2. Was gibt es an Rechtsprechung? Bundesarbeitsgericht, Landesarbeitsgericht und Amtsgericht.
3. Welche Meinungen finden sich in der juristischen und in diesem Fall der medizinischen Wissenschaft und Literatur?

1.3 Teleologische Auslegung – Die Frage nach dem Sinn und Zweck des Paragraphen

Die teleologische Auslegung ist die Interpretation des Gesetzes, in der nach dem Sinn und Zweck des Paragraphen gesucht wird. Diese Suche kann in zwei Schritte untergliedert werden.

1.3.1 Historische Auslegung

Hier wird die geschichtliche Entwicklung des Gesetzes berücksichtigt, indem Gesetzesvorlagen oder Protokolle z. B. von Parlamentssitzungen und Ausschüssen hinzugezogen werden. Zur Auslegung eines Tarifvertrags wird in die Protokolle von Tarifverhandlungen geschaut. Zur Auslegung von Betriebsvereinbarungen schaut man auf die Verhandlungsprotokolle zwischen Arbeitgeberin und Betriebsrat.

Es ist auch erlaubt, einen Blick in die Geschichte der Arbeiterinnenbewegung zu werfen und daraus einen Bewertungsmaßstab abzuleiten.

Historische Auslegung

✱ Zu keiner historischen und politischen Zeit war die Frage nach der Vereinbarkeit von Familie und Beruf so populär wie heute. Stellen wir uns vor, der Betriebsrat möchte den Betrieb im Maximum familienfreundlich gestalten. Nun spielt bei der Regelung einer Betriebsvereinbarung die Frage eine besondere Rolle, ob Beschäftigte mit einem familiären Hintergrund jederzeit eine Betriebspause einlegen dürfen, um ihre Familienangehörigen zu versorgen. Ebenso wichtig ist die Frage, ob sogar Minusstunden gemacht werden dürfen. In der Rechtsprechung ist dieses Thema bisher wenig bis gar nicht angefallen, in der Wissenschaft ist das Problem kaum bekannt und in der juristischen Literatur wird das Thema sehr unterschiedlich beschrieben. Spätestens jetzt müsste eine Anwältin ihrer Mandantin mitteilen, dass sie sich in einer arbeitsrechtlichen Auseinandersetzung befindet, deren Ausgang ungewiss ist. Historisch und politisch für seinen Bedarf zu argumentieren gehört in dieser Frage inzwischen zum Kerngeschäft aller Betriebe, die interessiert daran sind, Mitarbeiterinnen mit Familienhintergrund zu beschäftigen.

1.3.2 Theologische Auslegung

Hierbei handelt es sich um ethische und moralische Begründungen, die aus der Religion abgeleitet werden. Sie sind in der Arbeitswelt die schwächste Begründung und werden in der Gerichtspraxis nur noch gehört, wenn die Richter zufällig eine religiöse Prägung haben. Lassen Sie sich nicht von Ihrer Umwelt verunsichern. Wenn Ihnen danach ist, etwas theologisch zu begründen, dann tun sie es.

Theologische Auslegung
Nehmen wir uns einen Kündigungsfall vor. Die Arbeitgeberin hat in ihrer Wut vergessen, den Betriebsrat vor Ausspruch einer Kündigung anzuhören und verliert deshalb den Arbeitsgerichtsprozess gegen ihre Mitarbeiterin. Nun ist sie enttäuscht, traurig und auch wütend. Sie schimpft und tobt und brüllt: »Ich will in GOTTES Namen Gerechtigkeit! So etwas muss ich mir ja wohl nicht bieten lassen!«
Nun ist die gute Frau voll in der theologischen Begründung. Ihre Rechtsanwältin wird sie behutsam darauf vorbereiten, dass sie in deutschen Gerichten niemals die Gerechtigkeit GOTTES erfahren wird, da die deutschen Gerichte nicht die Gerechtigkeit zu beurteilen haben. Deutsche Gerichte haben ausschließlich zu prüfen, ob eine bestimmte Handlung einem *gesetzesgemäßen Anspruch* standhält oder eben nicht.
Außerdem wird sie ihre Mandantin behutsam darauf hinweisen, dass das Evangelium sowie die gesamte Bibel in diesem Fall nicht die beste Prozessposition bietet – heißt es doch im Neuen Testament bei Matthäus 18, 21–22 über die Pflicht zur Vergebung: »*... wie oft muss ich meinem Bruder vergeben, wenn er sich gegen mich versündigt? Siebenmal? Jesus sagte zu ihm: Nicht siebenmal, sondern siebenundsiebzigmal.*«

Klären Sie Ihre Arbeitgeberin auf
Wenn Sie sich erst einmal an die Sprache der Juristinnen angepasst haben, kann es sein, dass Ihre Arbeitgeberin von Ihrer neu erworbenen Argumentationsweise überfordert ist und Sie als überdreht bezeichnet. Dann weihen Sie sie in die neue Technik Ihrer Arbeitsbeziehung ein. Sagen Sie ihr, dass Sie im Falle einer gerichtlichen Auseinandersetzung keinen Erfolg haben werden, wenn Sie zwar auf einer bestimmten Handlung ihrer Arbeitgeberin bestehen, dabei aber höfliche Formulierungen verwenden wie »Wir haben beschlossen, folgende Literatur zu beschaffen und wünschen uns, dass Sie

diese bei Gelegenheit kaufen.« Wenn Sie diese Literatur zu einem bestimmten Zeitpunkt brauchen, *müssen* Sie schreiben: »Wir haben beschlossen, folgende Literatur, namentlich A, B und C, anzuschaffen. Geben Sie uns bitte bis zum 13.05.200X eine Kostenzusage oder legen Sie uns die Literatur vor.« Richterinnen erkennen eine Notwendigkeit nur an, wenn Sie diese eindeutig zum Ausdruck gebracht haben. Sonst kann die Arbeitgeberin sich vor Gericht mit Arbeitsüberlastung und Vergesslichkeit rechtfertigen, wenn sie die Bücher nicht gekauft hat.

1.4 Fazit

Juristinnen denken und bearbeiten ein Ereignis entsprechend einer festgelegten Auslegungsmethode. Wenn den Juristinnen ein Fall auf den Tisch gelegt wird, fragen sie sich nie zuerst: »Wie gefällt mir das? Welches Ergebnis hätte ich gern!« Sie ermitteln die Vorkommnisse – den Sachverhalt – und lassen das Ereignis durch ein feststehendes Raster laufen. Diese Rasterprüfung nennt man »subsumieren«. Am Ende mag ein Ergebnis dabei herauskommen, das ihnen nicht gefällt. Dies erregt jedoch nicht ihre Gemüter. Wenn sie Entscheidungsspielräume entdecken, loten sie aus, mit welcher Argumentation das Anliegen am wahrscheinlichsten erfolgversprechend vor Gericht erstritten werden kann und verhalten sich dementsprechend. Es ist im tatsächlichen Sinne eine »Geheimsprache«, die außerhalb ihrer Profession nicht gedacht und gesprochen wird. Und niemals prüfen oder argumentieren sie den Prüfungsschritt 3 vor dem Prüfungsschritt 1!

1. Wortlautprüfung – Was bedeutet das Wort im deutschen Sprachgebrauch?
2. Systematische Auslegung – Welches Ergebnis kommt dabei heraus, wenn der Sachverhalt durch das hierarchische Prüfungsraster subsumiert wird?
2.1. Gibt der Wortlaut eines anderen Spezialgesetzes die Lösung her?
2.2. Was haben Gerichte entschieden? Das oberste Gericht ist bedeutender als ein niederes Gericht.
2.3. Was denkt die juristische Wissenschaft? Was schreibt die juristische Fachliteratur?

Wenn bis hierher kein Ergebnis gefunden ist, wird sehr sparsam mit der Ausnahme der teleologischen Auslegung argumentiert.

3. Teleologische Auslegung
3.1. Was haben die politischen Parteien gewollt oder was wollen sie? Welche Bedeutung hat das Ereignis im politisch historischen Kontext oder Sinn?
3.2. Wie könnte ein Ergebnis formuliert sein, wenn moralische oder ethische

Wertmaßstäbe zugrunde gelegt werden? Hier speist sich die legitimierte Quelle aus dem alten und neuen Testament.³
Das mag Ihnen nicht gefallen und es ändert nichts.

2. Richtig zitieren

Zur richtigen Zitierweise gehört zunächst einmal, dass hinter jedem Paragraphen das Gesetz genannt wird, aus dem zitiert wird.

Dies hat zum einen das Ziel, dass alle Beteiligten wissen, aus welchem Gesetz Sie einen Anspruch begründen, und zum anderen hinterlässt es einen ungemein professionellen Eindruck, der eine Menge Konflikte vermeiden wird.

Sie werden im Laufe der Zeit viel Freude daran entwickeln, mit einzelnen Paragraphen samt Namen um sich zu schmeißen.

§ X BetrVG oder § X KSchG oder § X MuSchG
Dies ist notwendig, damit nicht der Überblick verloren wird, wenn aus unterschiedlichen Gesetzen zitiert wird.

Paragraphen unterteilen sich in **Absätze, Sätze** und **Nummern**.

Absätze erkennen Sie daran, dass sie als Zahl in Klammern stehen. Sie enden, wenn ein neuer Absatz genannt wird.

---

3 Gemeint ist hier die Bibel. Das entspricht der juristischen Methodenlehre.

Spielregeln im Arbeitsrecht

✳ § 80 (1) BetrVG
Ein **Satz** ist der grammatikalische Satz, der mit einem Punkt endet. Sie müssen sich die Mühe machen, die Sätze in einem Absatz zu zählen.

✳ § 102 (2) Satz 2 BetrVG: »*Äußert er sich innerhalb dieser Frist nicht, gilt seine Zustimmung zur Kündigung als erteilt.*«
Der gesamte Absatz 2 im § 102 BetrVG besteht aus vier Sätzen.

Paragraphen unterteilen sich auch nach **Nummern**. Die Nummern innerhalb einer Vorschrift erkennen Sie daran, dass vor dem Textteil eine Zahl mit einem Punkt dahinter steht.

✳ § 102 (3) Nr. 3 BetrVG besteht aus der Aussage:
»*Der Betriebsrat kann innerhalb der Frist des Absatzes 2 Satz 1 der ordentlichen Kündigung widersprechen, wenn [...] 3. der zu kündigende Arbeitnehmer an einem anderen Arbeitsplatz im selben Betrieb oder in einem anderen Betrieb des Unternehmens weiterbeschäftigt werden kann.*«

Innerhalb des Paragraphen bzw. der Absätze stehen oft **Verweise**, z. B. in § 102 (3) BetrVG der Verweis auf Absatz 2 Satz 1.

Wenn vor solchen Verweisen keine Paragraphenzahl steht, dann ist damit der Verweis im selben Paragraphen gemeint.

Ⓟ **Richtig aus Gesetzen zitieren**
Wenn Sie Ihr Unbehagen gegen den »Paragraphensalat« erst einmal überwunden haben, werden Sie in der Zitierweise immer geübter. Vergessen Sie jedoch beim Zitieren eines Paragraphen nie, das Gesetz zu erwähnen, aus dem er stammt.

Zur richtigen Schreibweise innerhalb des Zitierens ist zu sagen, dass es in der Juristerei nicht *die* richtige Schreibweise gibt. Einigen Sie sich innerhalb des Betriebsrats, wie Sie schreiben wollen, damit es ein einheitliches Erscheinungsbild gibt.

✳ § 102 Abs. 3 Nr. 3 BetrVG könnte z. B. wie folgt zitiert und geschrieben werden:
Paragraph 102 Absatz 3 Nummer 3 BetrVG
oder   § 102 Abs. 3 Nr. 3 BetrVG
oder   § 102 (3) Nr. 3 BetrVG
oder   § 102 III Nr. 3 BetrVG

oder   § 102, 3 Nr. 3 BetrVG
oder   § 102, 3. 3 BetrVG

Alles ist richtig.

Richtiges Zitieren der Urteile und der Literatur

ⓟ Wenn Sie z. B. ein **Urteil des Bundesarbeitsgerichts** zitieren wollen, das Sie sich übers Internet angeschaut haben, zitieren Sie wie folgt:
BAG v. 15.01.1992 – 7 ABR 24/91
Sie sagen damit, dass das Bundesarbeitsgericht am 15.01.1992 mit dem Aktenzeichen 7 ABR 24/91 Folgendes entschieden hat …
Wenn Sie diese Entscheidung in einer Fachzeitschrift gefunden haben, dann zitieren Sie wie folgt:
BAG in ›**Name der Fachzeitschrift**‹ ›**Jahreszahl** und **Seite**‹ z. B. BAG in Juristische Wochenschau 92/234.
Wenn Sie dieses Urteil gar nicht gelesen haben und es in einem Kommentar gefunden haben, dann zitieren Sie wie folgt:
BAG in ›**Name des Kommentars**‹, ›**Auflage des Kommentars**‹, ›**Paragraph** und **Randzahl** im Kommentar, unter der diese Entscheidung zu finden ist‹. Dies sieht z. B. bei Däubler/Kittner/Klebe/Wedde BetrVG, 13. Aufl., § 26 Rz 11, wie folgt aus:
BAG in Däubler/Kittner/Klebe/Wedde BetrVG, 13. Aufl., § 26 Rz 11
Wenn Sie aus der **Literatur** zitieren möchten, z. B. aus diesem Buch, schreiben Sie:
Schwartau, Neu im Betriebsrat, Seite XX.

Wo schaue ich als Neuling am besten nach? Womit begründe ich meine Forderung?

ⓟ Für Sie als neu gewählte Betriebsrätin genügt es, wenn Sie sich erst einmal mit dem Wortlaut des Gesetzes befassen. Allgemein verbreitet ist, dass die neuen Betriebsräte sich zunächst mit dem Basiskommentar zum Betriebsverfassungsgesetz, von Klebe u. a., befassen. Er ist mit sehr wenigen Fremdwörtern und in leicht verständlicher Sprache geschrieben.

Wenn Sie mit den von Ihnen gefundenen Ergebnissen nicht einverstanden sind oder feststellen, dass Sie das alles nicht verstehen, scheuen Sie sich nicht, Ihre »alten Hasen« um Erläuterungen zu bitten. Ansonsten organisieren Sie sich Hilfe (vgl. dazu Kapitel 10). Es ist überhaupt keine Schande, wenn Sie am Anfang nicht so recht wissen, wie Sie mit der Materie zurechtkommen sollen. Alle Ihre Kolleginnen hatten ihre Anfangsprobleme und keine wurde als Superstar-Betriebsrätin geboren!

B. Rechtliche Grundlagen in der Betriebsratsarbeit – Rechtsquellen und Gesetzeshierarchie im Arbeitsrecht

Um es gleich vorab zu klären: Ihre Spielregeln und Handlungsmöglichkeiten finden sich im Betriebsverfassungsgesetz.

Nichtsdestotrotz haben Sie als Betriebsrat nach § 80 Abs. 1 Nr. 1 BetrVG die Pflicht, darüber zu wachen, *dass die* **zugunsten** der Arbeitnehmer geltenden Gesetze, Verordnungen, Unfallverhütungsvorschriften, Tarifverträge und Betriebsvereinbarungen durchgeführt werden.

Insofern kommen Sie nicht darum herum, sich mit dem gesamten Arbeitsrecht und seiner Wirkungsweise vertraut zu machen. Hier nun die Einführung:

Die Arbeitswelt, und damit die Beziehung zwischen Arbeitnehmerinnen und Arbeitgeberinnen, werden geprägt von den Gesetzesvorgaben, die im Arbeitsrecht niedergeschrieben sind. Das Arbeitsrecht ist leider kein Arbeitsgesetzbuch, wie es z. B. in der DDR vorhanden war. Das Arbeitsgesetzbuch der DDR bestand aus einem Buch und einem Stichwortverzeichnis, welches man aufschlagen und schon mit *einem Blick* alle relevanten Regelungen erfassen konnte. In der Bundesrepublik weiß man, dass es sinnvoll wäre, ein solches einheitliches Arbeitsgesetzbuch zu erschaffen, alle Bemühungen in dieser Hinsicht sind jedoch bisher gescheitert.

In der Bundesrepublik haben wir eine Ansammlung von Einzelgesetzen, die etwas spezielles Arbeitsrechtliches regeln. Menschen, die keine arbeitsrechtliche Ausbildung haben, haben es sehr schwer, sich überhaupt einen Überblick darüber zu verschaffen, was wann wie und warum gilt.

Die Arbeitsgesetze wirken in der Arbeitswelt, ohne dass eine Arbeitgeberin oder eine Arbeitnehmerin etwas von ihnen wissen muss. Man kann auch nicht einfach darauf verzichten.

So kommt es, dass der Rahmen eines bestehenden Arbeitsverhältnisses nicht dadurch bestimmt wird, was eine Arbeitgeberin, im ungleichen Kräfteverhältnis, mit einzelnen Arbeitnehmerinnen vereinbart. Das gesamte Arbeitsverhältnis wird dadurch bestimmt, was eine Arbeitgeberin einer Arbeitnehmerin im Rahmen der gesetzlichen arbeitsrechtlichen Bestimmungen schuldet – und umgekehrt. Individuelle Absprachen zwischen Arbeitnehmerinnen und Arbeitgeberinnen dürfen allerdings immer besser und mehr sein, als das gesetzliche Mindestgebot festgeschrieben hat (**Günstigkeitsprinzip**).

Wer in der Bundesrepublik Arbeitnehmerinnen beschäftigt, muss diese im Rahmen der bestehenden Gesetze behandeln. Das gebietet die Menschenwürde. Arbeitsrechtlerinnen betonen deshalb immer wieder, dass »**Arbeitsrecht Menschenrecht**« ist.

Die Wirkungen der arbeitsrechtlichen Regelungen sind nicht alle gleich stark und gleich gewichtet. Die Hierarchie der gesamten Regelung lässt sich am besten in einer Pyramide darstellen (siehe Darstellung Seite 33).

Im Folgenden wird geschildert, welche Gesetze sich auf welcher Hierarchieebene befinden und welchen Stellenwert sie einnehmen.

→ Es gilt jedoch der Grundsatz: »Das Niedere wird durch das Höhere verdrängt.«

Spielregeln im Arbeitsrecht

1. Das Grundgesetz

Das Grundgesetz ist das ranghöchste Gesetz der Bundesrepublik Deutschland. Sie ist die alles bestimmende Werteordnung und alle Gesetze und Regelungen, die in der Hierarchie unter dem Grundgesetz stehen, dürfen nicht gegen das Grundgesetz verstoßen.

Von Bedeutung für das Arbeitsrecht ist dabei vor allem Art. 9 Abs. 3 GG, der die arbeitsrechtliche Koalitionsfreiheit (Recht zur gewerkschaftlichen Betätigung) garantiert; er gewährleistet für jeden und für alle Berufe das Recht und damit auch die Möglichkeit, sich gewerkschaftlich zu organisieren und zu betätigen. Diese Vorschrift ist der Ausgangspunkt etwa für die Rechtsprechung des Bundesarbeitsgerichts zum Arbeitskampfrecht und hat zentrale Bedeutung z. B. für die Betätigung der Gewerkschaft und die Stellung der einzelnen Arbeitspersonen.

Pyramide (von oben nach unten):
- Grundgesetz
- Bundesgesetze / Landesgesetze
- Rechtsverordnung
- Tarifverträge
- Betriebsvereinbarungen
- Arbeitsvertrag / Betriebliche Übung und betriebliche Gesamtzusage
- Direktionsrecht

Seitlich: Arbeitsgericht, Wünsche, EU

Die Langsamkeit im rechtlichen Betriebsalltag

Daneben sind aus dem Bereich der Grundrechte bedeutsam der Gleichheitsgrundsatz des Art. 3 GG, die Gewährleistung der Meinungsfreiheit in Art. 5 Abs. 1 GG, die Berufsfreiheit in Art. 12 GG, die Garantie der Menschenwürde in Art. 1 GG, der Schutz der Ehe und Familie in Art. 6 GG sowie die freie Entfaltung der Persönlichkeit in Art. 2 Abs. 1 GG.

Im Arbeitsrecht ist es, mit Ausnahme des Art. 9 GG, nicht möglich, sich unmittelbar auf die Regelung aus dem Grundgesetz zu berufen. Arbeitnehmerinnen können sich immer nur auf einen Verstoß gegen eine Rechtsnorm gegen die Verfassung berufen. Insofern erklärt sich auch der Inhalt des § 75 BetrVG:

§ 75 BetrVG wäre nicht nötig, wenn eine Arbeitnehmerin sich unmittelbar auf das Grundgesetz berufen könnte.

2. Europäisches Recht

Die arbeitsrechtlichen Normen des europäischen Rechts lassen sich nicht unmittelbar in das hierarchische System des deutschen Arbeitsrechts einbauen. **Grundsätzlich gehen die Normen der Europäischen Gemeinschaft den nationalen Rechtsvorschriften vor.** Das Bundesverfassungsgericht hat das europäische Gemeinschaftsrecht anerkannt. Allerdings hat das Bundesverfassungsgericht sich eine nationale Kontrolle gegenüber Akten der EU vorbehalten, wenn diese den Wesensgehalt des Grundgesetzes verletzen, da die EU bis heute keinen festgeschriebenen Grundrechtskatalog hat.

Die **Verordnungen der EU** haben Bedeutung für das Arbeitsrecht. Als wichtigstes Beispiel ist hier die Verordnung über die Freizügigkeit der Arbeitnehmerinnen innerhalb der Gemeinschaft zu nennen, die besonders den gleichberechtigten Zugang zur Beschäftigung für Staatsangehörige der Mitgliedstaaten sowie deren Gleichbehandlung in Bezug auf die Beschäftigungs- und Arbeitsbedingungen sicherstellt.

Als weitere Rechtsquellen sind schließlich noch die **Richtlinien** zu nennen. Sie bedürfen der Ausführung (Schaffung von Bundesparagraphen in der arbeitsrechtlichen Gesetzessammlung) durch den nationalen (hier: deutschen) Gesetzgeber und wirken grundsätzlich nicht unmittelbar auf das zivilrechtliche Arbeitsverhältnis. D. h., dass Arbeitnehmerinnen sich lediglich wie im Verstoß gegen das Grundgesetz auf einen Verstoß gegen **EU-Richtlinien** berufen können.

Hier sind als Beispiel die Richtlinien über die schriftliche Fixierung der Arbeitsbedingungen zu nennen, die sich nunmehr im bundesdeutschen Nachweisgesetz niedergeschlagen haben.

Die im Arbeitsrecht geltenden Richtlinien binden an sich nur Mitgliedstaaten und ihre Regierungen.

Im Kontakt der Bürgerinnen mit dem Staat, der öffentlichen Hand, können diese sich dann auf die Richtlinien direkt berufen, wenn sie in ihrem Arbeitsverhältnis unmittelbar davon betroffen sind und wenn der Mitgliedsstaat (hier die Bundesrepublik Deutschland) sie gar nicht oder nur mangelhaft umgesetzt hat, z. B. die Anerkennung der Rufbereitschaft als Arbeitszeit im öffentlichen Dienst. Für die Arbeitnehmerinnen im öffentlichen Dienst ging die Richtlinie den bundesdeutschen Regelungen aus dem Arbeitszeitgesetz vor, weil hier die Rufbereitschaft nicht im Sinne der EU-Richtlinie anerkannt war.

Betriebe innerhalb der freien Wirtschaft durften in dieser Frage abwarten, bis der bundesdeutsche Gesetzgeber hier eine Regelung geschaffen hat. Neu ist seit 2004 die Änderung im Arbeitszeitgesetz, womit der bundesdeutsche Gesetzgeber die Anforderungen aus der EU-Richtlinie nun auch in ein bundesdeutsches Gesetz festgeschrieben hat.

Im Verhältnis zwischen privaten Arbeitgeberinnen und Arbeitnehmerinnen haben die Gerichte die bundesdeutschen Paragraphen richtlinienkonform auszulegen. Das bedeutet, dass jede Instanz eines deutschen Gerichts den Europäischen Gerichtshof um Auslegungsfragen des europäischen Rechts anrufen kann. Man nennt dies dann »eine Frage dem Europäischen Gerichtshof vorlegen«. Das bundesdeutsche Gericht pausiert dann sozusagen, bis der europäische Gerichtshof eine Entscheidung getroffen hat.

3. Bundesgesetze

Bundesgesetze sind für die Rechtsbeziehung zwischen Arbeitgeberin und Arbeitnehmerinnen die obersten Gesetze. Sie gelten, auch wenn sie nicht bekannt sind. Von den Bundesgesetzen darf nicht zu Ungunsten der Arbeitnehmerinnen abgewichen werden. Dies ist so, weil der Gesetzgeber angesichts des typischerweise bestehenden Machtungleichgewichts zwischen der Arbeitgeberin und den Arbeitnehmerinnen Schutzvorschriften zugunsten der Arbeitnehmenden geschaffen hat, die ihrer Funktion nach zwingend sein müssen. *Dagegen sind Abweichungen zugunsten der Arbeitnehmerinnen meistens zulässig.* Die Zulässigkeit für günstigere Regelungen wird als »**Günstigkeitsprinzip**« bezeichnet. Abweichungen vom Günstigkeitsprinzip können durch Tarifvertrag erfolgen. Dahinter steht die Vorstellung, dass zwar einzelne Arbeitnehmerinnen des Schutzes bedürfen, Tarifverträge aber zwischen in etwa gleichstarken Partnern ausgehandelt werden und eben auch erstreikt werden können.

Zum Gesetzesrecht gehören auch die Bestimmungen aus dem öffentlichen Recht, wie z. B. das Arbeitsschutzrecht und das Personalvertretungsrecht.

Die bekanntesten Bundesgesetze sind derzeit:
- Altersteilzeitgesetz
- Arbeitnehmerüberlassungsgesetz (regelt die Zeitarbeit)
- Arbeitsschutzgesetz
- Berufsbildungsgesetz
- Beschäftigtenschutzgesetz
- Betriebsverfassungsgesetz
- Bundespersonalvertretungsgesetz
- Bürgerliches Gesetzbuch
- Bundesdatenschutzgesetz
- Bundesurlaubsgesetz
- Entgeltfortzahlungsgesetz
- Gewerbeordnung
- Handelsgesetzbuch
- Heimarbeitsgesetz
- Jugendarbeitsschutzgesetz
- Kündigungsschutzgesetz
- Ladenschlussgesetz
- Mutterschutzgesetz
- Nachweisgesetz (regelt den schriftlichen Nachweis im Arbeitsvertrag)
- Schwarzarbeitsbekämpfungsgesetz
- Sozialgesetzbücher
- Sprecherausschussgesetz
- Tarifvertragsgesetz
- Teilzeit- und Befristungsgesetz
- Zivilprozessordnung

4. Landesgesetze

Jedes Bundesland hat das Recht, eigene Landesgesetze zu verabschieden, die nur im jeweiligen Bundesland angewendet werden. Im Arbeitsrecht spielen diese Landesgesetze kaum eine Rolle. Zu nennen ist hier z. B., dass der Buß- und Bettag nur noch in Sachsen gilt, weil Sachsen ihn als Feiertag über die landesrechtlichen Gesetze zum Feiertag erklärt hat. Im öffentlichen Dienst finden sich weitere landesrechtliche Regelungen, die auf das Arbeitsverhältnis einwirken können, beispielsweise das Landespersonalvertretungsrecht. In Hamburg gilt für den öffentlichen Dienst das Hamburger Personalvertretungsrecht und nicht das Bundespersonalvertretungsrecht bzw. das Betriebsverfassungsrecht.

5. Rechtsverordnungen

Zwingend *unter* den Bundesgesetzen stehen die Rechtsverordnungen. Sie haben von ihrer Verbreitung her nicht die Bedeutung wie die Bundesgesetze und sind im Laufe der Rechtsentwicklung als arbeitsrechtliche Gestaltungsform zurückgedrängt worden. Als Beispiele sind die Wahlordnung zum Betriebsverfassungsgesetz (regelt, wie die Wahl eines Betriebsrats abzulaufen hat), die Arbeitsstättenverordnung und die Bildschirmarbeitsverordnung zu nennen. Rechtsverordnungen werden vom Ministerium erlassen. Man erkennt sie daran, dass am Ende immer »Verordnung« steht und nicht »Gesetz«, z.B. »Arbeitsstätten**verordnung**«.

6. Tarifverträge/Gewerkschaftsrecht

Eine arbeitsrechtliche Besonderheit stellen die Tarifverträge dar.
Tarifverträge werden von Beschäftigten erkämpft, die Mitglieder einer Gewerkschaft sind. Im demokratischen und sozialpolitischen Mitgestaltungssystem der Arbeitnehmerschaft der Bundesrepublik Deutschland ist es nur den Gewerkschaften und ihren Mitgliedern erlaubt, einen Arbeitskampf zur Verbesserung der Lebens- und Arbeitsbedingungen ihrer Mitglieder in Form von Verhandlun-

gen und Streiks zu führen. Natürlich dürfen auch Nichtmitglieder einer Gewerkschaft an einem Arbeitskampf (= Streik) teilnehmen, ohne dass sie dafür ins Gefängnis kommen. Zu einem Streik aufrufen oder ihn gar durchführen dürfen sie jedoch nicht. Tun sie es dennoch, bewegen sie sich im Rahmen eines unerlaubten Arbeitskampfs und werden vom Staat als Revolutionäre bekämpft.

Da die Arbeitgeberin im Streik von ihrer Lohnfortzahlung freigestellt ist und nur Gewerkschaftsmitglieder aus der Gewerkschaftskasse – die ausschließlich durch Mitgliedsbeiträge gefüllt wird – einen Anspruch auf Streikgeld haben, stehen die Nichtmitglieder an diesem Punkt der Auseinandersetzung ohne Einkommensersatzleistungen da. Sie müssen dann von ihren Ersparnissen leben.

Ein Tarifvertrag wird durch die Tarifkommission der Gewerkschaftsmitglieder verhandelt. Um diese Tarifkommission zu bilden, treffen sich die Gewerkschaftsmitglieder eines Betriebs oder einer Branche, damit sie sich abstimmen, welche Kolleginnen in die Tarifkommission delegiert und gewählt werden. Die tariflichen Forderungen werden innerhalb der Mitgliederversammlung eines Betriebs oder einer Branche debattiert und festgelegt. Es ist nicht üblich, dass Betriebsräte, die auch Mitglieder in einer Gewerkschaft sein können, automatisch auch Mitglieder in einer Tarifkommission werden. Ich kenne viele Mitglieder aus Tarifkommissionen, die außer ihrer Gewerkschaftsmitgliedschaft keine weitere betriebliche Funktion vorweisen. So kommt es, dass die Aktivistinnen im Arbeitskampf manchmal im Betrieb völlig unbekannt sind. Sie sind eben gewerkschaftliche Funktionärinnen und innerhalb ihrer gewerkschaftlichen Betriebsgruppe hoch geschätzt und bekannt.

Durch Tarifverträge werden Regelungen mit Gesetzeskraft getroffen. Dies geschieht, damit das bestehende wirtschaftliche Machtungleichgewicht zwischen Arbeitnehmerinnen und Kapital gestaltet wird. Das ist der soziale Moment unserer bestehenden Kapitalismusvariante.[4] Tarifverträge werden zwischen einzelnen Arbeitgeberinnen oder Arbeitgeberinnenverbänden auf der einen Seite und

---

4 Nach **Prof. Dr. Dr. Jürgen Hoffmann** gibt es auf der Welt folgende Kapitalismusmodelle:
 1. **Liberaler Kapitalismus** wie unter anderem in den USA und England. Das wirtschaftliche Handeln der Unternehmer ist auf ein **kurzfristiges marktorientiertes Handeln** ausgerichtet. Es gilt das Ziel, die größten Gewinne zu erzielen ohne Rücksicht auf Verluste.
 2. **Kooperativer oder staatsorientierter Kapitalismus.** Dieses System zielt auf **langfristige und kooperative Strategien** in der Gewinnmaximierung und Erwirtschaftung von Gütern.
 2.1 Sozialdemokratischer Kapitalismus (Schweden, Dänemark, Norwegen)
 2.2 Rheinischer Kapitalismus (Bundesrepublik Deutschland, Benelux-Länder, Österreich)
 2.3 Etatistisch-kooperativer Kapitalismus (Japan)
 2.4 Etatistischer Kapitalismus (Frankreich, Italien)

»Etatismus« setzt bei Störungen oder Problemen auf staatliche Regelungen.
Das Tarifrecht oder gar Betriebsverfassungsrecht gibt es weltweit als staatliche Regelungen für die Gestaltung der Arbeitsbeziehungen zwischen der Arbeitnehmerschaft und der Unternehmerin nur in der Bundesrepublik Deutschland. Es ist gewollt, dass sich der Staat nicht in diese Beziehung einmischt.

den Gewerkschaften samt ihren Mitgliedern auf der anderen Seite erstritten, erkämpft und vereinbart.

Vor vier Jahren habe ich davon gelesen, dass es über 90 000 Tarifverträge gibt. Inzwischen können wir wohl davon ausgehen, dass die Zahl der Tarifverträge in der Bundesrepublik Deutschland auf weit über 100 000 angestiegen ist. **Zu denken ist da an die vielen Tarifbezeichnungen:**

- Lohntarifvertrag
- Manteltarifvertrag
- Haus- und/oder Branchentarifvertrag
- Beschäftigungssicherungstarifvertrag
- Gesundheitstarifvertrag
- Zukunftssicherungstarifvertrag
- Demographietarifverträge
- Und so weiter und so weiter

Jeder Betrieb könnte heute theoretisch einen eigenen Tarifvertrag haben. Erforderlich ist dafür eine durchsetzungsstarke, gewerkschaftliche Betriebsgruppe, die sich nur über ihre Anzahl der Gewerkschaftsmitglieder in einem Betrieb und ihrer gemeinsamen Interessen und Forderungen ergeben kann.

Ich kenne Betriebe, die mit zu 90 % ihrer Beschäftigten gewerkschaftlich organisiert sind. Diese Betriebe müssen über einen Streik nur laut nachdenken und schon zeigt sich die Arbeitgeberin sofort verhandlungsbereit. Gewerkschaftsfunktionärinnen werden von diesen Arbeitgeberinnen als Verhandlungspartnerinnen mit Respekt und Wertschätzung behandelt und selbstverständlich ernst genommen, ohne dass es zu heftigen Arbeitskämpfen kommen muss.

Dann kenne ich Betriebe mit wirklich erbärmlich schlechten Arbeitsbedingungen. Die Gewerkschaft wird mit allen erlaubten und nicht erlaubten Mitteln durch die Arbeitgeberinnen bekämpft. Ich habe von Gewerkschaftssekretärinnen gehört, die mit Polizeischutz in die Betriebe begleitet werden müssen. Kolleginnen, die sich als Gewerkschaftsmitglieder offen zeigen, werden gemobbt und der Lächerlichkeit preisgegeben. Nicht selten werden Gründe gesucht und konstruiert, um diesen Kolleginnen zu kündigen. Woran liegt das? Tatsächlich habe ich immer wieder nur einen Grund gefunden, der diese Form der undemokratischen Gewalt möglich macht: Es gibt zu wenige Gewerkschaftsmitglieder in diesem Betrieb! Die betriebliche Gestaltungskraft ist zu gering. Wenn diese wenigen gewerkschaftlich organisierten Kolleginnen z. B. auf die Idee kommen, einen Tarifvertrag zu erstreiken, bleibt die große Mehrheit ihrer Kolleginnen auf ihrem Arbeitsplatz und arbeitet weiter. Die Minderheit der Streikenden kann oder wird in der Regel ohne großen Aufwand durch Zeitarbeiterinnen ersetzt. Faktisch hat der geführte Arbeitskampf keine Auswirkung. Und das Ergebnis wird niemals ein großartiger Tarifvertrag sein.

Was macht einen Tarifvertrag nun so besonders?
- Er ist der Ursprung des arbeitsrechtlichen Günstigkeitsprinzips, das durch das Bundesarbeitsgericht bereits in den 1960er-Jahren anerkannt wurde. Das Günstigkeitsprinzip bedeutet, dass im Arbeitsrecht für die Arbeitnehmerinnen immer die günstigste arbeitsrechtliche Regelung gilt.
- Ein Tarifvertrag verdrängt Regelungen aus dem Einzelarbeitsvertrag.
- Er verdrängt Regelungen aus Betriebsvereinbarungen.
- Er kann sogar Bundesrecht und Landesrecht zugunsten der Beschäftigten anders regeln.
- Auf eine tarifrechtliche Regelung kann eine gewerkschaftlich organisierte Arbeitsperson nur freiwillig verzichten. Kein Betriebsrat kann eine Regelung abschließen, die vom Tarifvertrag abweicht.
- Auf ein entstandenes Recht aus dem Tarifvertrag kann ohne Einwilligung der Tarifvertragsparteien nicht verzichtet werden. Eine Verwirkung solcher Rechte ist nur dann möglich, wenn der Tarifvertrag selbst eine tarifliche Ausschlussfrist vorsieht.
- Tarifverträge sichern nur die Rechte ihrer Mitglieder. Theoretisch haben Beschäftigte ohne Gewerkschaftsmitgliedschaft keinen Rechtsanspruch auf eine tarifrechtliche Leistung. Und genau genommen darf man einer Arbeitgeberin »Tarifbruch« vorwerfen, wenn sie die Leistungen aus einem Tarifvertrag auch an Noch-Nicht-Mitglieder bezahlt. Und warum riskieren die Unternehmerinnen diesen »Tarifbruch«? Richtig: Würden sie sich tarifgemäß verhalten und nur den Gewerkschaftsmitgliedern die tarifliche Leistung bezahlen, hätten sie ab sofort eine zu 100 % gewerkschaftlich organisierte Belegschaft.

In seinem Rang steht der Tarifvertrag unterhalb von Gesetz und Rechtsverordnung, aber über der Betriebsvereinbarung und dem Arbeitsvertrag.

Bonuszahlung für Gewerkschaftsmitglieder! Das ist in Ordnung.

Tarifverträge können neuerdings Regelungen enthalten, die ihre Mitglieder gegenüber den Noch-Nicht-Mitgliedern begünstigen. Dieser so genannte »Gewerkschaftsbonus«, der ausschließlich an die Mitgliedschaft in einer Gewerkschaft gekoppelt ist, wurde vom BAG v. 18.03.2009 – 4AZR 64/08 – ausdrücklich bestätigt.

Gegenstand dieser Entscheidung war die Klage einer Arbeitnehmerin, die sich als Noch-Nicht-Mitglied einer Gewerkschaft benachteiligt fühlte, weil der Tarifvertrag eine Sonderzahlung in Höhe von 535 € an die Mitglieder der Vereinten Dienstleistungsgewerkschaft (ver.di) vorsah. Die Arbeitgeberin stand nun als Beklagte vor den Gerichten und verteidigte diese tarifrechtliche Regelung bis vor das Bundesarbeitsgericht, weil sie sich an das Ergebnis der Tarifauseinandersetzung binden wollte.

Spielregeln im Arbeitsrecht

In dem Urteil des BAG heißt es in der Urteilsbegründung: »... Die negative Koalitionsfreiheit der Klägerin war nicht verletzt, weil der auf sie ausgeübte Druck legitim und sozialadäquat sei ... und die negative wie die positive Koalitionsfreiheit lediglich in seinem Kernbereich geschützt sei. Dem Arbeitgeber sei nicht verboten oder erschwert, die fragliche Leistung an einen Außenseiter zu erbringen.«

Heike Sch., ein Mitglied aus einer Hamburger ver.di Tarifkommission, formulierte es mir gegenüber so: »Jeder Mensch hat das Recht, Mitglied einer Gewerkschaft zu sein. Die Gewerkschaft finanziert sich ausschließlich durch die Beiträge ihrer Mitglieder. Jeden Monat bezahlen wir 1 % von unserem Bruttolohn in die Gewerkschaftskasse ein. Wir engagieren uns alle ehrenamtlich in unserer gewerkschaftlichen Arbeit. Wenn Tarifverhandlungen anstehen, erforschen und debattieren wir unsere Forderungen in unendlich langen Sitzungen mindestens ein Jahr vor der Tarifverhandlung mit unseren Mitgliedern. Das alles ist Freizeit und niemand vergütet uns diese Zeit. Im Falle des Streiks stehen wir bei Wind und Wetter auf der Straße. Wir erhalten in dieser Zeit keinen Lohn und leben mit wirtschaftlichen Einschränkungen, die uns niemand erstattet. Wenn wir Pech haben, werden wir von den Kolleginnen und Kollegen, die als Streikbrecher arbeiten, verhöhnt, weil sie sich sicher sind, dass sie die tariflichen Leistungen auch erhalten. 535 € sind mehr als gerecht und längst überfällig!«

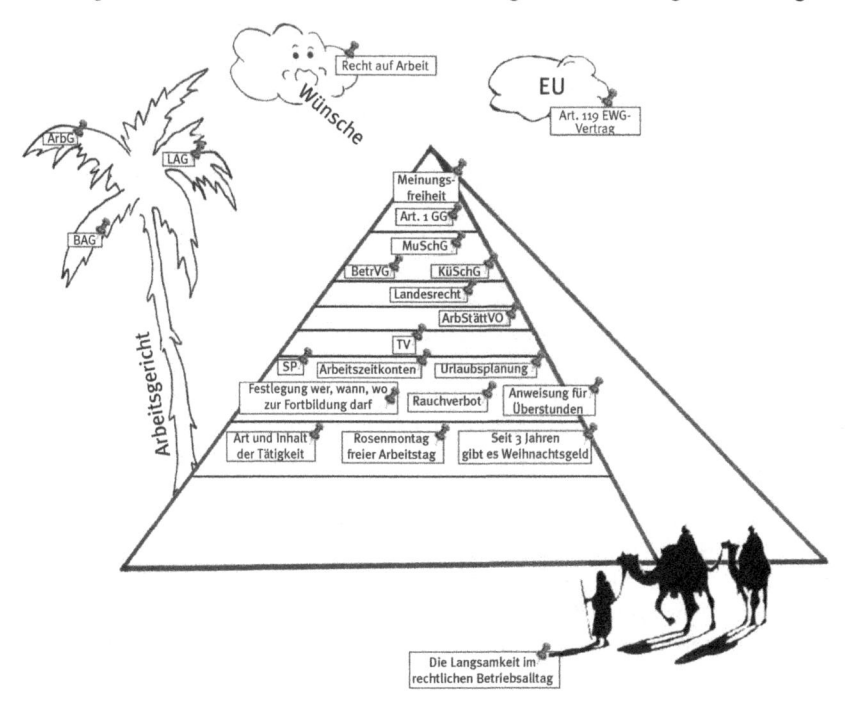

Reaktion, wenn der Arbeitgeber den Betriebsrat verführen will, Tarifverträge zu brechen

(P) Es ist in Mode gekommen, dass Arbeitgeberinnen immer wieder versuchen, mit Betriebsräten Betriebsvereinbarungen abzuschließen, die ungünstigere Bedingungen enthalten, als der Tarifvertrag es vorsieht.

Nach § 77 Abs. 3 BetrVG ist dies ausdrücklich verboten! Im § 77 Abs. 3 BetrVG heißt es: »*Arbeitsentgelte und sonstige Arbeitsbedingungen, die durch Tarifvertrag geregelt sind oder üblicherweise geregelt werden, können nicht Gegenstand einer Betriebsvereinbarung sein.*«

Dies wird als die so genannte Sperrwirkung des Tarifvertrags bezeichnet und soll einer Aushöhlung der Tarifautonomie durch die betriebliche Seite entgegenwirken. Das heißt, die materiellen Arbeitsbedingungen sollen nicht durch Vereinbarungen auf der Betriebsebene, sondern – wie es Art. 9 GG vorsieht – durch die Tarifparteien geregelt werden. Dadurch soll ein allzu starkes Auseinanderdriften der Arbeitsbedingungen in den jeweiligen Betrieben vermieden werden. Außerdem ist zu bedenken, dass tarifvertragliche Forderungen notfalls mit den Mitteln des Arbeitskampfs durchgesetzt werden können.

Dem Betriebsrat ist der Einsatz des Arbeitskampfs zur Durchsetzung von Forderungen demgegenüber nicht möglich, er ist – ebenso wie Arbeitgeberinnen – an die so genannte gesetzliche Friedenspflicht gebunden (§ 74 Abs. 2 BetrVG). Wenn Ihre Arbeitgeberin sich sehr über diese Regelung ärgert, können Sie beruhigende Worte finden, indem Sie daran erinnern, dass das Streikrecht für die Arbeitgeberinnen in der Bundesrepublik Deutschland doch sehr arbeitgeberinnenfreundlich strukturiert ist. In der Bundesrepublik Deutschland muss keine Arbeitgeberin mit legalen wilden Streiks oder gar Generalstreiks rechnen, wie dies in Italien und Frankreich z. B. der Fall ist. Unser Tarifsystem ist weltweit einzigartig und kein Land in dieser Welt findet ein so wohl sortiertes und berechenbares Arbeitskampfmilieu vor, wie es die Bundesrepublik Deutschland vorrätig hält.

Sie *müssen* sich als Betriebsrat jedoch nicht auf solche Gespräche einlassen. Sagen Sie Ihrer Arbeitgeberin, dass sie sich in dieser Frage mit Ihrer Gewerkschaft auseinandersetzen muss. Weisen Sie daraufhin, dass Sie keine Zeit für gesetzeswidrige Gespräche haben, weil Sie in der Produktion gebraucht werden! Informieren Sie Ihre Gewerkschaft über derartige Angebote.

Sollten Sie sich dem Druck nicht entziehen können oder wollen, dann sagen Sie Ihrer Chefin, dass sie keine Gesetze außer Kraft setzen können und dürfen. Erklären Sie ihr, dass es faktisch sinnlos

Spielregeln im Arbeitsrecht

ist, solche Betriebsvereinbarungen zu schließen, weil jedes Gewerkschaftsmitglied unter Bezugnahme auf den Tarifvertrag vor dem Arbeitsgericht die tarifvertragliche Leistung einklagen kann. Selbst dann, wenn die tarifwidrige Betriebsvereinbarung mithilfe der Einigungsstelle erfolgte, deren Vorsitz von einem bundesdeutschen Arbeitsrichter geführt wurde. Es gibt keine Rechtssicherheit bei Gesetzesbruch.

Verstoß gegen die tarifliche Friedenspflicht
In der Firma X sind sich die Arbeitgeberin und die Mehrheit der nichtgewerkschaftlich organisierten Betriebsräte einig, dass das Lohnniveau gesenkt werden soll. Außerdem finden sie es richtig, dass in Zukunft mehr gearbeitet werden soll.
Im bestehenden Tarifvertrag ist ein bestimmter Lohn (Lohntarifvertrag) und die 39-Stunden-Woche vereinbart (Manteltarifvertrag).
Die Arbeitgeberin erwartet, dass das Lohnniveau mindestens um 30 % unter Tarif geregelt wird. Außerdem hätte sie gerne eine 48-Stunden-Woche.
Die Mehrheit der nicht gewerkschaftlich organisierten Betriebsräte wäre bereit, sich auf eine Lohnsenkung in Höhe von 20 % und auf eine 40-Stunden-Woche einzulassen.
Die Emotionen der gewerkschaftlich organisierten Betriebsräte toben. Sie können sich im Gremium aber nicht durchsetzen.

Beachten Sie Beschlussfassung ab Kapitel 6: Organisation der Betriebsratsarbeit.
Die Arbeitgeberin verhandelt nun also im Rahmen des § 87 Abs. 1 Nr. 3, 10 und 11 BetrVG.
§ 77 Abs. 3 BetrVG (allgemeiner Teil) wird weggeblendet.

Mit Hilfe einer Richterin aus dem Arbeitsgericht, die als Vorsitzende nach § 76 BetrVG bestimmt und eingesetzt ist, beschließt die Einigungsstelle, dass das Lohnniveau um 25 % vom Tarifvertrag abweichen darf. Im Gegenzug gewinnt der Betriebsrat insofern, als jetzt die 39-Stunden-Woche nur in eine 40-Stunden-Woche umgewandelt wird. Die 48-Stunden-Woche konnte verhindert werden. Die Arbeitgeberin lobt die gute Zusammenarbeit zwischen Betriebsrat und Geschäftsführung.

Wie geht der Fall weiter?

Den gewerkschaftlich organisierten Betriebsräten wurde inzwischen von ihrer Gewerkschaft ein Rechtsbeistand zur Seite gestellt, und alle gewerkschaftlich organisierten Arbeitnehmerinnen dürfen nun gegen die oben genannte Betriebsvereinbarung vor dem Arbeitsgericht klagen. Der gesamte Arbeitsgerichtsprozess kostet die Mitglieder der Gewerkschaft selbstverständlich nichts, da ihre Gewerkschaft die Kosten der Gerichtsprozesse übernimmt.

Nun kann es unserer Arbeitsrichterin passieren, dass ausgerechnet sie diejenige ist, die alle Klagen auf den Tisch bekommt.

Das kann ganz schön peinlich für sie werden, weil sie nun als Richterin dazu verpflichtet ist, die bestehenden Bundesgesetze und auch Tarifverträge zu beachten. Das heißt, sie **muss** die Regelungen aus der Betriebsvereinbarung für rechtswidrig erklären und alle Klägerinnen gewinnen ihren Arbeitsgerichtsprozess.

Die Sache geht für die Arbeitgeberin und auch für den Betriebsrat nur gut, wenn niemand eine Klage vor dem Arbeitsgericht einreicht. Dann gilt der Grundsatz:

»Wo keine Klägerin, da keine Richterin«.

7. Betriebsvereinbarungen

In mehrfacher Hinsicht vergleichbar mit Tarifverträgen sind Betriebsvereinbarungen. Wie die Tarifverträge enthalten sie Rechtsnormen und gelten für die Arbeitsverhältnisse im Betrieb unmittelbar und zwingend. Sie werden zwischen Arbeitgeberin und Betriebsrat abgeschlossen. Auch sie verfolgen einen Schutzzweck und sind deshalb nur mit einer einzelvertraglichen Abweichung zugunsten der Arbeitnehmerinnen möglich. Das Günstigkeitsprinzip findet jedoch, wie bereits beschrieben, im Verhältnis Tarifvertrag zu Betriebsvereinbarung seine Grenzen.

Spielregeln im Arbeitsrecht

Durchbrochen werden kann diese Tarifvertragssperre allerdings durch so genannte Öffnungsklauseln, die sich in den gültigen Tarifverträgen ausdrücklich finden lassen. Dies bedeutet, dass der Tarifvertrag den Abschluss ergänzender Betriebsvereinbarungen zu bestimmten Regelungsbereichen ausdrücklich zulassen muss.

Hauptanwendungsfall der Betriebsvereinbarungen
Der Hauptanwendungsfall zur Regelung über Betriebsvereinbarungen findet sich faktisch – in der Praxis – im Rahmen der sozialen Mitbestimmung nach § 87 BetrVG, der betrieblichen Fortbildung nach §§ 96, 97, 98 BetrVG und auch bei Betriebsänderung nach § 111 BetrVG durch Sozialpläne nach § 112 BetrVG.

Dies liegt daran, dass der Betriebsrat die Einigungsstelle zur Regelung der Meinungsverschiedenheit anrufen kann und die Arbeitgeberin kann sich diesem Verfahren nicht entziehen.

"Wenn wir uns nicht einigen, dann gehen wir in die Einigungsstelle"

Der Sinn tariflicher Vereinbarungen oder Regelungen durch die Betriebsräte findet sich vor allem darin, dass das Arbeitsrecht durch Rechtsgrundlagen genauer gemacht und hoffentlich auch bereichert wird, die von den Beschäftigten selbst gewollt sind. Nicht eine Bundesregierung sagt ihnen, was für den Betrieb am sinnvollsten ist und womit sich Arbeitspersonen zufrieden geben sollen. Die Betriebsräte verhandeln die Bedürfnisse ihrer Kolleginnen und Kollegen mit ihrer Arbeitgeberin und einigen sich mit ihr. Dies tun sie in der Regel über Betriebsvereinbarungen.

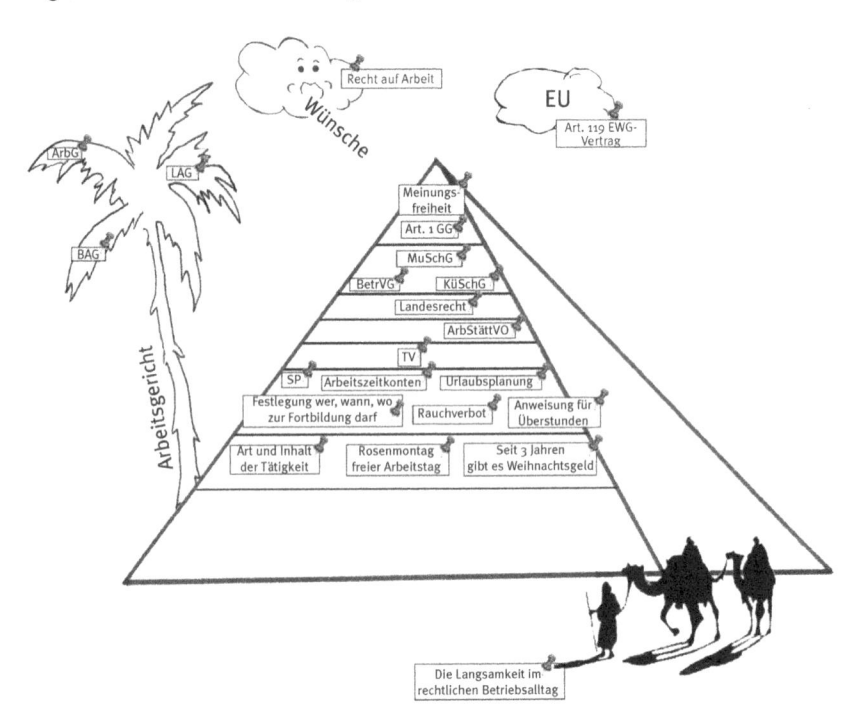

(Pyramide mit Rechtsquellen: Recht auf Arbeit, EU/Art. 119 EWG-Vertrag, Wünsche, ArbG, LAG, BAG, Meinungsfreiheit, Art. 1 GG, MuSchG, BetrVG, KüSchG, Landesrecht, ArbStättVO, TV, SP, Arbeitszeitkonten, Urlaubsplanung, Festlegung wer, wann, wo zur Fortbildung darf, Rauchverbot, Anweisung für Überstunden, Art und Inhalt der Tätigkeit, Rosenmontag freier Arbeitstag, Seit 3 Jahren gibt es Weihnachtsgeld, Arbeitsgericht; Die Langsamkeit im rechtlichen Betriebsalltag)

8. Arbeitsvertrag

Der Arbeitsvertrag stellt in Betrieben ohne Betriebsräte und Tarifvertrag die wichtigste Beziehungsquelle zwischen der Arbeitgeberin und der Arbeitnehmerin dar. Die Arbeitgeberin könnte theoretisch jeden Unsinn in einen Arbeitsvertrag hinein schreiben und die Arbeitnehmerin müsste sich – wenn sie ein starkes Sicherheitsbedürfnis hat – an diese Regelung halten, bis ein Arbeitsgericht diese für ungültig erklärt.

Spielregeln im Arbeitsrecht

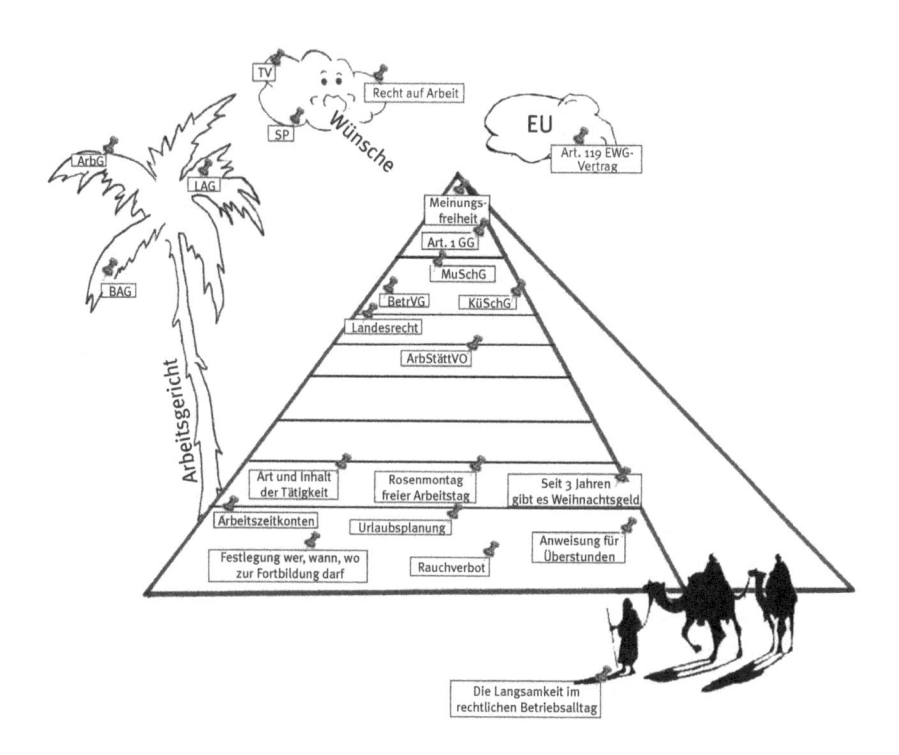

[Pyramidendiagramm mit folgenden Beschriftungen:]

- TV
- SP
- Wünsche
- Recht auf Arbeit
- EU
- Art. 119 EWG-Vertrag
- ArbG
- LAG
- BAG
- Arbeitsgericht
- Meinungsfreiheit
- Art. 1 GG
- MuSchG
- BetrVG
- KüSchG
- Landesrecht
- ArbStättVO
- Art und Inhalt der Tätigkeit
- Rosenmontag freier Arbeitstag
- Seit 3 Jahren gibt es Weihnachtsgeld
- Arbeitszeitkonten
- Urlaubsplanung
- Anweisung für Überstunden
- Festlegung wer, wann, wo zur Fortbildung darf
- Rauchverbot
- Die Langsamkeit im rechtlichen Betriebsalltag

Betriebsräte und Tarifverträge verändern jedoch diese einseitige Regelungsgewalt durch die Arbeitgeberin.

Aus den bisherigen Ausführungen hat sich ergeben, dass die höherrangigen Rechtsquellen das Ziel verfolgen, den Schutz der einzelnen Arbeitnehmerinnen gegenüber der Arbeitgeberin zu verbessern. Das höhere Gesetz verdrängt das niedere Gesetz. Das bedeutet für die Arbeitgeberin, dass die Rechtsquellen, die über dem Arbeitsvertrag angesiedelt sind, nicht einzelvertraglich *zu Ungunsten der Arbeitnehmerinnen* geregelt werden dürfen. So darf eine Arbeitgeberin mit einer Arbeitnehmerin z. B. nicht einzelvertraglich regeln, dass die Arbeitnehmerin einen Urlaubsanspruch von 14 Tagen im Jahr hat, während § 3 Abs. 1 BurlG regelt, dass Arbeitnehmerinnen einen Mindesturlaubsanspruch von 24 Werktagen haben.

An dieser Stelle ist das noch sehr junge **arbeitsvertragliche Nachweisgesetz** von besonderer Bedeutung. Die Arbeitgeberin hat der Arbeitnehmerin binnen eines Monats nach Aufnahme des Arbeitsverhältnisses einen schriftlichen Nachweis über bestimmte gesetzliche Vorgaben zu geben, wenn sie sich auf die Gültigkeit einer Regelung berufen will, die sie nicht schriftlich vereinbart hat.

Viele Arbeitnehmerinnen glauben, sie müssten unbedingt einen Arbeitsvertrag haben, damit sie einen arbeitsrechtlichen Schutz genießen. Dies ist insofern ein Irrglaube, als eine Arbeitgeberin der Arbeitnehmerin mindestens zu geben hat, was arbeitsgesetzlich festgeschrieben ist.

Oft herrscht in der Arbeitswelt auch der Irrglaube, dass der Arbeitsvertrag denselben zivilrechtlichen Anforderungen unterworfen ist, wie dies dem zivilrechtlichen Vertragsrecht im Allgemeinen eigen ist. Es wird gedacht, es gäbe auch im Arbeitsrecht die unbegrenzte zivilrechtliche Vertragsfreiheit.

Diese Freiheit gilt in der Arbeitswelt jedoch nur beschränkt, weil zunächst gegeben werden muss, was in den Arbeitsgesetzen festgeschrieben ist. Frei steht es jeder Vertragspartei lediglich, *mehr* zu geben, als gefordert wird.

Auf diesem Wege soll das faktisch ungleiche Kräfteverhältnis zwischen Arbeitgeberin und Arbeitnehmerin ausgeglichen werden.

Gesetzliche Besserstellung von bestimmten Menschen

In der Bundesrepublik Deutschland ist es gar nicht so unüblich, dass bestimmte Menschen durch die Gesetze eine günstigere Prozessposition erhalten. Diese Festschreibung wirkt nur auf den ersten Blick ungewöhnlich. Wir kennen sie auch aus anderen Bereichen. So wird z. B. die Mieterin im Mietrecht gegenüber der Wohnungseigentümerin (Vermieterin) geschützt. Auch wenn die Wohnung im Eigentum der Vermieterin steht, darf sie Ihre Mietwohnung nicht einfach betreten und in den Räumen machen, was sie will. Auch im Familienrecht kennen wir vergleichbare Regelungen. Es ist einem Kind z. B. nicht möglich, auf Unterhalt gegenüber den Eltern zu verzichten.

Überprüfung der Arbeitsverträge auf Rechtsverstöße durch den Betriebsrat

Der Betriebsrat hat nach dem Wortlaut des Betriebsverfassungsgesetzes keinen Anspruch auf Mitbestimmung bei der Gestaltung der Arbeitsverträge.

Lediglich der Hinweis auf die Pflicht der Betriebsräte aus § 80 Abs. 1 Nr. 1 BetrVG »darüber zu wachen, *dass die* **zugunsten** der Arbeitnehmer geltenden Gesetze, Verordnungen, Unfallverhütungsvorschriften, Tarifverträge und Betriebsvereinbarungen durchgeführt werden,« bietet den Betriebsräten die Gelegenheit Einfluss auf die Arbeitsverträge zu nehmen.

8.1 Betriebliche Übung

Arbeitsvertragliche Ansprüche, auf die sich die Arbeitnehmerinnen berufen können, können nicht nur durch ausdrückliche schriftliche oder mündliche Vereinbarung im Rahmen eines Arbeitsvertrags getroffen werden. Sie können auch durch »betriebliche Übung« entstehen. Dies ist dann der Fall, wenn aus einer ständigen oder über einen längeren Zeitraum bestehenden betrieblichen Verfahrensweise sowie aus dem Verhalten der Arbeitgeberin geschlossen werden kann, dass die Arbeitgeberin gewillt ist, auch in Zukunft in gleicher Weise zu verfahren (BAG v. 26.03.1997 in AP BGB § 242 Betriebliche Übung Nr. 50). Hinzukommen muss, dass die Arbeitnehmerin mit dieser »Übung« einverstanden ist. Letzteres wird bei einer die Arbeitnehmerinnen begünstigenden Regelung vorausgesetzt, auch wenn ihr nicht ausdrücklich zugestimmt wurde (§ 151 BGB, stillschweigende Annahme). In ständiger Rechtsprechung des Bundesarbeitsgerichts begründet sich die betriebliche Übung durch eine mindestens dreimalige vorbehaltlose Gewährung einer Leistung durch die Arbeitgeberin, die nicht vertraglich oder gesetzlich begründet ist (Kittner/Zwanziger Arbeitsrecht, 7. Aufl., § 13 Rz 35 ff).

Eine betriebliche Übung entsteht nicht, wenn die Arbeitgeberin bei der Erbringung der Leistung ausdrücklich darauf hinweist, dass sie freiwillig erfolgt und aus ihrer Gewährung für die Zukunft kein Rechtsanspruch abgeleitet werden kann. Aus diesem Grund findet sich in der Praxis seit vielen Jahren sehr häufig der Hinweis, dass eine bestimmte Vergütung – z.B. das Weihnachtsgeld – einmalig ist und ein Rechtsanspruch auf diese Leistung nicht begründet wird.

8.2 Betriebliche Gesamtzusage

Eine betriebliche Gesamtzusage der Arbeitgeberin an die Arbeitnehmerinnen entsteht durch die Zusage an die Belegschaft z. B. auf einer Betriebsversammlung. Die Bindung an diese Erklärung ist mit der betrieblichen Übung identisch (vgl. dazu Kittner/Zwanziger Arbeitsrecht, 7. Aufl., § 13 Rz 29).

9. Direktionsrecht der Arbeitgeberin

Das Arbeitsleben ist dadurch gekennzeichnet, dass die Arbeitnehmerinnen immer wieder den Weisungen der Arbeitgeberin zu folgen haben. Dies ergibt sich aus der »Rücksichtnamepflicht« des § 241 BGB und der »Treuepflicht« des § 242 BGB. Dieses einseitige Leistungsbestimmungsrecht erhält die Arbeitgeberin aus der Verbindung des § 611 BGB mit § 315 Abs. 3 BGB (vgl. dazu bei Kittner/Zwanziger Arbeitsrecht, 7 Aufl., § 33 Rz 20 ff., mit Bezug auf BAG v. 29.08.1991 – 6 AZR 593/88 in AP BGB § 611 Direktionsrecht Nr. 38).

Die Arbeitgeberin konkretisiert die arbeitsvertragliche Leistungspflicht der Arbeitnehmerin mittels ihrer Anweisungen. Das **Direktionsrecht** der Arbeitgebe-

Spielregeln im Arbeitsrecht

rin ist in der **Normenhierarchie des Arbeitsrechts die schwächste Gestaltungsform**, da es seine Grenzen dort findet, wo die Leistungspflicht der Arbeitnehmerinnen anderweitig konkretisiert ist, also im Arbeitsvertrag, der Betriebsvereinbarung, den Tarifverträgen, Gesetzen und Verordnungen (BAG v. 29.08.1991 – 6 AZR 593/88 in AP BGB § 611 Direktionsrecht Nr. 38).

Gemäß § 315 Abs. 2 und Abs. 3 BGB darf die Arbeitgeberin ihr einseitiges Leistungsbestimmungsrecht nur im billigen Ermessen wahrnehmen. Was das im Einzelnen ist, ist immer schwierig zu bestimmen. In jedem Fall findet sich die Grenze dort, wo ein Gesetz, ein Tarifvertrag oder eine Betriebsvereinbarung ein bestimmtes Verhalten der Arbeitnehmerin erlaubt. Im Streitfall entscheiden immer die Arbeitsgerichte durch Gerichtsurteil darüber, was billiges Ermessen ist.

Arbeit auf Abruf = Kapazitätsorientierte variable Arbeitszeit (KAPOVAZ)

Nach § 12 Teilzeit- und Befristungsgesetz können Arbeitsvertragsparteien die »Arbeit auf Abruf« vereinbaren. Allerdings muss dabei eine bestimmte Dauer der täglichen und wöchentlichen Arbeitszeit vereinbart sein. Ist dies nicht geschehen, so bestimmt das Gesetz, dass dann eine Dauer von zehn Stunden wöchentlich vereinbart ist. Wenn der Stundenumfang nicht festgelegt ist, hat die Arbeitgeberin die Arbeitsleistung für mindestens drei aufeinander folgende Stunden in Anspruch zu nehmen. Die Arbeitnehmerin ist nach § 12 Abs. 2 Teilzeit- und Befristungsgesetz nur zur Arbeitsleistung verpflichtet, wenn die Arbeitgeberin ihr die Lage der Arbeitszeit mindestens vier Tage im Voraus mitteilt.

Die Arbeitgeberin hat Sie kapazitätsorientiert eingestellt. Das heißt sie plant Ihre Arbeitsleistung nach dem jeweiligen Arbeitsanfall. Sie möchte sich nicht festlegen, wann Sie zu kommen haben und wann Sie zu Hause bleiben dürfen. Sie ruft Sie an, wenn sie Sie braucht. Selbstverständlich werden Sie nur bezahlt, wenn Sie gearbeitet haben. Sie hofft, dass sie immer genügend Arbeit für Sie hat, damit Sie von Ihrer Arbeitsleistung auch leben können. § 12 Teilzeit- und Befristungsgesetz kennt die Arbeitgeberin nicht.

Sie hatten Gründe, sich auf solche Bedingungen einzulassen.

In den kommenden Wochen und Monaten hatten Sie viel Glück, und die Arbeitgeberin hatte Sie wöchentlich für mindestens 30 Stunden eingesetzt. In den nun folgenden Wochen passiert Folgendes:

1. Woche   Die Arbeitgeberin setzt Sie nur 11 Stunden die Woche ein.
2. Woche   Die Arbeitgeberin setzt Sie nur 8 Stunden ein.
3. Woche   Die Arbeitgeberin setzt Sie für 10 Stunden ein.
4. Woche   Die Arbeitgeberin setzt Sie für 40 Stunden ein.
5. Woche   Die Arbeitgeberin setzt Sie für 2 Stunden ein.
6. Woche   Die Arbeitgeberin teilt Ihnen am Montag mit, dass Sie zwischen 12:00 und 14:00 Uhr arbeiten sollen, dann wieder von 18:00 bis 20:00 Uhr, und am Dienstag sollen Sie für 1 Stunde kommen. Am Mittwoch wieder für eine Stunde. Am Donnerstag werden Sie um 6:00 Uhr angerufen, dass Sie heute eine kranke Kollegin vertreten müssen und deshalb um 7:30 Uhr im Betrieb zu sein haben. Ihre Schicht ist um 17:00 Uhr zu Ende. Am Donnerstag fragen Sie nach, wie Sie am Freitag arbeiten. Ihre Arbeitgeberin kann Ihnen das noch nicht sagen. Am Freitag ruft sie um 8:00 Uhr an, um Ihnen mitzuteilen, dass Sie heute Glück haben und wieder zur Arbeit kommen dürfen. Sie sagen »Danke« und spüren deutlich einen aufkommenden Ärger, weil Sie sich für heute eigentlich etwas anderes vorgenommen haben.

Noch am Freitag bitten Sie Ihre Arbeitgeberin um eine bessere Planbarkeit Ihrer Arbeitszeit. Sie bräuchten auch mehr Sicherheit bezüglich Ihres Einkommens.

Die Arbeitgeberin bedauert Ihre Situation sehr und würde Ihnen gerne etwas anderes bieten, aber leider liege dies nicht im betrieblichen Interesse. Sie legt Ihnen den Arbeitsvertrag vor und sagt: »Tja, Sie haben sich an diese Rege-

Spielregeln im Arbeitsrecht

lung vertraglich gebunden, und es obliegt meinem Direktionsrecht, Sie einzusetzen, wann immer ich Sie brauche«.
Sie schlucken Ihre Tränen tapfer herunter und fragen sich, ob dies alles wohl richtig ist.

Die Arbeitnehmerin kann in diesem Fall zum Arbeitsgericht gehen und eine Klage einreichen, die da lautet: »*Das Arbeitsgericht möge feststellen, dass die Arbeitgeberin die Klägerin für mindestens zehn Stunden in der Woche einzusetzen hat, wenn sie sich schon nicht auf eine bestimmte regelmäßige Anzahl von Stunden festlegen lassen möchte. Des Weiteren möge das Arbeitsgericht feststellen, dass die Arbeitnehmerin nur zur Arbeitsleistung verpflichtet ist, wenn die Arbeitgeberin die Lage der Arbeitszeit mindestens vier Tage im Voraus mitteilt. Das Arbeitsgericht soll beschließen, dass eine Lohnkürzung durch die Arbeitgeberin wegen nicht in Anspruch genommener Arbeit nicht erlaubt ist.*«

> Wenn ich Dir sage, dass Du morgen die Frühschicht machst, dann ist das so!

Aufgabe des Betriebsrats zur Konkretisierung des Direktionsrechts der Arbeitgeberin

✳ Als Betriebsrat haben Sie im Rahmen des Betriebsverfassungsgesetzes die Möglichkeit, das Direktionsrecht der Arbeitgeberin zu konkretisieren. Im oben genannten Fall könnten Sie dies tun, indem Sie Ihre Mitbestimmung nach § 87 Abs. 1 Nr. 2 BetrVG »Mitbestimmung bei der Gestaltung der Arbeitszeit« nutzen, um der Kollegin die Arbeitsbedingungen ein bisschen zu erleichtern. Auch würden Sie im oben genannten Fall mithilfe des § 80 Abs. 1 Nr. 1 BetrVG vermittelnd und harmonisierend auf das Gespräch zwischen der Kollegin und Ihrer Arbeitgeberin einwirken, indem Sie § 80 Abs. 1 BetrVG und § 12 Abs. 1 und Abs. 2 Teilzeit- und Befristungsgesetz vorlesen. Sagen Sie der Kollegin und ihrer Arbeitgeberin, dass es wenig Anlass zum Streiten gibt. Die Gesetzesgrundlage ist eindeutig!

"Arbeitszeit ist gem. § 87 I Nr. 2 Betr.VG mitbestimmungspflichtig"

Direktionsrecht des Betriebsrats gegenüber der Arbeitgeberin?

Um es vorweg zu nehmen: »Der Betriebsrat hat kein Direktionsrecht gegenüber der Arbeitgeberin.« Dies gilt auch, wenn Ihnen das Betriebsverfassungsgesetz ein eindeutiges Mitbestimmungsrecht zuschreibt.

Wenn die Arbeitgeberin z.B. in unzulässiger Weise ihr Direktionsrecht missbraucht, indem sie eine Überstunde anordnet, die nach § 87 Abs. 1 Nr. 2 und Nr. 3 BetrVG mitbestimmungspflichtig ist, dann muss der Betriebsrat beim Arbeitsgericht eine Unterlassungsklage gem. § 23 Abs. 3 BetrVG gegen die Arbeitgeberin führen. Notfalls sogar mit dem Mittel der einstweiligen Verfügung nach § 85 Abs. 2 Arbeitsgerichtsgesetz (vgl. dazu bei Däubler/Kittner/Klebe/Wedde BetrVG, 13. Aufl., § 87 Rz 312 ff.).

Im Ergebnis wird diese Arbeitgeberin einen Arbeitsgerichtsprozess verlieren und das Arbeitsgericht wird der Arbeitgeberin verbieten, derartige Anweisungen zu erteilen, ohne dass der Betriebsrat ordnungsgemäß beteiligt wurde. Wenn sich die Arbeitgeberin nicht an dieses Urteil hält, riskiert sie ein Ordnungswidrigkeitsgeld in Höhe von bis zu 10 000 €, vgl. dazu § 23 Abs. 3 Satz 5 BetrVG.

Spielregeln im Arbeitsrecht

Direktionsrecht des Betriebsrats gegenüber Kolleginnen?
Der Betriebsrat hat auch kein Direktionsrecht gegenüber einzelnen Kolleginnen. Wenn sich z. B. die Arbeitgeberin mit einer Kollegin darauf verständigt, dass die Kollegin Überstunden macht, kann der Betriebsrat der Kollegin nicht verbieten, diese Überstunden zu machen. Dem Betriebsrat bleibt lediglich ein Unterlassungsverfahren gegenüber der Arbeitgeberin nach § 23 Abs. 3 BetrVG.

Auch wenn die Arbeitgeberin gegen den Willen der Kolleginnen und ohne den Betriebsrat zu beteiligen, Überstunden anordnet, kann der Betriebsrat den Kolleginnen nicht einfach sagen: »Du musst die Überstunden nicht machen, solange wir nicht beteiligt sind. Sei dir sicher, dass wir der Überstunde nicht zustimmen werden!«

Der Betriebsrat könnte gegenüber der Arbeitgeberin nur mit einer Unterlassungsklage erfolgreich vorgehen. Die Kollegin riskiert einen arbeitsvertraglichen Verstoß (Verstoß gegen die Treuepflicht nach § 242 BGB), welcher möglicherweise eine Kündigung rechtfertigen könnte, wenn sie den Tipp des Betriebsrats befolgt.

Denken Sie immer daran: Die Kolleginnen schulden dem Betriebsrat keine Treue. Schauen Sie sich einfach mal an, wie sich die Arbeitswelt entfalten kann, wenn keine Betriebsräte im Betrieb vorhanden sind und wenn kein Tarifvertrag zur Anwendung kommt.

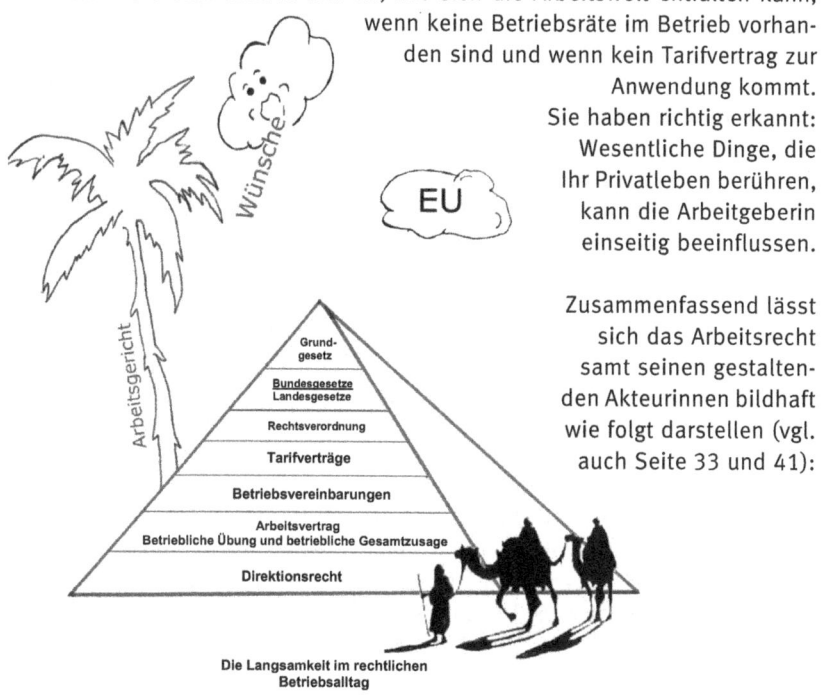

Sie haben richtig erkannt: Wesentliche Dinge, die Ihr Privatleben berühren, kann die Arbeitgeberin einseitig beeinflussen.

Zusammenfassend lässt sich das Arbeitsrecht samt seinen gestaltenden Akteurinnen bildhaft wie folgt darstellen (vgl. auch Seite 33 und 41):

Pyramide (von oben nach unten):
- Grundgesetz
- Bundesgesetze / Landesgesetze
- Rechtsverordnung
- Tarifverträge
- Betriebsvereinbarungen
- Arbeitsvertrag / Betriebliche Übung und betriebliche Gesamtzusage
- Direktionsrecht

(links: Arbeitsgericht; Wünsche; EU)

Die Langsamkeit im rechtlichen Betriebsalltag

Die folgende Arbeitsrechtspyramide oder Normenhierarchie setzt sich mit ihren Ereignissen – ohne Betriebsräte und ohne Tarifvertrag – in ihrer Wirkungskraft wie folgt zusammen:

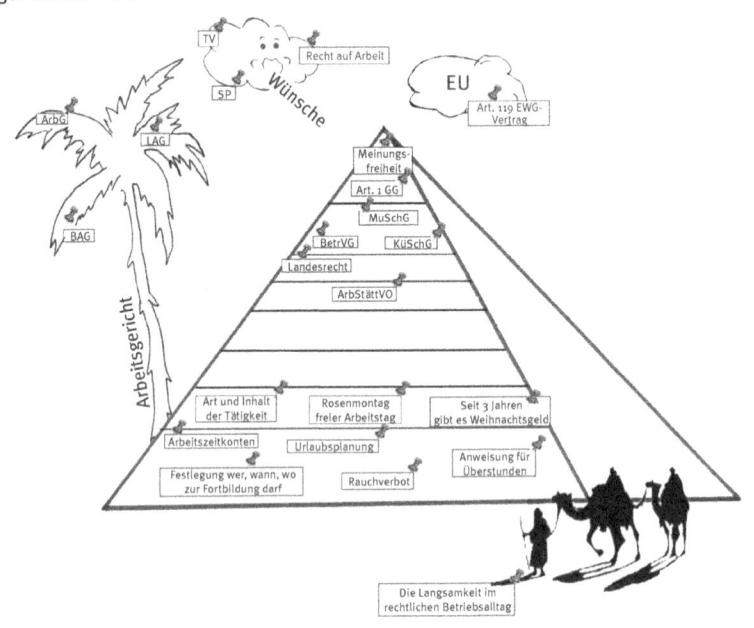

Pyramide mit Beschriftungen:
- TV
- Recht auf Arbeit
- SP
- Wünsche
- EU
- ArbG
- LAG
- Art. 119 EWG-Vertrag
- Meinungsfreiheit
- Art. 1 GG
- MuSchG
- BAG
- BetrVG
- KüSchG
- Landesrecht
- ArbStättVO
- Arbeitsgericht
- Art und Inhalt der Tätigkeit
- Rosenmontag freier Arbeitstag
- Seit 3 Jahren gibt es Weihnachtsgeld
- Arbeitszeitkonten
- Urlaubsplanung
- Anweisung für Überstunden
- Festlegung wer, wann, wo zur Fortbildung darf
- Rauchverbot
- Die Langsamkeit im rechtlichen Betriebsalltag

Abkürzungserklärung:
TV = Tarifvertrag
SP = Sozialplan
EWG-Vertrag = Europäische Wirtschaftsgemeinschaft – Vertrag
ArbG = Arbeitsgericht I Instanz
LAG = Landesarbeitsgericht
BAG = Bundesarbeitsgericht
GG = Grundgesetz
MuSchG = Mutterschutzgesetz
BetrVG = Betriebsverfassungsgesetz
KSchG = Kündigungsschutzgesetz
ArbStättVO = Arbeitsstättenverordnung

Sie haben richtig erkannt: Wesentliche Dinge, die Ihr Privatleben betreffen, werden nun durch ihre Arbeitgeberin allein gestaltet, und wenn sie nicht eine wichtige »Leistungsträgerin« sind, finden Sie mit ihren Bedürfnissen wenig bis gar kein Gehör. Sie dürfen sich entscheiden: Vertragsannahme oder kein Beschäftigungsverhältnis mit dieser Arbeitgeberin

Spielregeln im Arbeitsrecht

1. Veränderung im arbeitsrechtlichem Gefüge, weil es Betriebsräte und Tarifverträge gibt

Mit Betriebsräten, die mit ihrer Arbeitgeberin Betriebsvereinbarungen abschließen können und einer gewerkschaftlichen Organisation im Betrieb, mit deren Zuständigkeit Tarifverträge ausgehandelt werden können, stellt sich das System so dar:

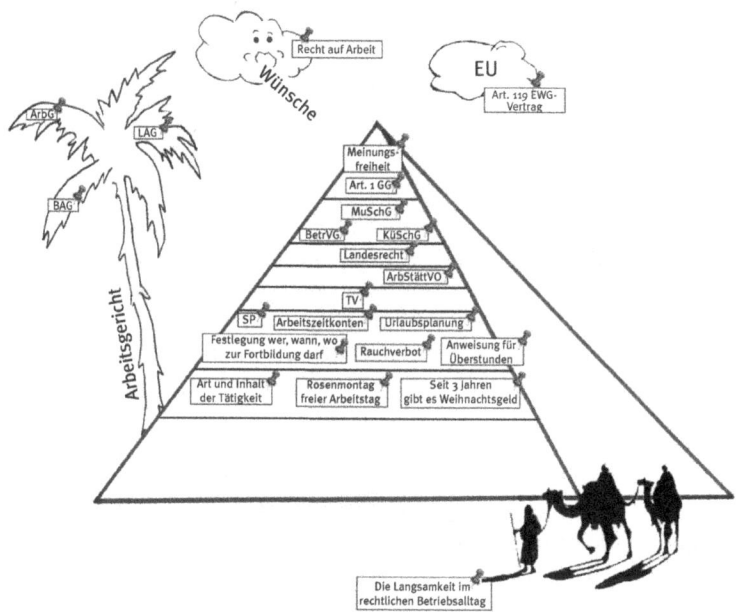

(Pyramidendarstellung mit folgenden Beschriftungen:)

- Recht auf Arbeit
- Wünsche
- EU
- Art. 119 EWG-Vertrag
- ArbG
- LAG
- BAG
- Meinungsfreiheit
- Art. 1 GG
- MuSchG
- BetrVG
- KSchG
- Landesrecht
- ArbStättVO
- TV
- SP
- Arbeitszeitkonten
- Urlaubsplanung
- Festlegung wer, wann, wo zur Fortbildung darf
- Rauchverbot
- Anweisung für Überstunden
- Art und Inhalt der Tätigkeit
- Rosenmontag freier Arbeitstag
- Seit 3 Jahren gibt es Weihnachtsgeld
- Arbeitsgericht
- Die Langsamkeit im rechtlichen Betriebsalltag

Abkürzungserklärung:

TV	= Tarifvertrag
SP	= Sozialplan
EWG-Vertrag	= Europäische Wirtschaftsgemeinschaft – Vertrag
ArbG	= Arbeitsgericht I Instanz
LAG	= Landesarbeitsgericht
BAG	= Bundesarbeitsgericht
GG	= Grundgesetz
MuSchG	= Mutterschutzgesetz
BetrVG	= Betriebsverfassungsgesetz
KSchG	= Kündigungsschutzgesetz
ArbStättVO	= Arbeitsstättenverordnung

Sie haben richtig erkannt: Wesentliche Dinge, die Ihr Privatleben betreffen, werden nun durch den Betriebsrat mitbestimmt oder sie sind tarifvertraglich gesichert.

10. Aufbau des Betriebsverfassungsgesetzes (Allgemeiner Teil und Besonderer Teil des Gesetzes)

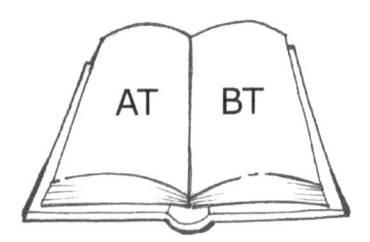

Jedes Gesetz besteht aus einem allgemeinen und einem besonderen Teil. Im allgemeinen Teil stehen Rechtsgrundsätze, die immer mitgelesen und mitgedacht werden müssen, wenn Sie im besonderen Teil die konkreten Fälle regeln wollen. Im allgemeinen Teil sind wesentliche Wertegrundsätze niedergeschrieben.

Der allgemeine Teil des Betriebsverfassungsgesetzes besteht aus den §§ 1 bis 80 BetrVG.

Der besondere Teil, die Spezialfälle, ist geregelt in den §§ 81 bis 132 BetrVG.

Diskriminierung im Bewerbungsverfahren

In einem Bewerbungsverfahren lehnt die Arbeitgeberin einen Bewerber ab, der 49 Jahre jung ist. Der Bewerber hat drei Kinder zu versorgen. Die Kinder leben bei ihrem Vater und er ist geschieden. Außerdem ist er Kommunist (stadtbekannt). Die Arbeitgeberin entscheidet sich für einen 30-jährigen, unverheirateten und kinderlosen Bewerber. Die Arbeitgeberin teilt dem Betriebsrat mit, dass sie sich für den jüngeren Bewerber entscheide, weil sie eine ausgewogene Personalstruktur aufbauen wolle und es deshalb im berechtigten betrieblichem Interesse sei, nur noch Bewerber zu berücksichtigen, die maximal 30 Jahre jung seien. Außerdem sei es ihr nicht zuzumuten, noch mehr Alleinerziehende zu beschäftigen. Sie glaube auch nicht, dass ein 49-jähriger Mann mit drei Kindern jemals eine Frau finde, die ihm die Familienarbeit abnehme.

Die Betriebsratsvorsitzende liest das Schreiben und geht direkt in das Zimmer ihrer Arbeitgeberin. Sie fragt sie: »Sagen Sie, ist das ihr Ernst?« Die Arbeitgeberin nickt und fügt hinzu: »Ich bin doch nicht blöde und hole mir einen stadtbekannten Kommunisten ins Haus! Den kennt hier jeder!«

Spielregeln im Arbeitsrecht

Stellen wir uns vor, der Betriebsrat findet diese diskriminierende Haltung empörend und beschließt, etwas dagegen zu unternehmen. In seiner Begründung nach § 99 Abs. 2 Nr. 1 BetrVG gegen die Einstellung des 30-Jährigen führt der Betriebsrat in seiner Begründungskette nun die §§ 75, 80 Abs. 1 Nr. 1, Nr. 2 b, Nr. 6 BetrVG in Verbindung mit § 612 a BGB und § 1 AGG an,[5] damit doch der ältere Alleinerziehende und politisch aktive Bewerber berücksichtigt wird. Die Arbeitgeberin darf nämlich bei einer Einstellung nicht gegen das Gesetz verstoßen. Auch das Betriebsverfassungsgesetz ist ein Gesetz im Sinne des § 99 Abs. 2 Nr. 1 BetrVG.

> **Zustimmungsverweigerungsschreiben an die Arbeitgeberin**
>
> Betriebsrat der Firma Bezeichnung
>
> Adresse
>
> An die Geschäftsinhaberin Frau Name
>
> – im Hause –
>
> Ort, Datum
>
> Sehr geehrte Frau Name,
>
> der Betriebsrat hat in seiner Sitzung vom heutigen Tag beschlossen, der Einstellung von Herrn Name gemäß § 99 Abs. 2 Nr. 1 BetrVG nicht zuzustimmen, da Sie sich in Ihrer Entscheidung auf Motive beziehen, die eindeutig gegen Vorschriften aus dem Arbeitsrecht verstoßen.
>
> **Begründung**
> I. Gemäß § 75 Abs. 1 BetrVG in Verbindung mit § 612 a BGB (Maßregelungsverbot) und § 1 AGG dürfen Sie niemanden diskriminieren, weil jemand sich in bestimmter Weise politisch betätigt. In dem Flurgespräch mit unserer Betriebsratsvorsitzenden am Datum haben Sie gesagt: »*Ich bin doch nicht blöde und hole mir einen stadtbekannten Kommunisten ins Haus! Den kennt hier jeder!*« Damit haben Sie sich für Herrn Name 2 entschieden, zu Ungunsten

---

5 Ihr geht es um das gesetzliche Verbot der Altersdiskriminierung, der Diskriminierung wegen der politischen Haltung und der politischen Aktivität, außerdem um die Vereinbarkeit von Familie und Beruf.

von Herrn Name, weil Herr Name ein stadtbekannter Kommunist ist. Einem demokratischen Rechtsstaat, wie er sich in der Bundesrepublik Deutschland etabliert hat, sind solche Begründungen wesensfremd.

II. Gemäß § 80 Abs. 1 Nr. 2 b BetrVG sind Arbeitsbedingungen so zu gestalten, dass die Arbeitsbedingungen immer mit der Familie vereinbar sind. In Ihrem Schreiben vom Datum an uns haben Sie geschrieben: »*Außerdem sei es Ihnen nicht zuzumuten, noch mehr Alleinerziehende zu beschäftigen. Sie glaubten auch nicht, dass ein 49-jähriger Mann mit drei Kindern jemals eine Frau findet, die ihm die Familienarbeit abnimmt.*« Dieses Argument verstößt gegen das Gebot des § 80 Abs. 1 Nr. 2 b BetrVG. § 80 Abs. 1 Nr. 2 b BetrVG verpflichtet Sie vielmehr, die Arbeitsbedingungen so zu gestalten, dass sie familienkompatibel ist.

III. Gemäß § 80 Abs. 1 Nr. 6 BetrVG gehört es zu unseren Aufgaben, die Beschäftigung älterer Arbeitnehmer im Betrieb zu fördern. Indem Sie eine Altersgrenze von 30 Jahren für die Begründung eines Arbeitsverhältnisses festlegen, haben Sie eindeutig gegen den Wortlaut des § 80 Abs. 1 Nr. 6 BetrVG verstoßen. Aus dem Gebot des § 80 Abs. 1 Nr. 6 BetrVG hätten Sie sich eindeutig für Herrn Name entscheiden müssen, weil dieser älter ist als Herr Name 2. Außerdem weisen wir an dieser Stelle ausdrücklich darauf hin, dass eine Altersdiskriminierung nur in sehr engen Grenzen erlaubt ist. Ihre Beweggründe sind so sicherlich nicht erlaubt.

Wir erlauben uns, Sie daran zu erinnern, dass es Ihnen grundsätzlich verboten ist, einen Bewerber ohne unsere Zustimmung einzustellen. Gegen unsere Zustimmungsverweigerung können Sie gem. § 99 Abs. 4 BetrVG eine Klage vor dem Arbeitsgericht führen. Vielleicht erlauben Ihnen die Richterinnen eine Einstellung von Herrn Name 2 vorzunehmen, auch wenn wir dagegen sind.

Sagen Sie bitte Herrn Name 2, dass wir nichts gegen ihn als Menschen haben und dass wir, wenn es nach uns ginge, beide Bewerber und noch mehr Kolleginnen einstellen würden. Die Anzahl der Überstunden in unserem Betrieb ist uns ohnehin zu hoch. Es geht uns ausschließlich darum, die Ordnung aus dem Arbeitsrecht zu bewahren. Wir erinnern Sie gerne daran, dass

Spielregeln im Arbeitsrecht

> § 100 Abs. 1 Satz 2 BetrVG von Ihnen verlangt, dass Sie Herrn Name 2 über diese Sach- und Rechtslage aufklären.
>
> Wir erlauben uns, darauf hinzuweisen, dass wir bereits entschieden haben, notfalls ein Zwangsgeld aus § 101 BetrVG gegen Sie verhängen zu lassen, wenn Sie sich nicht an die Spielregeln dieses Gesetzes halten.
>
> Mit freundlichen Grüßen
> In Vertretung für den Betriebsrat
> Name
>
> – Betriebsratsvorsitzende –

Auch wenn es Ihnen Leid tut, argumentieren Sie in diesem Fall zwangsläufig *für* eine Person und damit *gegen* eine andere Person.

Ob der Arbeitgeber mit seiner Entscheidung Erfolg haben wird, wird das Arbeitsgericht nach §§ 99 Abs. 4, 100, 101 BetrVG zu entscheiden haben.

Sie sehen an diesem Beispiel, wie eng die Begründungsmöglichkeit für Betriebsräte ist.

Sie können sich im § 99 Abs. 2 BetrVG nicht einfach auf irgendwelche Begründungen stützen, die Ihnen am Herzen liegen. Im Rahmen des § 99 Abs. 2 BetrVG müssen Sie eine Begründung schreiben, die sich aus den Nummern 1 bis 6 des §§ 99 Abs. 2 BetrVG herleitet.

Verlieren Sie nie den Allgemeinen Teil des Gesetzes aus Ihren Augen
Der allgemeine Teil bietet dem Betriebsrat eine Fülle an Begründungsmöglichkeiten, die er aus der alleinigen Anwendung des besonderen Teils nicht haben wird. Besonders § 80 und § 75 BetrVG enthalten eine Werteordnung, aus der heraus Betriebsräte soziale Gesichtspunkte, im Sinne einer Sozialverträglichkeit der Arbeitsbedingungen, in die Begründung einfließen lassen müssen.

Erstellung der Wählerliste nach Geschlechtern gem. § 15 BetrVG i. V. m. § 75 BetrVG »Berücksichtigung der sexuellen Identität, hier Umgang mit Transvestiten«
Es steht die Wahl des Betriebsrats an. Der Betriebsratswahlvorstand prüft die Wählerliste, um den Minderheitenschutz der Geschlechter nach § 15 BetrVG zu errechnen. Der Kollege Claus Meier hat in diesem

Jahr eine Geschlechtsumwandlung vorgenommen und heißt seitdem Claudia Meier (ihr betriebsverfassungsrechtlicher Schutz ergibt sich aus § 75 BetrVG). Etwas verunsichert geht der Wahlvorstand auf die Kollegin zu und fragt, wie damit umzugehen sei. Die Kollegin ist etwas irritiert und sagt: »Ihr wisst doch, dass ich meine sexuelle Identität gewechselt habe, ich bin jetzt eine Frau«.
Der Wahlvorstand ändert deshalb die Liste der Beschäftigten, indem er Claudia Meier aus der Liste der Männer herausstreicht und die Kollegin in die Liste der Frauen aufnimmt. Ihrer Arbeitgeberin schreibt der Wahlvorstand eine Kurznachricht, in der darum gebeten wird, dass diese kränkende Verwechslung auf der Wählerliste in Zukunft unbedingt vermieden werden muss. Claudia ist nicht mehr Claus.

Integration von besonders schutzbedürftigen Personen nach § 80 Abs. 1 Nr. 4 BetrVG

Nach § 80 Abs. 1 Nr. 4 BetrVG hat der Betriebsrat auch die allgemeine Aufgabe, *die Eingliederung Schwerbehinderter und sonstiger schutzbedürftiger Personen zu fördern.*

Die Frage, wer warum oder durch was besonders schutzbedürftig ist, ist dem Wortlaut nicht zu entnehmen. Dieser nicht definierte, d.h. unbestimmte, Rechtsbegriff muss jeweils durch die Arbeitsgerichte im Streitfall entschieden werden. Wenn Sie z.B. im Betriebsverfassungsgesetz-Kommentar bei Däubler/Kittner/Klebe/Wedde BetrVG, 13. Aufl., § 80 Rz 52 bis 57 nachschlagen, finden Sie eine Aufzählung, um wen Sie sich im Einzelnen besonders zu kümmern haben. Es heißt dort:

- Körperlich, geistig oder seelische Behinderte im Sinne des § 19 SGB III
- Aids-Kranke
- Alkoholiker und andere Drogensüchtige
- Ehemalige Strafgefangene
- Langfristige Arbeitslose
- Mindergeschützte Beschäftigte wie geringfügig Beschäftigte, Teilzeitkräfte, Befristet Beschäftigte, Aushilfen, Leiharbeitnehmerinnen, Aussiedlerinnen
- Alleinerziehende
- Randgruppen aller Art
- Homosexuelle Kolleginnen
- Kolleginnen in Lebenskrisen
- Kranke Kolleginnen, vor allem depressive
- Kolleginnen in Lebenskrisen, z.B. nach einer Trennung oder während der Trauerphase
- usw.

Der Betriebsrat ist nämlich per gesetzlichem Auftrag Vertreter aller Arbeitnehmerinnen und nicht nur zuständig für die privilegierten, gesunden und leistungsstarken Kolleginnen. Diese Kolleginnen brauchen in der Regel nicht Ihre besondere Zuwendung, da sie zu den bevorzugten Leistungsträgerinnen Ihrer Arbeitgeberinnen gehören und ihr Tempo in der Regel die Betriebskultur bestimmt. Es geht darum, dass Menschen aufgrund ihrer ganz persönlichen Lebenssituation entweder für »immer« oder für »eine bestimmte« Zeit eine besondere Förderung erhalten oder einen besonders geschütztes Arbeitsumfeld gestaltet bekommen.[6]

§ 80 Abs. 1 Nr. 4 BetrVG verlangt von Ihnen eine Argumentation innerhalb einer Verhandlung mit Ihrer Arbeitgeberin zugunsten der schwachen Kollegin. Der Betriebsrat ist sozusagen die letzte Instanz, die sich um die besonders schutzbedürftigen Kolleginnen kümmern muss.

Einfluss auf Abmahnungen nehmen

Das Erteilen von Abmahnungen unterliegt im Wortlaut nicht Ihrer Mitbestimmung. Es gibt jedoch einen kleinen juristischen Kunstgriff, um sich doch noch in dieses Geschehen einzumischen.

In einem Schreiben an Ihre Arbeitgeberin könnten Sie Folgendes schreiben:

Sehr geehrte Frau Name (Stellvertreterin der Arbeitgeberin),

wir wissen, dass wir keine Mitbestimmung haben, bevor Sie Abmahnungen erteilen.

Wir fordern Sie jedoch gem. § 80 Abs. 1 Nr. 1 BetrVG auf, uns den Sachverhalt vorzulegen, damit wir überprüfen können, ob Sie eventuell ein Verhalten oder ein Geschehen abmahnen möchten, dass gesetzlich nach § 612a BGB und sehr vielen anderen arbeitsrechtlichen Vorschriften erlaubt ist.

Des Weiteren wollen wir auch überprüfen, ob Sie eventuell ein Verhalten abmahnen wollen, das wir eigentlich dringend in einer Betriebsvereinbarung nach § 87 Abs. 1 Nr. 1 BetrVG gestalten sollten.

---

6 Hier ist Inklusion für alle Menschen mit Einschränkungen gemeint. Das Arbeitsrecht soll inklusiv sein für alle Menschen und nicht nur für eine Minderheit – und dass ohne Einschränkungen. Eine alleinerziehende Arbeitnehmerin hat nun mal nicht den gleichen oder selben Lebensrahmen wie Menschen ohne Kinder. Für die jeweiligen Lebensphasen der Kinder sollen Betriebe Bedingungen zur Verfügung stellen, in denen sie ohne Gesundheitsgefährdung teilhaben können.

Mit freundlichem Gruß

Name

– Betriebsratsvorsitzende –

Ein Vorgehen dieser Art wird die Freizügigkeit im Umgang mit Abmahnungen sicherlich drastisch reduzieren.

11. Abgrenzung des Arbeitsrechts der einzelnen Arbeitsperson und der Handlungspflicht der Betriebsräte nach dem Betriebsverfassungsgesetz

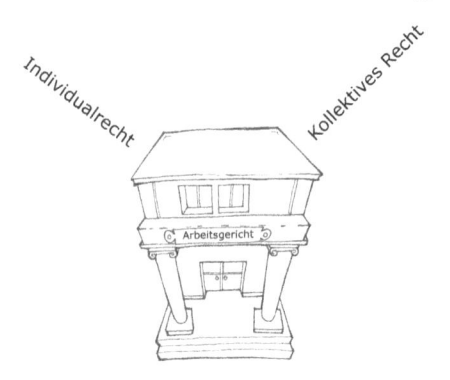

Individualrecht — *Kollektives Recht*

Arbeitsgericht

Das gesamte Arbeitsrecht ist seinem Wesen nach so verfasst, dass es die Rechtsbeziehung der einzelnen Kolleginnen mit ihrer Arbeitgeberin konkretisiert und bestimmt. Dies wird **Individualrecht** genannt. Diese Bestimmtheit bringt es mit sich, dass die einzelnen Kolleginnen, und damit die einzelnen Individuen, immer auch eigenverantwortlich für ihre Lebensbedingungen bleiben. Eine Besonderheit im bundesdeutschen Arbeitsrecht ist das **Kollektivrecht**. Das Wort **kollektiv** bedeutet *gemeinschaftlich. Es kann auch eine Gruppe kennzeichnen, in der die Rechte des Einzelnen von untergeordneter Bedeutung sind* (vgl. Fremdwörterduden oder Herkunftswörterbuch). Das Kollektivrecht aus dem Arbeitsrecht findet sich im **Betriebsverfassungsrecht** und auch im **Tarifrecht bzw. im Tarifvertrag**. In der Regel geht es im kollektiven Recht nicht darum, einer einzelnen Kollegin das Leben so angenehm wie möglich zu machen, sondern darum, Gruppenregelungen zu vereinbaren, die der Gesamtheit aller Beschäftigten zum größten Nutzen sind.

Es gehört zu Ihrem Alltagsgeschäft, Regelungen zu vereinbaren, die vielleicht einer einzelnen Kollegin zum Nachteil gereichen. Dafür erhält eine Vielzahl von Kolleginnen einen Vorteil.

Betriebsrat verweigert Überstunden, um Entlassungen zu verhindern
Die Kollegin A möchte unbedingt Überstunden machen, um drückende Schulden zu begleichen. Als Betriebsrat ist Ihnen bekannt, dass im Betrieb betriebsbedingte Kündigungen anstehen. Die Arbeitgeberin behauptet, dass das Auftragsvolumen verändert sei und deshalb am Personal gespart werden müsse.

Als Betriebsrat müssen Sie sich bei der Beantwortung der Frage, ob Sie der Kollegin A die Überstunden genehmigen, weil sie gute Gründe hat, mehr Geld zu verdienen, immer auch die Gegenfrage beantworten, ob es dafür im Sinne einer sozialverträglichen Regelung gerechtfertigt ist, dass die Arbeitsplätze von anderen Kolleginnen wegrationalisiert werden.

Wenn Sie sich als Betriebsrat entscheiden, die Arbeitsplätze von gefährdeten Kolleginnen so gut es geht und so lange es geht zu bewahren, dann werden Sie zwangsläufig Entscheidungen treffen müssen, die einzelnen Kolleginnen nicht besonders behilflich bei der Bewältigung ihrer Lebensanforderungen sind.

Eine klare Entscheidung gegen die Genehmigung von Überstunden nach § 87 Abs. 1 Nr. 3 BetrVG zugunsten des Erhalts von Arbeitsplätzen birgt in sich immer auch die Entscheidung gegen mehr wirtschaftlichen Ertrag derjenigen Kolleginnen, die dringend auf mehr Geld angewiesen sind.

Sie werden lernen müssen, mit diesem *Spagat* zu leben. Ich kann Ihnen versichern, dass diese Lektion einer der härtesten ist, die Sie im Rahmen Ihrer Amtsführung auszuhalten haben!

Sagen Sie Ihren Kolleginnen, dass auch sie sich kümmern müssen

Das Arbeitsrecht ist so angelegt, dass es jeder Kollegin jederzeit selbst überlassen ist, sich um ihre eigenen Belange zu kümmern. Dies tun Ihre Kolleginnen z. B. dadurch, dass sie Gespräche mit ihrer Arbeitgeberin führen oder, was viel wahrscheinlicher ist, dass sie die Arbeitsgerichte bemühen, für ihre Interessen zu entscheiden.

Als Betriebsrat sind Ihnen viel häufiger die Hände gebunden, als Sie sich vorstellen.

Nehmen wir nur das Beispiel der Kündigung einer Arbeitskollegin.

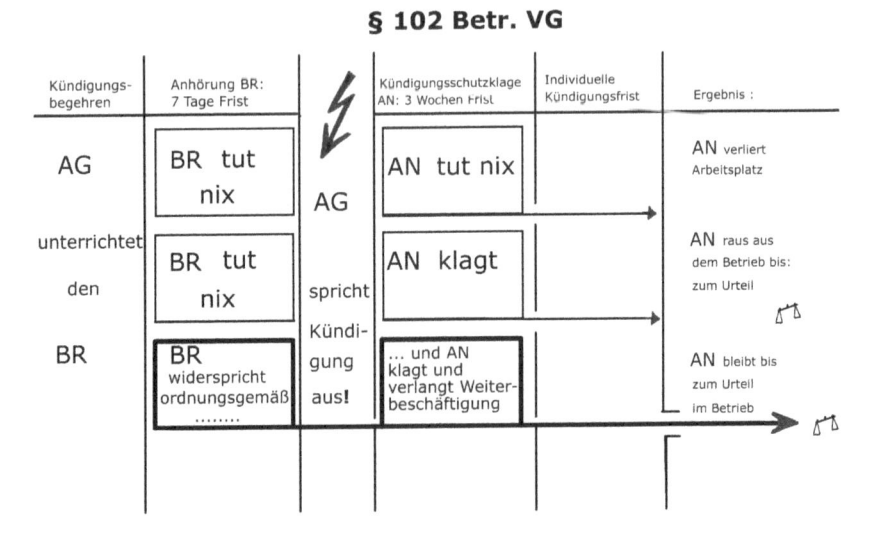

§ 102 Betr. VG

Kündigungs-begehren	Anhörung BR: 7 Tage Frist		Kündigungsschutzklage AN: 3 Wochen Frist	Individuelle Kündigungsfrist	Ergebnis:
AG unterrichtet den BR	BR tut nix	AG spricht Kündigung aus!	AN tut nix		AN verliert Arbeitsplatz
	BR tut nix		AN klagt		AN raus aus dem Betrieb bis: zum Urteil
	BR widerspricht ordnungsgemäß		... und AN klagt und verlangt Weiter-beschäftigung		AN bleibt bis zum Urteil im Betrieb

Als Betriebsrat können Sie in der Regel so gut wie nie eine wirklich gewollte Maßnahme ihrer Arbeitgeberin verhindern. Zwar muss die Arbeitgeberin den Betriebsrat selbstverständlich vor einer Kündigung gem. § 102 BetrVG beteiligen. Wenn der Betriebsrat der Kündigung nach § 102 Abs. 3 BetrVG widerspricht, kann die Arbeitgeberin trotzdem kündigen! Die Frage, ob die Arbeitnehmerin den Kündigungsschutzprozess gewinnt oder verliert, ist damit allerdings nicht geklärt. Sie können als Betriebsrat auch der Kündigung zustimmen. Die Frage, ob die Kollegin ihren Kündigungsschutzprozess gewinnt oder verliert, ist damit ebenfalls nicht im Mindesten geklärt. Es ist möglich, dass der gesamte Betrieb froh ist, dass einer Arbeitnehmerin gekündigt wird. Alle sind sich einig, dass das Arbeitsverhältnis beendet werden muss.

Ob die Arbeitsgerichte dieser Ansicht folgen werden, ist damit überhaupt nicht geklärt.

Sie können auch Ihre Kollegin anflehen, dass sie bitte eine Kündigungsschutzklage führt. Wenn diese Kollegin es nicht tut, ist dies ihre höchstpersönliche Entscheidung, auf die Sie keinen wirklichen Einfluss haben.

12. Systematischer Aufbau des Betriebsverfassungsgesetzes

Das Betriebsverfassungsgesetz enthält eine Systematik, die nicht auf den ersten Blick zu erfassen ist.

Bildhaft könnte man die unterschiedlichen *Beteiligungsqualitäten* als Treppe darstellen, auf welcher die Beteiligungsqualität, die am schwächsten wirkt, auf der untersten Stufe steht. Auf der obersten Stufe befindet sich die Beteiligungsqualität, die am stärksten wirkt.

Mitbestimmungsrecht
Initiativ- und Beratungsrecht
Weitere Regelungsansprüche
freiwillige Betriebsvereinbarungen
Vetorecht
Aufhebungsansprüche durch das Arbeitsrecht
Widerspruchsrecht
Vorschlagsrecht
Beratungsrecht
Anhörungsrecht
Informationsrecht

keine wirtschaftliche Mitbestimmung

Hinter den einzelnen Begriffen finden sich folgende Paragraphen:

1. **Mitbestimmungsrechte**
   - §§ 111, 112 — Betriebsänderung und Sozialplan
   - §§ 96–98 — Betriebliche Bildung
   - § 87 — Soziale Mitbestimmung

2. **Weitere Regelungsansprüche**
   - § 94 — Personalfragebogen, Beurteilungsgrundsätze
   - § 91 — Arbeitsgestaltung
   - § 95 — Auswahlrichtlinien

3. **Vetorechte** / **Aufhebungsanspruch durch den Betriebsrat**
   - § 99 — Personelle Angelegenheiten
   - § 103 — Außerordentliche Kündigung
   - §§ 101, 98 — Durchgeführte Personalentscheidungen

4. **Widerspruchsrecht**
   - § 102 — Fristgemäße Kündigung

5. **Vorschlagsrecht**
   - §§ 111, 112 — Betriebsänderung/Sozialplan
   - § 87 — Soziale Mitbestimmung
   - § 92 — Personalplanung
   - § 92 a — Beschäftigungssicherung
   - § 96 ff. — Förderung der Berufsbildung
   - § 82 — Anhörungs- und Erörterungsrecht der Arbeitnehmerin

6. **Beratungsrechte**
   - § 111, 112 — Betriebsänderung/Sozialplan
   - §§ 96, 97 — Förderung der Berufsbildung
   - § 90 — Allgemeine Unterrichtungs- und Beratungsrechte
   - § 92 — Personalplanung

7. **Anhörungsrechte**
   - § 102 Abs. 2 — Fristlose Kündigung
   - § 82 — Allgemein gegenüber der Arbeitnehmerin

8. **Informationsrechte**
   - § 80 — Allgemeine Aufgaben
   - § 81 — Unterrichtungspflicht der Arbeitgeberin
   - § 83 — Personalakte
   - § 85 — Beschwerden der Arbeitnehmerinnen
   - § 89 — Arbeitsschutz
   - § 90 — Unterrichtungs- und Beratungsrecht
   - § 92 — Personalplanung
   - § 99 — Personelle Einzelmaßnahmen
   - § 102 — Kündigung
   - § 105 — Leitende Angestellte
   - § 106 — Wirtschafsausschuss

Der Betriebsrat hat keine wirtschaftliche Mitbestimmung. Ihre Arbeitgeberin entscheidet allein darüber, wie sie ihre Investitionen vornimmt.

Sie dürfen die Begrifflichkeiten jetzt nicht nur für sich allein betrachten.

Spielregeln im Arbeitsrecht

Wenn Sie einen Blick auf die kommende *Siegerinnentreppe* werfen, sollten Sie so schauen, dass alles, was *oben* angesiedelt ist, auch *unten* zu finden ist.

Ein anderes Bild ist die systematische Darstellung als **Siegerinnentreppe**.

	1. Platz Echte Mitbestimmung	
2. Platz unterstützende Berechtigungen	Mitbestimmungsfelder, weil sie uneingeschränkt gelten: §§ 111/112: Betriebsänderung	
Zum Beispiel Informationsrecht § 80 II: Generalklausel und Beratungsansprüche: §§ 106–109: Wirtschaftsausschuss § 90: Arbeitsplatzgestaltung § 89 II: Arbeitsschutz § 92: Personalplanung § 80 II, III: Hinzuziehung von Sachverständigen	§ 87 I: Nr. 1 bis Nr. 13: Mitbestimmung in sozialen Angelegenheiten § 96 f: Mitbestimmung bei betrieblichen Qualifizierungsmaßnahmen eingeschränkte: § 95 II: Auswahlrichtlinien (bei über 500 Beschäftigten) § 94: Beurteilungsgrundsätze und Persoanlfragebögen (Initiativrecht beim Arbeitgeber) § 91: Arbeitsplatzgestaltung	3. Platz formale Berechtigungen
		§ 99: personelle Mitbestimmung Versetzung, Einstellung, Ein- und Umgruppierung § 102: Kündigungen
Handhabung von Beschäftigteninteressen ohne rechtliche Ansprüche: § 85: Beschwerdeverfahren der Arbeitnehmer Bei Nichteinigung zwischen BR und AG kann der BR die Einigungsstelle anrufen.	Merkmale: Der BR hat ein Initiativgesetz. Der AG darf nicht ohne die Zustimmung des BR einseitig handeln. Das Ergebnis ist eine kollektive Regelung, meistens eine Betriebsvereinbarung. Diese ist erzwingbar durch die Einigungsstelle. Der Betriebsrat hat einen Unterlassungsanspruch gegen den AG, wenn er nicht beteiligt wurde.	Merkmale: AG muss BR informieren d. h. anhören. Der BR kann seine nach § 99 verweigern, oder im Falle der Kündigung nach § 102 widersprechen. Der BR ist dabei an Formen und Fristen gebunden und er muss sich auf einen gesetzlichen Grund beziehen. Im Konfliktfall nach § 99 entscheidet das Arbeitsgericht im Beschlussverfahren.

Hier nimmt ebenfalls die *Mitbestimmung* den ersten Platz ein, weil hier kein einseitiges Handeln der Arbeitgeberin erlaubt ist. Notfalls holen Sie sich externe Hilfe zur Durchsetzung Ihres Rechtsanspruchs.

Den zweiten Platz nimmt die so genannte *unterstützende Berechtigung* ein. Hier geht es eher darum, *Wertmaßstäbe* in die Entscheidungen einfließen zu lassen, und es ist ihr *gutes Recht*, dies auch zu tun.

Auf Platz drei steht die *formale Berechtigung*. Hier geht es darum, dass der

Betriebsrat durch eine *Zustimmungsverweigerung* oder durch das *Widerspruchsrecht eine Rechtsposition stützt oder verhindert.*

Umgang mit Emotionen innerhalb der Beteiligungskategorie
Ⓟ Achten Sie darauf, in welcher Sachlage und in welcher Beteiligungskategorie Sie sich gerade befinden. Es ist unnötig, eine Handlungsmöglichkeit aus einem Informationsrecht zu ziehen und sich dann so zu mobilisieren, als ginge es darum, etwas über die oberste Stufe »*Mitbestimmungsrecht*« durchzusetzen.
Wenn Sie sich auf der Ebene des Informationsrechts befinden, endet ihre Handlungskompetenz, sobald Sie *verstanden haben*. Erst wenn es Ihnen gelingt, einen Sachverhalt in die echte Mitbestimmungsqualität einzuordnen, können Sie die Ärmel hochkrempeln und alles Können in die Waagschale werfen.

Seien Sie (nicht) zu formalistisch
Ⓟ Alle Betriebsräte, die mir ihre Wünsche für dieses Buch zugesandt haben, haben mich darum gebeten, nicht zu viel Wert auf das formalistische Verfahren zu werfen, da die Kommunikation mit ihren Arbeitgeberinnen in der Regel wertschätzend und partnerschaftlich verläuft. Es gebe kaum Konkurrenz und Behinderung durch die Arbeitgeberinnen.
Wenn die Bedingungen so sind, kann es in der Zusammenarbeit mit der Arbeitgeberin durchaus richtig sein, nicht *zu streng* am Buchstaben des Gesetzes zu kleben. Dann ist die Arbeitsbeziehung in der Regel fruchtbar und gegenseitig belebend.

Wenn die Arbeitsbeziehung jedoch schwierig ist, oder wenn es um ganz wesentliche Dinge geht, muss der Betriebsrat immer den Formalitäten des Betriebsverfassungsgesetzes **genügen**. Sie müssen im Streitfall Dinge beweisen, und das können Sie nur, wenn Sie alle formellen Beweise lückenlos schriftlich vorlegen können. Solange Sie sich als Gremium unsicher fühlen, sollte jemand im Gremium den formaljuristisch korrekten Ablauf im Auge behalten.

In jedem Gremium befindet sich jemand mit einer besonderen Begabung für den Umgang mit Formalitäten.

… Spielregeln im Arbeitsrecht

C. Beginn der Betriebsratsarbeit mit der konstituierenden Sitzung

Der Betriebsrat beginnt erst dann gesetzesgemäß zu existieren, wenn die konstituierende Sitzung und mindestens die Wahl der Vorsitzenden stattgefunden hat.

Die konstituierende Sitzung wird als letzte Amtshandlung des Betriebsratswahlvorstandes (§ 29 Abs. 1 BetrVG) einberufen.

Die Vorsitzende des Betriebsratswahlvorstandes hat zu dieser Sitzung einzuladen und die Tagesordnung festzusetzen. Alle Wahlvorgänge, die die Betriebsratsarbeit betreffen, müssen auf der Tagesordnung erscheinen. Der Betriebsrat wählt, indem er Personen benennt und mit einfacher Mehrheit abstimmt. Dieser Vorgang ist zwingend in einem formaljuristisch korrekten Beschluss vorzunehmen. Zum Beschluss siehe Kapitel 6. Organisation der Betriebsratsarbeit.

Weitere Wahlen in der konstituierenden Betriebsratssitzung
Zweckmäßigerweise sollten auf der konstituierenden Sitzung noch weitere Wahlen stattfinden, damit etwaige Funktionen aktiviert werden können:
- Mitglieder des Betriebsausschusses, ab neun Betriebsräten (§ 27 BetrVG).
- Vertreterinnen für den Gesamtbetriebsrat und Konzernbetriebsrat, soweit diese Gremien zu bestellen sind.
- Mitglieder im Wirtschaftsausschuss.
- Schriftführerinnen.
- Mitglieder für weitere Ausschüsse und Kommissionen.

Taktische Überlegungen zur Wahl der Betriebsratsvorsitzenden
Jede gewählte Person im Betriebsrat kann den Vorsitz übernehmen. Voraussetzung ist, dass sie bei der Vorsitzendenwahl die einfache Mehrheit erhält. Wenn Sie bedenken, dass die Betriebsratsvorsitzende die gesetzliche Funktion hat, die Beschlüsse gegenüber der Arbeitgeberin zu vertreten, und dass sie die Informationsempfängerin für den Betriebsrat ist, dann ist es sinnvoll, eine taktische Entscheidung zu treffen. Es kann taktisch ungünstig sein, die Person zu wählen, die bei der Betriebsratswahl die meisten Stimmen erhalten hat oder einen der oberen Plätze in einer Liste belegt. Es reicht nicht, zu denken: »*Wir nehmen diejenige, die am beliebtesten im Betrieb ist.*« Allerdings ist mir kein allgemeingültiger Tipp bekannt, wie die taktisch geschickteste Wahl der Betriebsratsvorsitzenden aussieht.

Hier müssen die unterschiedlichen Bedingungen vor Ort berücksichtigt werden.

Eine Taktik setzt immer eine von der Mehrheit der Betriebsratsmitglieder bestimmte Zielsetzung voraus. Darüber sollten Sie sich im Gremium verständigen.

Es kann durchaus sinnvoll sein, eine erfahrene Betriebsratsvorsitzende zu wählen, genauso klug kann es sein, eine relativ Unbekannte zu wählen und die alte Betriebsratsvorsitzende in der zweiten Reihe agieren zu lassen.

Wenn alle NEU im Betriebsrat sind, empfiehlt sich allerdings eine schonungslos ehrliche Aussprache darüber, wer was warum mag – oder eben nicht mag – und wer was kann. Näheres ab Kapitel 5, 2. Betriebsratsvorsitzende und die Stellvertreterin zur Rolle der Betriebsratsvorsitzenden.

Kapitel 2
Ein-Personen-Betriebsrat –
»Betriebsobmann/Betriebsobfrau«

" Ich muss alles alleine verantworten"

Ein Betriebsrat besteht nur aus einer Person und einem Stellvertreter, wenn im Betrieb nicht mehr als 20 Arbeitnehmer beschäftigt sind (vgl. § 9 BetrVG). Diese Ein-Personen-Betriebsräte nennt man auch *Betriebsobmann bzw. Betriebsobfrau*. Außer der nun folgenden Aufzählung gelten für sie keine besonderen Einschränkungen in ihrer Arbeitsweise.

Ihre rechtlichen Befugnisse sind wie folgt ein wenig eingeschränkt:

§ 38 BetrVG **Freistellung von der Arbeit**
Ein gesetzlicher Freistellungsanspruch von der regulären Dienstpflicht für die Dauer der Betriebsratszeit besteht nicht. Der Obmann muss sich seine Zeit für die Betriebsratsarbeit durch § 37 BetrVG organisieren.

§ 92 a BetrVG **Beschäftigungssicherung**
Wenn der Obmann mit seinem Arbeitgeber Gespräche zum Beschäftigtenschutz führen möchte, kann er das gerne tun. Allerdings hat er keinen Anspruch auf eine schriftliche Begründung seines Arbeitgebers, da dieser im Rahmen des § 92 a BetrVG

§ 95 BetrVG	erst zur schriftlichen Begründung verpflichtet ist, wenn er mehr als 100 Arbeitnehmer beschäftigt. **Abschluss von Personalauswahlrichtlinien** § 95 Abs. 2 BetrVG stellt dem Arbeitgeber frei, ob er mit dem Obmann Personalauswahlrichtlinien erstellen will oder nicht. In die Pflicht kann der Arbeitgeber nur genommen werden, wenn er mehr als 500 Arbeitnehmer beschäftigt.
§ 99 BetrVG	**Mitbestimmung bei personellen Einzelmaßnahmen** Bei personellen Einzelmaßnahmen (Einstellung, Versetzung, Eingruppierung und Umgruppierung) wird der Obmann nicht beteiligt, da diese Beteiligungsqualität erst zur Anwendung kommt, wenn mehr als 20 Arbeitnehmer im Betrieb beschäftigt sind.
§ 106 BetrVG	**Wirtschaftsausschuss** Der Betriebsobmann kann auch keinen Wirtschaftsausschuss nach § 106 BetrVG errichten, da das Gesetz vorsieht, dass ein Wirtschaftsausschuss nur errichtet werden kann, wenn mehr als 100 Arbeitnehmer im Betrieb beschäftigt sind.
§ 111 BetrVG	**Betriebsänderung** An einer Betriebsänderung ist der Obmann ebenfalls nicht zu beteiligen, da eine Beteiligung gesetzlich erst vorgesehen ist, wenn mehr als 20 Arbeitnehmer im Betrieb beschäftigt sind.

Ansonsten gilt das gesamte Betriebsverfassungsgesetz – und Ihr Arbeitgeber kann sich Ihrer Beteiligung nicht deshalb entziehen, weil er der Meinung ist, in seinem Betrieb sei diese nicht praktikabel.

In Kleinbetrieben funktioniert die Betriebsratsarbeit besonders gut, wenn eine hohe Kommunikationsbereitschaft mit den Kollegen gehalten wird und entsprechend viel an wertschätzendem Umgang miteinander gepflegt wird. Es ist sehr wichtig, dass Sie Ihr Ohr am Thema der Kollegen haben, weil Sie ohne ihren Zuspruch und ihre Unterstützung nicht sehr weit kommen werden.

Organisieren Sie sich ständige Hilfe

Die Arbeit der einzelnen Betriebsobmänner ist sehr viel schwieriger als die Arbeit von Gremien. Der Obmann muss sich sein Wissen allein aneignen und alle Entscheidungen allein treffen.

Es ist dem Obmann auch nicht erlaubt, seinen Stellvertreter wie einen zweiten Mann ständig an allem zu beteiligen. Allerdings ist es weit verbreitet, dass sich der Obmann eng mit seinem Stellvertreter abspricht, da der Stellvertreter bei der Abwesenheit des Obmanns jederzeit die Geschäfte weiterführen muss.

Als Obmann sind Sie darauf angewiesen, sich professionell unterstützen zu lassen. Sie schaffen die Anforderungen, die das Gesetz an Sie stellt, nicht allein. Am besten sind Sie bei Ihrer Gewerkschaft aufgehoben, da diese über ein hohes Maß an Branchenkenntnissen sowie über rechtliches und praktisches Know-how verfügt, welches Sie sich anderswo nicht organisieren können. Außerdem können Sie über die Gewerkschaft andere Branchenobmänner finden, mit denen Sie sich in einer Betriebsrätefachgruppe ihrer Branche zusammenschließen können. Es lässt sich leichter in einem Netzwerk zusammen wirken, als wenn Sie als Einziger etwas verändern wollen oder müssen.

Intensivieren Sie den Kontakt zu Ihren Kollegen
Als Obmann müssen sie den Kontakt zu ihren Kollegen suchen. Warten sie nicht darauf, dass Sie angesprochen werden. Erklären Sie Ihren Kollegen, welche Möglichkeiten Ihnen das Gesetz bietet und wo Ihnen die Hände gebunden sind. Wenn Sie in einer Frage nicht wissen, wie Sie entscheiden sollen, fragen Sie Ihre Kollegen ruhig – schließlich geht es sie alle an (gilt nicht für Maßnahmen, die nur eine Person betreffen).
Seien Sie ehrlich, wenn Sie sich einem Thema noch nicht gewachsen fühlen. Erklären Sie Ihren Kollegen, warum Sie sich weiterbilden müssen und dass Sie deshalb nicht im Büro tätig sein können. Ihre Kollegen ärgern sich sonst vielleicht nur darüber, dass sie für Sie mit schuften müssen und vergessen, wofür Sie da sind.
Ihre Kollegen haben ein höheres Verständnis für Ihre Arbeit, und Ihre Akzeptanz sowie die Akzeptanz ihrer »Ausfälle« kann sich nur vermehren, wenn Ihre Kollegen um den Nutzen wissen, den Sie mit Ihrem Tun für sie produzieren.
Ihre Kollegen wissen nichts von dem engen gesetzlichen Korsett, in dem sie sich bewegen. Viele Ihrer Handlungen sind für sie unverständlich.
Nutzen Sie die Betriebsversammlungen, um über Ihre Arbeit zu berichten. Lassen Sie sich von Ihren Kollegen motivieren, indem Ihre Kollegen Ihnen Arbeitsaufträge erteilen.
Ihre Kollegen werden Ihre Arbeit unterstützen, wenn ihnen der Nutzen bekannt ist.

Kapitel 3
Betriebsratsarbeit in Kleinbetrieben

"Gott sei Dank kann ich mich absprechen"

Kleinbetriebe im Sinne des Betriebsverfassungsgesetzes sind Betriebe mit 21 bis 199 Beschäftigten. Hier müssen Sie als Betriebsrat die anfallende Arbeit gem. § 38 BetrVG ohne ständige Freistellung bewältigen.

Die Größe Ihres Gremiums bestimmt sich nach § 9 BetrVG so:
21 bis 50 Beschäftigte = 3 Betriebsräte
51 bis 100 Beschäftigte = 5 Betriebsräte
101 bis 200 Beschäftigte = 7 Betriebsräte

Sie können Ihre Arbeit nicht in Ausschüsse nach § 27 BetrVG delegieren, da das Gesetz dies erst für eine Betriebsratsgröße ab 9 Mitgliedern vorsieht, d.h. ab 201 Beschäftigten im Betrieb. Dies hat zur Folge, dass Sie alle Arbeiten im Team bewältigen müssen. Natürlich können Sie einen Teil der Arbeit auch in Untergruppen erledigen. Aber das Gesetz erlaubt ihnen nicht, einen Personal-, Sozial- oder Beschwerdeausschuss oder dergleichen zu gründen. Es verlangt von Ihnen, dass Sie alle anfallende Arbeit als Gesamtgremium erfahren, auswerten, bewerten, beschließen und vertreten.

Ihre rechtlichen Befugnisse sind in Betrieben mit *nicht mehr als 100 Beschäftigten* durch folgende Paragraphen beschränkt:

Betriebsratsarbeit in Kleinbetrieben

§ 92 a BetrVG **Beschäftigungssicherung**
Wenn der Betriebsrat mit seiner Arbeitgeberin Gespräche zum Beschäftigtenschutz führen möchte, kann er das gerne tun. Allerdings hat er keinen Anspruch auf eine schriftliche Begründung der Entscheidung seiner Arbeitgeberin, da diese im Rahmen des § 92 a BetrVG erst zur schriftlichen Begründung verpflichtet ist, wenn sie mehr als 100 Arbeitnehmerinnen beschäftigt.

§ 106 BetrVG **Wirtschaftsausschuss**
Der Betriebsrat kann auch keinen Wirtschaftsausschuss nach § 106 BetrVG errichten, da das Gesetz vorsieht, dass ein Wirtschaftsausschuss nur errichtet werden kann, wenn mehr als 100 Arbeitnehmerinnen im Betrieb beschäftigt sind.

§ 95 BetrVG **Abschluss von Personalauswahlrichtlinien**
§ 95 Abs. 2 BetrVG stellt der Arbeitgeberin frei, ob sie mit dem Betriebsrat Personalauswahlrichtlinien erstellen will oder nicht. In diese Pflicht kann die Arbeitgeberin nur genommen werden, wenn sie mehr als 500 Arbeitnehmerinnen beschäftigt.

Für Betriebsratsteams in Kleinstgrößen gelten ähnliche Organisationsbedingungen, wie sie für den Betriebsobmann oder die Betriebsobfrau in den Betrieben des vorausgegangen Kapitels gültig sind. Da Sie ihre Betriebsratsarbeit faktisch neben ihrem regulären Beschäftigungsverhältnis zu bewältigen haben, müssen sie in der Regel in ständiger Auseinandersetzung mit ihrer Arbeitgeberin und der Akzeptanz um ihre Freistellung auch durch Ihre Kolleginnen ringen.

§ 37 Abs. 2 BetrVG gibt Ihnen die gesetzliche Erlaubnis, sich für erforderliche Aufgaben und Projekte einzusetzen.

Kapitel 4
Betriebsratsarbeit mit Freistellung

Ab 201 Beschäftigten gibt § 38 BetrVG dem Betriebsrat die Möglichkeit, ständig mindestens ein Mitglied von der regulären Dienstpflicht befreien zu lassen, damit es in Vollzeit den betriebsverfassungsrechtlichen Pflichten nachkommen kann.

Die Regelung nach § 38 BetrVG sieht eine Staffelung vor, nach der Sie eine Freistellung von der regulären Beschäftigungspflicht vornehmen können.

Allerdings wird Ihr Leben als Betriebsrat damit weder objektiv noch subjektiv einfacher.

Zwar ist der gesamte Betriebsrat zunächst erleichtert, wenn sich die Möglichkeit einer Freistellung bietet, weil er damit planbare Zeit erhält, in der die Arbeit des Betriebsrats gestaltet werden kann. Ohne ständige Freistellung sind Sie ja der dauernden Belastung ausgesetzt, neben Ihren regulären arbeitsvertraglichen Verpflichtungen die zusätzliche Arbeit des Betriebsrats bewältigen zu müssen. Außerdem müssen Sie faktisch um jede Minute Arbeitsbefreiung nach § 37 Abs. 2 BetrVG kämpfen.

Jedoch wirkt sich im Betriebsalltag die Möglichkeit, Kollegen für die Betriebsratsarbeit freizustellen, oft anders als gewünscht aus.

1. Das große Missverständnis um die Freistellung

Obwohl *freigestellte* Betriebsräte nach § 38 BetrVG nicht die »*Chefs vom Ganzen*« sind, die die anfallende Arbeit allein zu bewältigen haben, glauben viele Arbeitgeber, ihrer zusätzlichen Freistellungspflicht aus § 37 Abs. 2 BetrVG nicht mehr nachkommen zu müssen. Auch delegieren manche Arbeitgeber ihre Personalaufgaben an die freigestellten Betriebsräte, indem sie den freigestellten Betriebsräten Aufgaben erteilen, die eigentlich von ihnen vorbereitet werden müssten. Als Beispiel dient hier die Urlaubsplanung. Es ist eigentlich die Aufgabe der Arbeitgeber, die Urlaubspläne zu erstellen und sie dann dem Betriebsrat zur Mitbestimmung vorzulegen. Oft erfahre ich, dass die Betriebsräte die Urlaubspläne fertig stellen und sie dann ihrem Arbeitgeber zur Mitbestimmung vorlegen (§ 87 Abs. 1 Nr. 5 BetrVG). Das kostet Zeit, die die Betriebsräte dringend für eigene Projekte und Alltagsarbeit bräuchten. Und warum machen manche Arbeitgeber das? Richtig: Die Urlaubsplanung macht ihnen viel Arbeit und birgt so manchen Konflikt, den sie sich auf diese Weise sparen. Mancherorts kommen Arbeitgeber auf die Idee, ein Betriebsfest zu planen und von den freigestellten Betriebsräten deren Durchführung zu fordern. Oft habe ich auch gehört, dass Arbeitgeber das gesamte Konfliktmanagement in die Verantwortung der freigestellten Betriebsräte delegieren, obwohl §§ 84 f. BetrVG dieses eindeutig in die Zuständigkeit der Arbeitgeber verweist. Gerade im betrieblichen Wandel kommt es noch häufiger vor, dass Arbeitgeber immer neue Projektgruppen initiieren, in denen die Freigestellten 80 % ihrer Arbeitszeit verbringen. Mit dieser Strategie wird eine eigene Konzeptionsarbeit der Betriebsräte unmöglich gemacht.

Setzen Sie Ihrem Arbeitgeber Grenzen und verhandeln Sie zusätzliche Freistellungen nach § 37 Abs. 2 BetrVG, damit Sie Ihr Kerngeschäft bewältigen können und eigene Ziele erreichen!

Ein anderes Problem ist, dass die nicht freigestellten Betriebsräte glauben, alle anfallende Arbeit müsse von den Freigestellten gemacht werden, während sie quasi nur noch zur Informationserteilung und Abstimmung erscheinen müssen. Deshalb müssen Sie ganz früh eine Arbeitsplanung erstellen, damit die anfallende Arbeit auf möglichst viele Schultern verteilt wird.

Möglicherweise glauben Ihre Kollegen auch, dass nun ständig ein Betriebsratsmitglied im Betriebsratsbüro zu erreichen ist, so dass jederzeit und unbegrenzt jemand zum Gespräch und zum Übertragen von Wünschen und Aufgaben zur Verfügung steht. Hier ist es ratsam, Sprechstunden festzulegen.

§ 38 BetrVG ist ein Unterfall der Generalnorm nach § 37 Abs. 2 BetrVG. § 38 BetrVG erlaubt es den Betriebsräten, im Rahmen der gesetzlichen Staffelung nach

§ 38 BetrVG, eine bestimmte Anzahl von Betriebsratsmitgliedern generell von der Arbeitspflicht zu entbinden, ohne dass der Arbeitgeber eine Rechenschaft über den Inhalt der Zeit einfordern kann, die das freigestellte Betriebsratsmitglied zur Erledigung seiner Arbeit genutzt hat (Däubler, 13. Aufl., § 38 Rz 4 ff.).

Verschaffen Sie sich als freigestelltes Betriebsratsmitglied einen Überblick über die generellen Freistellungsmöglichkeiten aller Betriebsräte nach § 37 Abs. 2 BetrVG. Nur dann kann das Betriebsratsgremium eine Idee davon bekommen, welche betriebsverfassungsrechtlichen Aufgaben zum Kerngeschäft der freigestellten Betriebsräte zählen.

Ein Betriebsrat tut sich keinen Gefallen, wenn alle anfallenden Arbeiten von dem freigestellten Betriebsrat oder den freigestellten Betriebsratsmitgliedern zu bewältigen sind.

Zum einen klagen freigestellte Betriebsräte über Arbeitsüberlastungen und es droht die Gefahr der Erschöpfung (Burn-Out). Zum anderen klagen freigestellte Betriebsräte über die fachliche Isolation, in die sie gedrängt werden, wenn Kollegen sich aus der Mitarbeit zurückziehen. Viel kostbare Zeit wird damit verplempert, dass einzelne freigestellte Betriebsräte ihre erarbeiteten Einzelarbeiten im Team zu verteidigen oder zu unterbreiten haben. Es ist immer leichter, wenn Arbeitsergebnisse von vielen erdacht und erschaffen werden.

Arbeitsorganisatorisch muss das gesamte Gremium darüber wachen, dass die Arbeitsergebnisse ein Teamprodukt sind. Nur dann kann der Arbeitgeber erkennen, dass er es mit einem Gremium zu tun hat und nicht mit einem »Chef im Betriebsrat«. Bei Däubler (Däubler, 13. Aufl., § 37 Rz 18 ff.) findet sich eine mehrseitige Übersicht zum Thema »Generelle Freistellungsmöglichkeit aller Betriebsratsmitglieder«, soweit dies *zur ordnungsgemäßen Ausführung der Betriebsratsarbeit erforderlich ist.*

Vor allem zählt Prof. Dr. Däubler unter Bezugnahme auf die Rechtsprechung und die juristische Lehre folgende Tätigkeiten auf, die **alle** Betriebsräte zu erledigen haben:

- Teilnahme an Versammlungen, Sprechstunden, Arbeitsgruppen
- Teilnahme an allen Sitzungen des Betriebsrats
- Teilnahme an Sitzungen, Besprechungen und Verhandlungen mit dem Arbeitgeber, Behörden, Sachverständigen, Gewerkschaften, Arbeitgebervertretern, Rechtsanwälten
- Teilnahme an Qualifizierungen nach § 36 Abs. 6 BetrVG
- Büroorganisation | Sitzungsvorbereitung | Beschaffung und Auswertung von Informationen | Gespräche mit Kollegen; hier auch das Telefongespräch | Lesen und Bearbeiten von E-Mails | Lesen von Literatur
- Durchführung, Umsetzung und Überwachung der Mitwirkungs- und Mitbestimmungsangelegenheiten sowie die Wahrnehmung der gesetzlichen Aufgaben
- Betriebsbegehung und etc.

2. Die hohe Kunst des Delegierens

Achten Sie als freigestellter Betriebsrat darauf, dass die anfallende Arbeit auf alle Team-Mitglieder verteilt wird.

Sie haben trotzdem noch genug zu tun: Sie sind im Zentrum der laufenden Geschäfte und müssen die Übersicht über das Geschehen behalten. Sie bereiten wahrscheinlich Sitzungen vor oder nach. Sie empfangen Informationen, die sortiert, verwaltet und aufbereitet werden müssen. Oft sind Sie Beisitzer von Gesprächen oder der Gesprächsführer.

Möglicherweise müssen Sie zum ersten Mal Büro- und Kommunikationsarbeit machen und haben einen erhöhten Lernbedarf, diese Anforderung zu bewältigen. Auch wird von Ihnen eine hohe soziale Kompetenz erwartet, die Sie nicht zwangsläufig schon mit in das Amt gebracht haben.

Kein theoretisches Konzept könnte in allen Einzelheiten beschreiben, wie ein Betriebsrat seine Arbeit bestmöglich gestalten sollte, denn das hängt von den jeweiligen Akteuren und ihren Fähigkeiten ab. Auch müssen die Arbeitsprozesse in den verschiedenen Branchen unterschiedlich gestaltet werden.

Firmeninhaber, Geschäftsführer oder auch der Vorstand eines Betriebs sind immer für den gesamten Produktionsablauf verantwortlich, und trotzdem erwartet niemand von ihnen, dass sie alle Anforderungen im Zweifel auch allein bewältigen. In jedem größeren Betrieb gibt es ein mittleres Management und Beschäftigte, die für die Realisierung des Unternehmensziels die Verantwortung übernehmen.

Als Freigestellter – besonders dann, wenn Sie als Betriebsratsvorsitzender in der Freistellung stehen – haben Sie eine ähnliche Rolle wie ein Firmeninhaber, Geschäftsführer oder Vorstand: Ihr Job ist es, dafür zu sorgen, dass das Gesamtziel – hier die Interessenvertretung der Arbeitnehmerinteressen – gut organisiert angegangen wird.

Sie haben eher einen Moderations- und Motivationsauftrag in Bezug zum Betriebsratsteam. Es gehört nicht zu ihren Pflichten, alle anfallende Arbeit zu bewältigen. Ich empfehle einen Arbeits-Workshop mit allen Betriebsräten zu Beginn der Wahlperiode. Alle Teammitglieder müssen in die Verteilung der anfallenden Arbeit einbezogen werden.

3. Nutzen Sie die Möglichkeit, sich professionell zu organisieren

In der Praxis hat es sich bewährt, zu Beginn einer Betriebsratswahlperiode so genannte Klausurtage zu organisieren, die dann mit festgelegten Themen angesetzt werden.
So z. B.
- Geschäftsführung des Betriebsrats | Schwerpunkt internes Kommunikationsdesign
- Geschäftsführung des Betriebsrats | Schwerpunkt externes Kommunikationsdesign
- Geschäftsführung des Betriebsrats | Schwerpunkt Teamentwicklung
- Geschäftsführung des Betriebsrats | Schwerpunkt Strategische Ausrichtung in der Amtszeit: »Welche Themen wollen wir in der Hauptsache bearbeiten?!«
- Geschäftsführung des Betriebsrats | Schwerpunkt Bildung von thematischen Projektgruppen und Entsendung einzelner Mitglieder
- Geschäftsführung des Betriebsrats | Schwerpunkt internes Konfliktmanagement
- Geschäftsführung des Betriebsrats | Schwerpunkt Arbeitsorganisation für den Zeitraum von ... bis ...
- Und so weiter und so fort nach erforderlichem Bedarf

Auf diesen Klausurtagungen werden Arbeitsschwerpunkte ermittelt und festgelegt. Hier werden auch die anfallenden *Projekte und Alltagsarbeiten* beschrieben und Verantwortliche bestimmt.

In vielen Betrieben gehen Betriebsräte mit neu gewählten Gremien auch erst einmal in einen Teamentwicklungsprozess, um die vorhandenen Teamqualitäten und -ressourcen optimal zu ermitteln, um sie nutzbar zu machen.

Wenn Sie erstmalig mit diesem Wunsch an Ihren Arbeitgeber herantreten, wird diese vielleicht nicht erfreut sein. Argumentieren Sie damit, wie viel Zeit eingespart werden kann, wenn der Betriebsrat professionell arbeitet. Ihr Arbeitgeber wird Ihre Professionalität letztlich schätzen, weil die Professionalität der Betriebsrätearbeit – im Ergebnis – die Zusammenarbeit mit dem Arbeitgeber in dessen Rolle und Funktion förderlich und effizienter macht. Ich kenne sehr viele Betriebe, in denen es zum Standard gehört, dass die Betriebsräte auf Klausurtage fahren.

Kapitel 5
Geschäftsführung des Betriebsrats oder »Auch Betriebsratsarbeit ist Teamarbeit«

1. Die verschiedenen Rollen der Betriebsratsmitglieder

Der **Betriebsrat** ist **nie eine einzelne handelnde Person.** Es ist immer ein **Kollektiv,** das sich informiert, berät und dann eine **kollektive Entscheidung** trifft. Das Gesetz weist den einzelnen Mitgliedern kaum eigene Aufgaben zu. **Nur wenn im Gesetzeswortlaut steht, dass eine einzelne Person eine bestimmte Funktion wahrnehmen darf, ist dies erlaubt.**

Vergessen Sie nicht, dass Sie hier auch noch zu produzieren haben. Ich habe Sie nicht eingestellt, damit Sie mir Ärger machen...

Was darf ich, was darf ich nicht?
Bloß nichts falsch machen
Gesetze
Neues: Was muss ich tun?
Gewerkschaft
Urteile
Abreitsgesetze
Termine koordinieren
Yoga-Kurs?
Konfliktgespräche führen
Entlassungen verhindern

Heldin der Arbeit

Schulungen
Job schaffen
Gesetzlichen Anforderungen genügen
Sich unbeliebt beim Chef machen
Den Kolleginnen alles Recht machen?!
Meine Kinder
Meine kranke Mutter
Mein Haushalt
Meine Freunde
Mein Leben
Ich schaff das schon
Wir haben dich gewählt, damit du dich für uns gerade machst

Jeder Mensch steht mit unterschiedlichen Rollen und Anforderungen dem Leben und den gesellschaftlichen Rahmenbedingungen gegenüber.

Diese Betriebsrätin fragt sich, *ob ihr Leben* allen Anforderungen standhält. In der Rolle der Mutter wird anderes von ihr erwartet als in der Rolle der Ehefrau. Auch wird sie vielleicht wegen ihres beruflichen Könnens von ihren Kolleginnen und ihrer Arbeitgeberin geschätzt. Das alles wird sich ändern, wenn sie in die Rolle der Betriebsrätin schlüpft, denn wenn Sie neu sind, haben Sie noch nicht dieselbe Professionalität und Anerkennung wie in anderen, vertrauten Lebensrollen.

Der Betriebsrat ist das **gesetzliche Interessenorgan der Arbeitnehmerinnen**. Sie haben damit per Gesetz die Pflicht, sich für die Interessen Ihrer Kolleginnen einzusetzen. Natürlich dürfen Sie die betrieblichen Belange nicht außer Acht lassen. Das heißt aber nicht, dass es Ihre Rolle ist, jedem betrieblichen Bedürfnis zu entsprechen. Hier gilt eher der Grundsatz: »*Die Arbeitgeberin vertritt die Interessen des Betriebs und damit das Ziel der Gewinnmaximierung, und die Betriebsräte vertreten die Interessen der Kolleginnen in dem Betriebsverfahren.*« Diese Ausgangslage birgt in sich jede Menge Sprengstoff für Konflikte aller Art. Insofern kann das Betriebsverfassungsgesetz als Friedensordnung betrachtet werden, da es davon ausgeht, dass Betriebsräte aus ihrer Rolle heraus mit der Arbeitgeberin unvermeidbare Interessenkonflikte zu bewältigen haben.

Aus dieser Konfliktlage heraus ist es notwendig, sich klar zu machen, in welcher Rolle Sie sich gegenüber der Arbeitgeberin befinden, wenn Sie als Betriebsrätin handeln.

Manche Betriebsräte sehen es so, dass sie das *bessere Sozialmanagement* ihrer Arbeitgeberin sind. Diese Rolle gehört jedoch der Personalabteilung!

Ich vergleiche die Rolle der Betriebsräte gerne mit Rollen in der juristischen Welt: Die Arbeitgeberin hat die Rolle *der Anwältin für die betrieblichen Interessen*. Die Betriebsrätinnen sind *die Anwältinnen für ihre Kolleginnen*. Im ungünstigen Fall streiten sich beide vor Gericht. Dort gibt es eine Richterin, die nach dem Gesetzesauftrag gemäß dem Betriebsverfassungsgesetz eine Entscheidung treffen wird. In einem Gerichtsverfahren ist es irrelevant, welche persönlichen und emotionalen Interessen die Anwältinnen oder gar die Richterin in Bezug auf einen Streitfall haben.

Stellen Sie sich nur vor, Ihre Anwältin würde Ihnen nicht zuhören oder Ihre Interessen im Gerichtsstreit nicht vertreten. Sie würde im Einklang mit der Gegenpartei handeln, ohne Ihre Bedürfnisse in die Gerichtsverhandlung einzubringen. Sie als Mandantin hätten trotz alledem die Folgen und die Rechnung zu tragen. Sie sind dann sicherlich ganz schön sauer!

Anwältinnen können in einer Gerichtsverhandlung miteinander streiten und trotzdem Freundinnen sein. Sie werden einander niemals einen Vorwurf machen, nur weil eine Verhandlung interessenorientiert bzw. mandantinnenorientiert geführt worden ist.

Betriebsrätinnen, die sich immer nur daran orientieren, ob ihre Entscheidung auch von der Arbeitgeberin begrüßt wird, können in schlimme innere Konflikte gezogen werden, und schlussendlich werden sie sich jede Menge Ärger von ihren Kolleginnen einhandeln. Kommunizieren Sie diese Ausgangslage mit ihrer Arbeitgeberin, wenn dieser die Rollenverteilung unklar ist. Knut Becker, ein ehemaliger langjähriger Betriebsratsvorsitzender, der jetzt in Rente ist, hat die Folgen einer Rollenunklarheit in folgendem Gedicht beschrieben:

Betriebsfamilie
In meinem Betrieb hatten wir schon immer ein ganz starkes »WIR – Gefühl«.
Aber dann haben wir mich abgemahnt, weil ich zu oft krank gewesen bin.
Anschließend haben wir mir den Übertarif gestrichen, wegen der Krankheit.
Ich habe dann gegen uns geklagt und wir haben verloren.
Später haben wir mir gekündigt, weil wir rationalisiert haben.
Wir stehen jetzt wirtschaftlich wieder sehr gut da.
Ich bin arbeitslos und leide an einer schweren Persönlichkeitsspaltung.

---

2. Die Betriebsratsvorsitzende und die Stellvertreterin

Die Wahl einer Betriebsratsvorsitzenden und ihrer Stellvertretung ist eine zwingende Voraussetzung für die formal korrekte Amtsführung eines Betriebsrats, da eine Person alle organisatorischen und zwischenmenschlichen Fäden in der Hand behalten sollte. Die Vorsitzende und ihre Stellvertreterin haben eine Ordnungsfunktion und keine inhaltliche Funktion. Die Vorsitzende vertritt den Betriebsrat gem. § 26 Abs. 2 BetrVG im Rahmen der gefassten Beschlüsse. Sie vertritt außerhalb des Betriebsrats für den Betriebsrat in keinem Fall ihre eigene Meinung! Auf diesem Weg erhält die Vorsitzende per Gesetz die Rolle der *Sprecherin* für den Betriebsrat. Diese Rolle macht sie zur Ansprechpartnerin für die Arbeitgeberin. Sie ist aber nicht die *Chefin* des Betriebsrats. Ihre Kernaufgabe beschränkt sich auf die Vertretung des Gremiums und die Bündelung der Informationen. Es macht Sinn, Ordnungsfunktionen auf die Vorsitzenden zu übertragen.

Die Wahl der Betriebsratsvorsitzenden sollte auf eine Person fallen, die durch besondere Sorgfalt, Umsichtigkeit und Mut in Erscheinung tritt. Die allerwichtigsten Eigenschaften, die eine Vorsitzende mitzubringen hat, sind Teamfähigkeit sowie persönliche und emotionale Integrität. Es sollten Zuverlässigkeit, Ernsthaftigkeit, die Fähigkeit, von anderen zu lernen und das Vermögen, anderen Anerkennung zukommen zu lassen, sowie Humor vorhanden sein. Betriebsratsvorsitzende sind nicht die KöniginNen, die der Sache im Alleingang nutzen könnten. Die Praxis zeigt immer wieder, dass Einzelkämpferinnentum dem gesetzlichen Auftrag schadet.

Arbeitgeberinnen, die es mit einer personifizierten »*Gegnerin*« zu tun haben, haben immer leichtes Spiel, den Betriebsrat zu spalten und damit aus dem Gleichgewicht zu werfen. Eine Arbeitgeberin wird es schnell zu nutzen wissen, wenn sie wahrnimmt, dass hinter der Entscheidung oder Erscheinung der Betriebsratsvorsitzenden kein Kollektiv steht, das zu seiner Verantwortung steht. Sie kann der Arbeit des Betriebsrats schaden, indem sie die Vorsitzende mit Arbeiten und Meetings belastet. Sie könnte auch den Betriebsrat täuschen, indem sie die Vorsitzende in Misskredit bringt oder gar Unwahrheiten in Umlauf bringt.

Nicht selten berichten Betriebsratsvorsitzende, die kein starkes Team neben sich haben, dass sie gemobbt werden, indem sie mit gezielten Manövern von ihrer sozialen Basis isoliert werden. Wer immer allein arbeitet, entfremdet sich zunehmend von seinem sozialen Netz. Dies führt zu Frust und Unlust auf Seiten der anderen Betriebsratsmitglieder, gleichzeitig fördert es die Resignation der Vorsitzenden.

Geschäftsführung des Betriebsrats

Einer Vorsitzenden empfehle ich in diesem Zusammenhang, eher eine Moderatorinnenrolle einzunehmen und eng an ihren Befugnissen entlang zu moderieren. Sie sollten die anstehenden Arbeiten sinnvoll zu verteilen wissen.

Der stellvertretenden Betriebsratsvorsitzenden fällt nach § 26 Abs. 2 BetrVG die Vertretung der Vorsitzenden zu – mehr nicht.

Im Einzelfall erhalten die Vorsitzenden und ihre Stellvertretungen folgende gesetzliche Aufträge:

Vorsitzende **Stellvertreterin**

- Beruft Sitzungen ein, legt die Tagesordnung fest
- Lädt Mitglieder (Ersatzmitglieder) zu Sitzungen ein
- Lädt Schwerbehinderten- und Jugendvertretung ein
- Lädt bei Bedarf Arbeitgeberin ein
- Lädt bei Bedarf oder auf Antrag Vertreterin der Gewerkschaft ein
- Leitet die Verhandlung des Betriebsrats
- Unterzeichnet die Niederschrift (+1 weiteres Mitglied)
- Vertritt den Betriebsrat im Rahmen der gefassten Beschlüsse
- Nimmt Erklärungen für den Betriebsrat entgegen

3. Rolle der einzelnen Betriebsratsmitglieder

Die einzelnen Betriebsratsmitglieder sind gegenüber der Vorsitzenden und ihrer Stellvertretung *Gleiche unter Gleichen*. Das Gesetz regelt in Bezug auf sie nur schützende und fördernde Formalien. Wenn im Gesetz das Wort **Betriebsrat** zu lesen ist, ist immer vom Kollektiv die Rede.

Geschäftsführung des Betriebsrats

Vertritt BR im Rahmen der Beschlüsse	Nimmt Erklärungen für BR entgegen	Leitet die Verhandlungen des Betriebsrats	Beruft Sitzung ein, legt Tagesordnung fest
Lädt Mitglieder zur BR-Sitzung ein	Lädt Schwerbehindertenvertretung und JAV ein	Lädt bei Bedarf Arbeitgeberin oder Gewerkschaft ein	Unterschreibt Protokoll und BV

Betriebsratsvorsitzende

⇧ wählen ⇧

Betriebsratsmitglieder

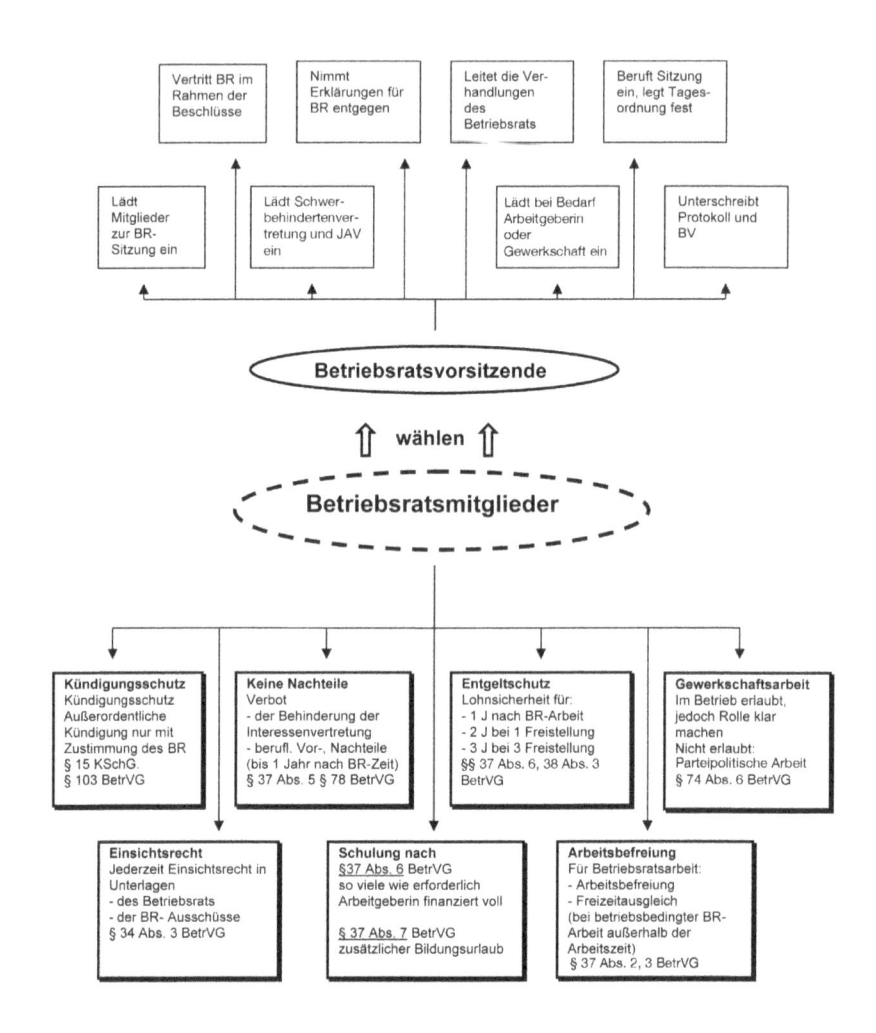

Kündigungsschutz	Keine Nachteile	Entgeltschutz	Gewerkschaftsarbeit
Kündigungsschutz Außerordentliche Kündigung nur mit Zustimmung des BR § 15 KSchG. § 103 BetrVG	Verbot - der Behinderung der Interessenvertretung - berufl. Vor-, Nachteile (bis 1 Jahr nach BR-Zeit) § 37 Abs. 5 § 78 BetrVG	Lohnsicherung für: - 1 J nach BR-Arbeit - 2 J bei 1 Freistellung - 3 J bei 3 Freistellung §§ 37 Abs. 6, 38 Abs. 3 BetrVG	Im Betrieb erlaubt, jedoch Rolle klar machen Nicht erlaubt: Parteipolitische Arbeit § 74 Abs. 6 BetrVG
Einsichtsrecht Jederzeit Einsichtsrecht in Unterlagen - des Betriebsrats - der BR- Ausschüsse § 34 Abs. 3 BetrVG	Schulung nach §37 Abs. 6 BetrVG so viele wie erforderlich Arbeitgeberin finanziert voll § 37 Abs. 7 BetrVG zusätzlicher Bildungsurlaub	Arbeitsbefreiung Für Betriebsratsarbeit: - Arbeitsbefreiung - Freizeitausgleich (bei betriebsbedingter BR-Arbeit außerhalb der Arbeitszeit) § 37 Abs. 2, 3 BetrVG	

Die Mitglieder des Betriebsrats führen ihr Amt unentgeltlich als Ehrenamt.
(§ 37 2,3 BetrVG)
Die ehrenamtliche Tätigkeit des Betriebsratsmitglieds steht der von ihm zu leistenden Arbeit gleich, so dass die Tätigkeit als Betriebsratsmitglied in sozialversicherungsrechtlicher Hinsicht als Arbeitsleistung gilt. Die Mitglieder des Betriebsrats sind aber weiterhin verpflichtet, nach ihrem Arbeitsvertrag Arbeitsleistungen zu erbringen. Da ihnen durch die Übernahme des Betriebsrats-Amtes Amtspflichten obliegen, räumt das Gesetz der Erfüllung der Betriebsratsaufgaben Vorrang ein.

4. Ersatzmitglieder

§ 25 BetrVG sieht vor, dass die Ersatzmitglieder in die Funktionen und Befugnisse verhinderter Betriebsratsmitglieder eintreten (ständige Rechtsprechung des Bundesarbeitsgerichts seit den 1970er-Jahren). Das gilt auch bei einer kurzzeitigen Verhinderung. Ersatzmitglieder sind immer dann, wenn sie ersatzweise ein ordentliches Betriebsratsmitglied vertreten, echte ordentliche Mitglieder für die Zeit der Vertretung. Sie erhalten in ihrer Vertretungszeit alle betriebsverfassungsrechtlichen Rechte. Diese Zuschreibung ist auch der Grund, warum Sie als Leserin keine Literaturhinweise finden, welche Möglichkeiten der Beteiligung Ersatzmitglieder haben. In dem Moment, in dem das Ersatzmitglied in die Vertretung eines ordentlichen Mitglieds tritt, wird das Ersatzmitglied selbst zum ordentlichen Mitglied, so lange das Ersatzmitglied die Vertretung innehat.

4.1 Wann muss ein Ersatzmitglied geladen werden?

Als Verhinderungsgründe kommen laut Däubler/Kittner/Klebe/Wedde (BetrVG, 13. Aufl., § 25 Rz 15) in Betracht:
- Krankheit
- Urlaub
- Sonderurlaub
- Beschäftigungsverbote nach dem Mutterschutzgesetz
- Montage und Dienstreisen
- Teilnahme an Schulungsmaßnahmen
- Elternzeit
- Krankheit
- Zivil- und Kriegsdienst

Daraus kann gefolgt werden, dass kein Ersatzmitglied geladen werden darf, wenn ein ordentliches Mitglied keine Lust hat oder sich nicht von seiner Diensttätigkeit lösen will oder kann. Ein Verhinderungsfall kann nach den oben aufgeführten Fällen nur vorliegen, wenn das ordentliche Mitglied nicht im Betrieb ist und regulären arbeitsvertraglichen Pflichten nachgeht.

4.2 Wer ist wann ein echtes Ersatzmitglied?/ Minderheitenschutz

Ein falsches Ersatzmitglied macht Beschlüsse des Betriebsrats anfechtbar, da gegen das Gebot der *nicht öffentlichen Sitzung (Däubler/Kittner/Klebe/Wedde BetrVG, 13. Aufl., § 30 Rz 11ff.) und der nicht ordnungsgemäßen Ladung nach § 29 Abs. 2 Satz 4 BetrVG* verstoßen wurde.

Ein Ersatzmitglied wird nur gem. § 25 Abs. 2 Satz 1 BetrVG zum ordentlichen Mitglied, wenn es aus der Reihe der jeweiligen zugehörigen Liste genommen wird. Erst wenn die Liste erschöpft ist, fallen die Plätze an die nächsthöchste Liste.

Wenn eine Personenwahl stattgefunden hat, ist das Ersatzmitglied gem. § 25 Abs. 2 Satz 3 BetrVG der Reihe nach aus den nächsthöheren Plätzen zu berufen.

Zu Verwirrung führt immer noch der Minderheitenschutz der Geschlechter gem. § 15 Abs. 2 BetrVG. Hier ist immer zu beachten, dass das während der Betriebsratswahl ermittelte Minderheitengeschlecht immer seinen Minderheitenplatz erhält. Was bedeutet das für die Vertretung während einer Listenwahl oder einer Personenwahl?

4.2.1 Vertretung bei Listenwahl

Gehen Sie zunächst davon aus, dass eine bestimmte Liste die Wahl gewonnen hat. Wenn diese Liste Minderheitenplätze enthält, werden diese solange daraus entnommen, bis das Minderheitengeschlecht in ihr erschöpft ist. Erst dann werden weitere Geschlechterplätze aus der nächsthöheren Liste bestimmt, in der das Minderheitengeschlecht zu finden ist.

> **Minderheitenschutz bei Listenwahl**
> Hat die Liste A einen Minderheitenplatz für sich gewonnen, ist die Minderheitengeschlechtsvertretung für diese eine Person immer aus dieser Liste zu wählen. Wenn die Liste B keinen Minderheitenplatz für sich gewonnen hat, kann sie auch keinen Anspruch auf den Minderheitenplatz geltend machen. Hat die Liste C zwei Plätze gewonnen, fällt ihr diese Vertretung immer zu.
> Stellen wir uns vor, die Liste A hat insgesamt drei Plätze für sich gewonnen. Die Liste B hat insgesamt fünf Plätze gewonnen, jedoch kein Minderheitengeschlecht in ihren Reihen. Die Liste C hat insgesamt zwei Plätze gewonnen und hat insgesamt nur zwei Kandidaten.
> Nun kommt es zum Vertretungsfall. Da die Liste B kein Minderheitengeschlecht in ihren Reihen hat und die Liste C nur aus zwei Kan-

didaten besteht, würden die Minderheitenplätze nun der Liste A zufallen, solange sie noch genügend Minderheitengeschlechter in ihren Reihen hat. Wenn kein Minderheitengeschlecht kandidiert hat, muss natürlich auch keines berücksichtigt werden.

Die Novellierung des Betriebsverfassungsgesetzes im September 2001 ist noch zu jung, als dass eine gesicherte Rechtsprechung über eine *perfekte Regelung des Minderheitengeschlechts* erfolgen konnte. Merken Sie sich einfach, dass bei einer Listenwahl immer Listen gewinnen und nicht Personen.

4.2.2 Vertretung bei Personenwahl

Bei der Personenwahl gewinnen immer Personen. Die Regelung des Minderheitengeschlechts durchbricht jedoch diesen Grundsatz!

Minderheitenschutz bei Personenwahl

Stellen wir uns vor, in einem Betrieb wird ermittelt, dass ein Geschlecht zwei Minderheitenplätze erhält. Stellen wir uns weiter vor, die Person A gehört dem Minderheitengeschlecht an und sie landet durch die Abstimmung auf dem dritten Platz im Betriebsrat. Stellen wir uns vor, die Person B gehört auch dem Minderheitengeschlecht an und erhält so viele Stimmen, dass sie Platz elf im Betriebsrat einnimmt. Die Person C gehört ebenfalls dem Minderheitengeschlecht an und erhält den 18. Platz, weil sie nur eine Stimme erhalten hat. Alle anderen männlichen Kandidatinnen liegen weit vor B und C.

Der Betriebsrat setzt sich aus neun Mitgliedern zusammen. B verdrängt im Ergebnis ihren männlichen Mitbewerber, da das Minderheitengeschlecht in jedem Fall entsprechend seinem zahlenmäßigen Verhältnis vertreten sein muss.

Die Personen A und B gehören also dem Betriebsrat an. Fallen beide aus, weil z. B. die eine im Urlaub und die andere krank ist, wird immer die Person C zu laden sein, bis das Minderheitengeschlecht sozusagen aufgebraucht ist.

4.3 Hat ein Ersatzmitglied Anspruch auf regelmäßige Informationen?

Rechtsprechung und Literatur bieten umfangreiche Erläuterungen zu der Frage, was ein Ersatzmitglied kann und darf. Das kann hier nicht im Detail ausgebreitet werden. Gehen Sie praktisch, logisch und rational vor. Ein Ersatzmitglied soll ein ordentliches Mitglied bei dessen Verhinderung fachlich und organisatorisch »aus dem Stand heraus« vertreten. Wie soll es das tun, wenn es nicht sach- und fachgerecht informiert ist? Ein Ersatzmitglied muss also alle Informationen bekommen, die es braucht, um die Arbeit im Vertretungsfall ordnungsgemäß zu übernehmen.

5. Aufgabenteilung – Teamarbeit ist angesagt

Das Gesetz legt auf die Betriebsratsvorsitzende nur die Pflicht, die laufenden Geschäfte zu führen. Dies bedeutet in keinem Fall, dass sie auch eine alleinige Entscheidungsbefugnis hat. Die Aufgabe der Vorsitzenden ist eher die eines *Sprachrohrs* für den Betriebsrat. **Alle anfallenden Arbeiten müssen vom gesamten Team erbracht werden.**

Eine gute Betriebsratsarbeit hängt sehr stark von einer gelungenen Aufgabenteilung ab. Dabei zwingt die Vielfalt der Anforderungen zur **Arbeitsteilung** und zum Vertrauen in die Arbeit der Einzelnen. Verteilen Sie die anfallenden Arbeiten nach persönlichem Können und individueller Neigung. Seien Sie ehrlich miteinander, über welche Stärken und Vorlieben Sie verfügen. Die Erfahrung zeigt immer wieder, dass die Arbeit nicht gelingen kann, wenn sie jemandem aufgezwungen wird. Die Arbeit der Einzelnen wird stark, wenn die Mitglieder Aufgaben erledigen und betreuen dürfen, in denen sie sich als sicher, kompetent und entwicklungsfähig erleben.

Natürlich darf die gesamte Arbeit nicht nur nach *Lust und Laune* verteilt werden. Es gibt nun einmal Aufgaben, die erledigt werden müssen. Dies ist in der Regel z. B. das Anfertigen von Schriftstücken aller Art. Sie können diese *Unlust* aber überwinden, wenn Sie sich abwechseln oder sie zu zweit erledigen. Es ist auch nicht zu empfehlen, dass immer nur dieselben Betriebsrätinnen die unliebsamen Aufgaben zu bewältigen haben. Verschaffen Sie sich eine Übersicht über die Aufgaben, die anliegen und erledigt werden müssen. Dann mischen Sie die Arbeitsverteilung zwischen den Tätigkeiten, die gerne und gut erledigt werden, mit solchen, die notwendig sind. Sie fördern das Selbstvertrauen und Engagement Ihrer Kolleginnen nicht, wenn einige nur die *ungeliebten* Aufgaben zu erledigen haben.

Sie müssen die Arbeit nicht im Kollektiv während einer Betriebsratssitzung machen, sondern dürfen sie gerne zu gesonderten zusätzlichen Zeiten vorbereiten. Allerdings müssen alle Arbeitsergebnisse durch einen Betriebsratsbeschluss bestätigt werden, und dieser Beschluss ist zwingend auf einer Betriebsratssitzung zu fassen.

Ein neugewähltes Betriebsratsgremium ist durch die Neuwahl noch kein Team.

Geschäftsführung des Betriebsrats

Es besteht aus einer Ansammlung von Menschen, die in einem demokratischen Verfahren von ihren Kolleginnen zur Interessenvertretung gewählt worden ist. Das Arbeiten im Team muss auf dieser Ebene immer erst gelernt werden, wofür sich ein Gremium Zeit nehmen muss, wenn es eine professionelle Arbeit zustande bringen will. Jedes neue Mitglied muss erst in das Team eingeführt und eingearbeitet werden. Von nicht unerheblichem Gewicht sind dabei auch das unterschiedliche Temperament, die Kultur, das intellektuelle Vermögen und vor allem die emotionale Beschaffenheit der Einzelnen. Viele Fragen können nicht einfach nur nach formalen Gesichtspunkten beschlossen werden, sondern müssen von unterschiedlichen Werten her durchdacht und entschieden werden. Betriebsräte, die sich dieser Tatsache nicht bewusst sind, werden sich viele unnötige Konflikte ins Haus holen.

Beispiel:
Die Arbeitgeberin stellt 100 000 € für die Neueinrichtung der Sozialräume zur Verfügung. Der Betriebsrat darf dieses Geld frei investieren.
Ich kenne keinen Betriebsrat, der hocherfreut ins nächste Kaufhaus fährt und sorglos einkaufen geht.
Schon die Farbwahl der Wände oder die Inneneinrichtung und Ausstattung des Raums können zum wochenlangen Streitthema ausarten. Kommt dann noch die Unterbesetzung in einer Abteilung ins Spiel, oder es findet sich eine, die der Ansicht ist, dass die Sozialräume in ihrem jetzigen Zustand völlig in Ordnung sind, dafür müsste aber dringend …
Dann geht es wirklich rund und laut zu im Gremium.

Nehmen Sie sich am Anfang ihrer Arbeit Zeit, sich kennen zu lernen. Entwickeln Sie eine Vision, und setzen Sie sich strategische Gesamtziele, die Sie in Ihrer Amtsperiode erreichen wollen. Lernen Sie miteinander zu arbeiten. Die Arbeit des Betriebsrats funktioniert ganz anders als ihr regulärer Job, und sie gelingt nur dann, wenn sie sich klar machen, dass Sie diese Funktion völlig neu erlernen müssen. Auch Ihre Erfahrungen aus der Elternvertretung in der Schule Ihrer Kinder oder wo immer Sie Interessenvertretungserfahrungen sammeln durften, sind nicht vergleichbar mit der Teamarbeit im Betriebsrat.

6. Warmherziger und nachsichtiger Umgang mit den neuen Betriebsräten

Es wird sich nicht vermeiden lassen, dass Sie nach Ihrer Wahl auf Kolleginnen treffen, die möglicherweise schon eine Amtszeit hinter sich haben. Vor Ihrer Zeit sind vielleicht Unternehmensentscheidungen getroffen worden, in die der alte Betriebsrat voll einbezogen war. Alle haben alles verstanden; nur Sie nicht, weil Sie neu sind!

Es kann für Sie wie ein Kulturschock wirken, wenn Sie ihre Kolleginnen wild und engagiert zu Sachthemen sprechen hören, deren Vokabeln Sie nicht einmal aussprechen können. Es kann auch sein, dass Ihre Arbeitgeberin Ihnen etwas vorlegt, womit Sie völlig überfordert sind, weil Sie überhaupt nicht wissen, was jetzt zu tun ist.

Sie fühlen sich fremd und ungebildet und glauben vielleicht, dass Sie zu blöde für diese Welt sind.

Das ist natürlich ganz falsch!

Das Schlimmste, was Sie sich jetzt antun können, ist, den Kopf in den Sand zu stecken, um gar nichts mehr sagen oder tun zu müssen.

Es braucht Zeit, Geduld, viel Übung und Erfahrung, bis Sie sich als eine voll funktionierende, professionelle Betriebsrätin erleben. Denken Sie daran, dass Sie besonders am Anfang eine Lernende sind und dass Ihr Lernprozess beendet ist, wenn *Sie* alles verstanden haben. Verbitten Sie sich etwaige Ungeduld von anderen und bestehen Sie immer darauf, dass Sie ein Recht darauf haben, zu verstehen, wie die gesamte Materie funktioniert. Lassen Sie es nicht zu, dass Sie mit anderen verglichen werden. Sie sind nicht die anderen. Es geht gerade am Anfang ausschließlich darum, dass Sie lernen dürfen, was immer es zu lernen gibt.

Der größte Fehler ist es, innerlich zu kapitulieren und nach außen so zu tun, als wüssten und könnten Sie alles. Damit vergeben Sie sich wichtige Lernchancen und machen unnötige und vermutlich teuer bezahlte Fehler.

Ich kenne Betriebsräte, die ihren neuen Mitgliedern ein STOPPSCHILD oder eine rote Karte schenken. Diese sollen Sie immer nutzen, wenn Sie etwas nicht verstehen oder nicht mehr weiterkommen. Die »alten Hasen« halten dann inne, bis ihre Kolleginnen ins Boot geholt sind. So etwas gilt selbstverständlich auch im Umgang mit der Arbeitgeberin.

In größeren Firmen ist es üblich, dass die neuen Betriebsräte eine Einarbeitungsphase zugestanden bekommen. Den Neuen werden persönliche Patinnen zur Seite gestellt, die sie mit der Organisationsstruktur der Firma, der Arbeitsweise des Betriebsrats und mit den anfallenden Tätigkeiten vertraut machen. Hier coachen die Alten die Neuen. Sie lesen und besprechen z. B. die Vorlagen zu Betriebsratssitzungen; sie gehen gemeinsam durch die Firma und organisieren Meetings zum kennen lernen, wobei die Neuen kleine Aufgaben bekommen, die sie auch bewältigen können. Dieses System scheint sich überall zu bewähren, und was für große Firmen hilfreich ist, kann kleinen Firmen nicht schaden.

Sprechen Sie es offen aus, wenn Sie sich überfordert fühlen. Es ist keine Schande, dass Sie etwas nicht können. Sie beschämen sich jedoch selbst, wenn Sie sich keine Hilfe organisieren.

Arbeitgeberinnen und Betriebsräte, die für Sie in dieser Situation kein Verständnis aufbringen oder gar Ihre Not zu Ihren Ungunsten missbrauchen, sind unkollegial und handeln machtmissbräuchlich.

Tipp: Lesen Sie dieses Buch in einer Gruppe. Lesen Sie laut. Und besprechen Sie den Inhalt des Buches. Ich habe immer wieder erfahren, dass Betriebsräte besonders viele Informationen aufnehmen und verarbeiten können, wenn sie gemeinsam laut lesen und in bildhafter Sprechweise darüber reden, was sie verstanden haben und ob Bildungsbedarf besteht.

Über Kommunikation muss man wissen:

> »Gedacht ist nicht gemeint
> Gemeint ist nicht gesagt
> Gesagt ist nicht verstanden
> Verstanden ist nicht einverstanden
> Einverstanden ist nicht umgesetzt
> Umgesetzt ist nicht beibehalten.«[7]

---

7 K. Lorenzen.

Kapitel 6
Organisation der Betriebsratsarbeit

Der Betriebsrat handelt durch Beschlüsse. Beschlüsse kommen nur zustande, wenn
- zur Betriebsratssitzung mit einer Tagesordnung eingeladen worden ist,
- die Betriebsratssitzung stattgefunden hat,
- ein ordnungsgemäßer Beschluss gefasst wurde.

Von diesem Prinzip gibt es keine Ausnahme, auch nicht im Zeitalter der elektronischen Kommunikation!

Wenn Du einen Riesen siehst, so achte auf den Stand der Sonne, ob es nicht der Schatten eines Zwerges ist. Zeichnung: Bernhard Wieszczeynski

1. Die Notwendigkeit einer Betriebsratssitzung

Der Betriebsrat wirkt als Kollektiv über Beschlüsse, die in einer Betriebsratssitzung zu fassen sind. Es gibt *keine Beschlüsse des Betriebsrats ohne formelles Verfahren;* »Kopfnicken« ist damit also nicht gemeint. Es genügt nicht, dass alle Betriebsratsmitglieder sich einig sind.

Organisation der Betriebsratsarbeit

Die Betriebsratssitzung ist der Ort, an dem die eingegangenen Informationen ausgetauscht, verstanden, ausgewertet und bewertet werden. Auch Abstimmungen dürfen nur während einer regulären Betriebsratssitzung stattfinden.

Zur korrekten Durchführung einer Betriebsratssitzung kann der folgende »*rote Faden*« eine Hilfe sein.

1.1 Vorbereitung der Betriebsratssitzung, § 29 ff. BetrVG

Grundsätzlich gilt:
- Beratungen und Entscheidungen (Beschlüsse) des Betriebsrats finden in Sitzungen statt.
- Die Betriebsratssitzungen werden vom Vorsitzenden einberufen und geleitet.
- Eine Betriebsratssitzung muss einberufen werden, wenn ein Viertel des Betriebsrats oder der Arbeitgeber es fordern.
- Die Sitzungen sind nicht öffentlich, ein Teilnahmerecht haben jedoch ein Mitglied der Jugend- und Auszubildendenvertretung (JAV), die Vertrauensperson der Schwerbehindertenvertretung, ein Beauftragter der im Betriebsrat vertretenen Gewerkschaft (wenn beantragt), und der Arbeitgeber, wenn die Sitzung von ihm beantragt wurde.

1. Termin und Ort festlegen
2. Tagesordnung festlegen
- Nicht zu viele Themen.
- Prioritäten setzen (die wichtigsten Themen zuerst).
- Nicht nur auf aktuelle Probleme reagieren, sondern auch Langfristiges angehen.
- Themen genau bezeichnen.
- Kenntlich machen, zu welchem Thema Beschlüsse gefasst werden sollen.
3. Die einzelnen Themen arbeitsteilig vorbereiten.
4. Für jedes Thema sollten folgenden Punkte geklärt werden:
- Wie ist die Ausgangslage?
- Was will der Arbeitgeber?
- Was will der Betriebsrat?
- Was wollen die Kollegen?
- Was ist strittig?
- Welche Informationen werden noch benötigt?
- Welche Unterlagen müssen in der Sitzung vorgelegt werden?
- Welche Auskunftspersonen müssen eingeladen werden?
- Eine Gefahrenanalyse machen!

5. Einladung und Tagesordnung erstellen und rechtzeitig versenden.
6. Sonstige Unterlagen für die Sitzung bereithalten.

1.2 Checkliste zur Durchführung einer Betriebsratssitzung

1.2.1 Eröffnung der Sitzung
- Begrüßung.
- Überprüfung der Beschlussfähigkeit.
- Anwesenheitsliste persönlich abzeichnen lassen.
- Wer führt das Protokoll?
- Wann werden Pausen gemacht?
- Wie viel Zeit steht zur Verfügung?

1.2.2 Tagesordnung verlesen, Änderungswünsche erfragen

1.2.3 Protokoll der letzten Sitzung beraten und beschließen

1.2.4 Tagesordnung abarbeiten

1.2.5 Nach Aufruf des Tagesordnungspunktes wie folgt vorgehen:
- Einführung in das Thema durch denjenigen, der es vorbereitet hat.
- Thema zur Diskussion stellen.

Aufgaben der Sitzungsleitung
- Teilnehmer zur Diskussion auffordern und sie ausreden lassen.
- Darauf achten, dass nicht durcheinander geredet und beim Thema geblieben wird.
- Diskussion beenden, wenn sie beginnt, sich im Kreis zu drehen.
- Keine Kommentierung der Beiträge, es sei denn Sie sind dran, weil Sie sich selbst auf die Tagesordnung gesetzt haben.

Aufgaben der Teilnehmer
- Konstruktiv diskutieren (nicht nur kritisieren, sondern auch Vorschläge machen).
- Andere ausreden lassen und zuhören (Argumente ernst nehmen).

1.2.6 Am Ende der Diskussion zu einem Tagesordnungspunkt
- Diskussionsergebnis feststellen.
- Wenn ein Beschluss gefasst werden kann:
  - Beschlussantrag formulieren.

Organisation der Betriebsratsarbeit

- Abstimmen lassen.
- Auf wortgetreue Protokollierung achten, Stimmergebnis im Protokoll festhalten.

1.2.7 Arbeitsaufträge an Ausschüsse bzw. einzelne Betriebsratsmitglieder verteilen

1.2.8 Termin der nächsten Sitzung vereinbaren

1.2.9 Die wesentlichen Punkte protokollieren – besonders Beschlüsse, Abstimmungsergebnisse, Arbeitsaufgaben

1.3 Paragraphen, die zwingend beachtet werden müssen

1.3.1 Einberufung von Sitzungen

§ 29 Abs. 1 BetrVG:	Einberufung der konstituierenden Sitzung durch den Wahlvorstand. Wichtig! Anhörung bei Kündigung erst, wenn die Konstituierung erfolgt ist.
§ 29 Abs. 2 Satz 1 BetrVG:	Einberufung der weiteren Sitzungen durch den Vorsitzenden, aber das Gremium legt den Rhythmus fest? Geschäftsordnung.
§ 29 Abs. 2 Satz 2 BetrVG:	Vorsitzende setzt Tagesordnung fest und leitet die Sitzung.
§ 29 Abs. 2 Satz 3 BetrVG:	Einladung rechtzeitig unter Mitteilung der Tagesordnung an alle Betriebsräte.
§ 29 Abs. 2 Satz 5 BetrVG:	Rechtzeitige Mitteilung bei Verhinderung (mit Angaben von Gründen). Nur dann kann das Ersatzmitglied geladen werden.
§ 29 Abs. 2 Satz 6 BetrVG:	Vorsitzender muss zwingend Ersatzmitglieder einladen.
§ 29 Abs. 3 Satz 1 BetrVG:	Ein Viertel der Betriebsratsmitglieder oder der Arbeitgeber können die Einberufung der Sitzung verlangen.

1.3.2 Betriebsratssitzung

§ 30 Satz 1 BetrVG:	Betriebsratssitzung in der Arbeitszeit.
§ 30 Satz 2 BetrVG:	Rücksichtnahme auf betriebliche Notwendigkeiten bei der Terminfestlegung.
§ 30 Satz 3 BetrVG:	Der Arbeitgeber ist vor Beginn der Sitzung zu verständigen.
§ 30 Satz 4 BetrVG:	Betriebsratssitzungen sind nicht öffentlich.

1.3.3 Teilnahme an Betriebsratssitzung für alle Betriebsratsmitglieder

§ 25 BetrVG:	Ersatzmitglieder im Verhinderungsfall.
§ 25 Abs. 2 BetrVG:	Das Geschlecht der Minderheit muss entsprechend § 15 Abs. 2 BetrVG immer aus der Vorschlagsliste entnommen werden (siehe Kapitel 5. Geschäftsführung des Betriebsrats oder »Auch Betriebsratsarbeit ist Teamarbeit«, 4. Ersatzmitglieder, 4.2),
§ 29 Abs. 6 BetrVG:	Teilnahme des Arbeitgebers nur an den von ihm beantragten Sitzungen oder wenn er ausdrücklich eingeladen ist. Teilnahme nur zu bestimmten Punkten, nicht an der ganzen Sitzung.
§ 31 BetrVG:	Teilnahme der im Betriebsrat vertretenen Gewerkschaft auf Antrag von einem Viertel der Betriebsratsmitglieder.
§ 32 BetrVG:	Teilnahme der Schwerbehindertenvertretung an allen Sitzungen.
§ 67 BetrVG:	Teilnahme der Jugendvertretung an allen Sitzungen.

1.3.3.1 Beschlüsse des Betriebsrats

§ 33 Abs. 1 BetrVG:	Beschlüsse mit Stimmenmehrheit der Anwesenden. Bei Stimmengleichheit ist der Beschluss abgelehnt. Enthaltungen zählen als Nein.
§ 33 Abs. 2 BetrVG:	Beschlussfähigkeit des Betriebsrats erst, wenn mindestens 50 % der Mitglieder anwesend sind.
§ 33 Abs. 3 BetrVG:	Wenn der JAV mit abstimmen darf, werden die Stimmen bei den erforderlichen 50 Prozent mitgezählt.

Organisation der Betriebsratsarbeit

1.3.3.2 Beschlussfähigkeit

Der Betriebsrat ist nur beschlussfähig, wenn
- alle Betriebsratsmitglieder unter der Mitteilung der Tagesordnung zur Betriebsratssitzung eingeladen sind (§ 29 Abs. 2 Satz 3 BetrVG),
- im Verhinderungsfall das richtige Ersatzmitglied geladen ist,
- mindestens die Hälfte der Betriebsratsmitglieder an der Beschlussfassung beteiligt ist, d. h. von 9 Betriebsräten = 5 Betriebsräte, von 13 Betriebsräten = 7 Betriebsräte usw.

1.3.3.3 Wie werden Mehrheiten gefunden? Umgang mit Stimmengleichheit

Die Beschlüsse des Betriebsrats werden mit der Mehrheit der anwesenden Betriebsratsmitglieder gefasst (§ 33 Abs. 1 Satz 1 BetrVG). Bei Stimmengleichheit ist ein Antrag abgelehnt (§ 33 Abs. 1 Satz 2 BetrVG).

Daher wirkt eine Enthaltung wie eine NEIN-STIMME, wenn sie ausschlaggebend für das Nichtzustandekommen einer positiven Mehrheit ist.

Abstimmungsergebnis bei fünfköpfigem Betriebsrat
Der fünfköpfige Betriebsrat hat abgestimmt:
2 Kollegen sind für einen Antrag.
2 Kollegen sind gegen einen Antrag.
1 Kollege enthält sich.

Der Antrag hat keine Mehrheit erhalten und ist somit abgelehnt, weil keine eindeutige Mehrheit von mindestens drei Stimmen vorliegt.

1.3.4 Sitzungsniederschrift

Unabdingbar brauchen Sie eine Sitzungsniederschrift (Protokoll) der Betriebsratssitzung.

§ 34 Abs. 1 BetrVG: Es ist ein Protokoll von jeder Sitzung anzufertigen. Inhalt: Wortlaut der Beschlüsse und Ergebnisse. Unterzeichnung vom Vorsitzenden und einem weiteren Mitglied. Eine Anwesenheitsliste ist beizulegen, auf welcher sich die Mitglieder persönlich eingetragen haben.

| § 34 Abs. 3 BetrVG: | Jedes Betriebsratsmitglied hat das Recht, in alle Betriebsratsunterlagen (einschließlich aller Ausschussunterlagen) jederzeit Einsicht zu nehmen. |

Einladung zur Sitzung

Um beweisen zu können, dass der Betriebsrat ordnungsgemäß unter Angabe einer detaillierten Tagesordnung eingeladen hat, empfiehlt es sich, dies in irgendeiner Form schriftlich zu tun. Dafür genügt es auch, eine detaillierte Tagesordnung an einem festgelegten Tag und Ort schriftlich zu hinterlegen.

Weit verbreitet ist das Anfertigen einer Textvorlage, die als Sitzungsformular dienen kann.

Sitzungsformular

✳

> **Betriebsrat**
>
> Bezeichnung
>
> Einladung
zur ordentlichen/außerordentlichen
Betriebsratssitzung
>
> **Betriebsratsmitglied**   (Datum)
>
> Vorname/Name
> Abteilung
>
> **Liebe Kollegin und lieber Kollege!**
>
> Hiermit lade ich Dich zur nächsten Betriebsratssitzung ein.
> Die Betriebsratssitzung findet am Datum, um   Uhr, im Ort statt.
>
> Als **Tagesordnung** ist vorgesehen:
> 1. Feststellung der Beschlussfähigkeit
> 2. Genehmigung und Änderung des Protokolls der letzten Sitzung vom ...
> 3. Beschlussfassung zur Tagesordnung
> 3.1 Verhaltensbedingte Kündigung des Kollegen A. Mustermann zum 31.03.20xx

Organisation der Betriebsratsarbeit

3.2 Versetzung von B. Mustermann aus der Abteilung A in die Abteilung – Betriebsstandort Berlin – zum 31.03.20xx
4. Mitbestimmung in sozialen Angelegenheiten
4.1 Urlaubsplan für die Abteilung B 20xx
4.2 Betriebsvereinbarung zum demographischen Wandel in der Fassung vom xx. xx. 20xx
5. Sonstiges

Als Anlage habe ich folgende Unterlagen, die zur Vorbereitung der Sitzung dienen, beigefügt.
1.
2.
3. Solltest Du an der Teilnahme **verhindert** sein, bitte ich um **sofortige Benachrichtigung** mit Angabe des Grundes **(§ 29 Abs. 2 BetrVG)**, damit ich das Ersatzmitglied rechtzeitig einladen kann.

Mit freundlichen Grüßen
Name
Betriebsratsvorsitzender

Anwesenheitsliste

Betriebsrat

Bezeichnung

Anwesenheitsliste

der Betriebsratssitzung vom Datum

An der Betriebsratssitzung haben folgende **ordentlichen** Betriebsratsmitglieder teilgenommen:

Name, Vorname	von – bis (falls nur zeitweilig anwesend)	Unterschrift

Organisation der Betriebsratsarbeit

An der Betriebsratssitzung haben folgende Ersatzmitglieder teilgenommen:

Name, Vorname	von – bis (falls nur zeitweilig anwesend)	Unterschrift

An der Betriebsratssitzung haben folgende Vertreter der **Gewerkschaft** teilgenommen:

Name, Vorname	von – bis (falls nur zeitweilig anwesend)	Unterschrift

An der Betriebsratssitzung haben folgende weitere Personen (Arbeitgeber, Gesamtbetriebsratsmitglied, Jugendvertretung etc.) teilgenommen:

Name, Vorname	von – bis (falls nur zeitweilig anwesend)	Unterschrift

Protokoll

✱

Betriebsrat

Bezeichnung

Protokoll

der Betriebsratssitzung vom Datum

Beginn: Uhr
Ende: Uhr.

Organisation der Betriebsratsarbeit

> An dieser Betriebsratssitzung haben die Personen entsprechend der beigefügten Teilnehmerliste teilgenommen.
>
> Die Tagesordnung wurde entsprechend der Einladung beibehalten:
> ☐ ja   ☐ nein
>
> Die Tagesordnung wurde **einstimmig** wie folgt ergänzt/geändert:
> _____
> _____
> _____
> _____
>
> Das Protokoll der Betriebsratssitzung vom Datum wurde genehmigt bzw. wie folgt geändert:
> _____
> _____
> _____
> _____
>
> Der Betriebsrat hat folgende Beschlüsse gefasst:
> (Wortlaut der angenommenen **und** abgelehnten Beschlüsse und des Stimmenverhältnisses erforderlich):
> _____
> _____
> _____
> _____
> _____
> _____
> _____

1.3.5 Wesentliche Informationen an den Arbeitgeber

Um einen Betriebsratsbeschluss abzurunden, muss der Arbeitgeber wissen, was die Betriebsräte von ihm erwarten.

Im Streitfall muss der Betriebsrat beweisen, dass er den Arbeitgeber informiert hat. Ich empfehle daher, alle wesentlichen Dinge schriftlich mitzuteilen.

Manche Betriebsräte reden jedoch lieber mit ihrem Arbeitgeber und händigen ihm *dabei* die Beschlüsse aus, andere Betriebsräte informieren ihren

Arbeitgeber zuerst schriftlich und suchen dann das Gespräch. Beides ist möglich. Der Arbeitgeber hat keinen Anspruch auf das gesamte Protokoll. Er hat Anspruch auf den Wortlaut des Beschlusses. Er bekommt nur einen Auszug aus dem Protokoll. Das Protokoll ist das Geschäftsgeheimnis des Betriebsrats.

2. Zeitlicher Aufwand für die Betriebsratsarbeit

Die Aufgaben der Betriebsräte sind in der heutigen Zeit qualitativ und quantitativ dermaßen angestiegen, dass sie ohne Freistellungen von der regulären Arbeitspflicht nicht zu bewältigen sind. § 37 Abs. 2 BetrVG sieht vor, dass der Arbeitgeber die Betriebsräte von ihrer Arbeit zu befreien hat und in der Pflicht steht, dass die Betriebsräte die erforderliche Freistellung für ihre Arbeit bekommen.

Es gibt keine Maximal- oder Minimalgrenze für diese Arbeitsbefreiung. Wenn die Betriebsräte mit vielen Anforderungen konfrontiert sind, benötigen sie in der Regel viel Zeit. Das **Gebot der Ehrenamtlichkeit** aus § 37 Abs. 1 BetrVG ist nicht zu verwechseln mit einer Freizeittätigkeit! Hier schuldet die Arbeitsgemeinschaft »Ehre« und nicht »unbezahlte Arbeit«. Ihre gewerkschaftliche Arbeit müssen Sie in der Regel in Ihrer Freizeit machen. § 37 Abs. 3 BetrVG regelt den Freizeitausgleich, wenn Sie ihre Betriebsratsarbeit außerhalb der Arbeitszeit bewältigen. Diese Regelung wäre sinnlos und überflüssig, wenn der Gesetzgeber von den Betriebsräten erwarten würde, dass sie ihre Arbeit eben-

Freistellung von Betriebsratsmitgliedern

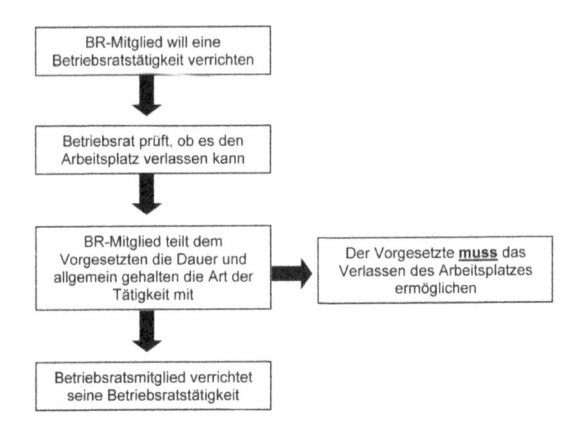

```
┌─────────────────────────────┐
│   BR-Mitglied will eine     │
│ Betriebsratstätigkeit       │
│       verrichten            │
└─────────────┬───────────────┘
              ▼
┌─────────────────────────────┐
│ Betriebsrat prüft, ob es    │
│ den Arbeitsplatz verlassen  │
│          kann               │
└─────────────┬───────────────┘
              ▼
┌─────────────────────────────┐         ┌──────────────────────────┐
│   BR-Mitglied teilt dem     │         │ Der Vorgesetzte muss das │
│ Vorgesetzten die Dauer und  │  ──▶    │ Verlassen des Arbeits-   │
│ allgemein gehalten die Art  │         │ platzes ermöglichen      │
│    der Tätigkeit mit        │         │                          │
└─────────────┬───────────────┘         └──────────────────────────┘
              ▼
┌─────────────────────────────┐
│ Betriebsratsmitglied        │
│ verrichtet seine            │
│ Betriebsratstätigkeit       │
└─────────────────────────────┘
```

Organisation der Betriebsratsarbeit

Erforderlichkeit der Freistellung

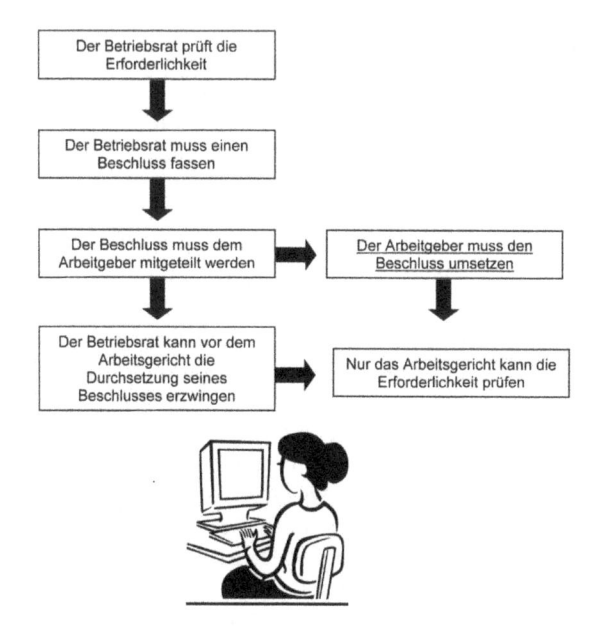

```
Der Betriebsrat prüft die
     Erforderlichkeit
           ↓
Der Betriebsrat muss einen
      Beschluss fassen
           ↓
Der Beschluss muss dem        →    Der Arbeitgeber muss den
Arbeitgeber mitgeteilt werden       Beschluss umsetzen
           ↓                                ↓
Der Betriebsrat kann vor dem
     Arbeitsgericht die        →    Nur das Arbeitsgericht kann die
    Durchsetzung seines              Erforderlichkeit prüfen
    Beschlusses erzwingen
```

falls in ihrer Freizeit machen. Die Ehrenamtlichkeit hat in diesem Zusammenhang etwas mit *Ehre* zu tun.

Um in die Freistellung von Ihrer beruflichen Tätigkeit zu gelangen, müssen Sie die Erforderlichkeit begründen. Dies tun Sie, indem Sie einen betrieblichen Bezug herstellen. Damit ist alles gemeint, was keinen privaten Bezug hat. Die Freistellung hat z. B. einen betrieblichen Bezug, wenn Sie mit Ihrem Kollegen über die Arbeit reden müssen und dies insofern erforderlich ist.

3. Die Geschäftsordnung

Der Betriebsrat muss sich eigentlich keine Geschäftsordnung geben, da das Betriebsverfassungsgesetz im Einzelnen sehr genau regelt, wie die Betriebsratsarbeit durchzuführen ist. Gerade am Anfang der Betriebsratsarbeit ist es für die Neuen jedoch schwer, einen Überblick zu erhalten, wie die Spielregeln lauten. Dem Rechnung tragend ist es allgemein üblich, dass der Betriebsrat sich eine Geschäftsordnung gibt, damit jedes Betriebsratsmitglied sofort und auf einen Blick weiß, wie der Betriebsrat sich intern organisiert.

Muster einer Geschäftsordnung

§ 1
Aufgabe der Betriebsratsvorsitzenden
1. Der Betriebsratsvorsitzende führt die laufenden Geschäfte im Rahmen der gesetzlichen Bestimmungen und nach Maßgabe dieser Geschäftsordnung.
2. Der Vorsitzende unterrichtet ständig den stellvertretenden Vorsitzenden, damit dieser jederzeit befähigt ist, die Aufgabe des Vorsitzenden zu übernehmen.
3. Zu den laufenden Geschäften des Betriebsratsvorsitzenden gehört die Vorbereitung der Betriebsratssitzung, einschließlich der Vorbereitung der Betriebsratsbeschlüsse. Die auf Beschluss des Betriebsrats von ihrer dienstlichen Tätigkeit freigestellten Mitglieder haben zur Vorbereitung der Sitzung die erforderlichen Informationen einzuholen, Anträge vorzubereiten, sowie die dafür erforderlichen Anträge und Beschwerden der Kollegen entgegenzunehmen.
4. Die freigestellten Betriebsratsmitglieder üben ihre Tätigkeit im Rahmen des vom Betriebsrat beschlossenen Arbeitsverteilungsplans aus.
5. Die Tätigkeit der freigestellten Betriebsratsmitglieder lösen keine Verbindlichkeiten gegenüber der Geschäftsleitung aus, es sei denn, sie wurden durch den Beschluss des Betriebsrats legitimiert.
6. Der Betriebsratsvorsitzende vertritt den Betriebsrat im Rahmen der gefassten Betriebsratsbeschlüsse. Außer dem Betriebsratsvorsitzenden ist es keinem Mitglied des Betriebsrats gestattet, als Vertretung des Betriebsrats im Betrieb zu handeln. Über Ausnahmen entscheidet der Betriebsrat von Fall zu Fall durch Beschluss.

§ 2
Stellvertretung der Betriebsratsvorsitzenden
1. Die Stellvertretung des Betriebsratsvorsitzenden vertritt den Vorsitzenden im Verhinderungsfall. Sie übernimmt für die Dauer der Verhinderung die dem Vorsitzenden nach dem Betriebsverfassungsgesetz obliegenden und nach dieser Geschäftsordnung übertragenen Aufgabe.
2. Die Reihenfolge der Stellvertretung wird für alle Betriebsratsmitglieder wie folgt festgelegt:

Erste: Herr Name A.
Zweite: Frau Name B.
Dritte: Frau Name C.

§ 3
Festlegung, Einberufung und Leitung der Betriebsratssitzung
1. Die regelmäßige Betriebsratssitzung findet jede Woche am Wochentag statt. Die Vorschrift aus § 29 BetrVG bleibt unberührt.
2. Die Betriebsratssitzung wird vom Vorsitzenden festgelegt, einberufen und geleitet. Die Sitzung ist so frühzeitig einzuberufen, dass die Einladung, die Tagesordnung und die Erläuterung zur Tagesordnung mindestens   Arbeitstage vor der Sitzung im Besitz der Betriebsratsmitglieder sind.
3. Die Einladung zu den Betriebsratssitzungen erfolgt im Allgemeinen schriftlich. In Eilfällen können die Sitzungen auch unter Kürzung der Ladungsfrist auf 24 Stunden mündlich oder fernmündlich einberufen werden.
4. Betriebsratsmitglieder, die an der Teilnahme der Sitzung verhindert sind, haben dies der Vorsitzenden unverzüglich mitzuteilen. Nur der Betriebsratsvorsitzende ist gem. § 26 Abs. 2 BetrVG berechtigt, ein Ersatzmitglied zu laden.

§ 4
Ladung von Ersatzmitgliedern
1. Ein Ersatzmitglied wird nur geladen, wenn das ordentliche Mitglied im tatsächlichen Sinne nicht im Dienst ist oder sich auf einer Betriebsratsschulung befindet.
2. Die Ersatzmitglieder werden unter der Berücksichtigung des nach § 15 Abs. 2 BetrVG vorgeschriebenen Minderheitenschutzes der Geschlechtervertretung der Reihe nach aus den nicht gewählten Arbeitnehmern derjenigen Vorschlagsliste entnommen, denen die zu ersetzenden Mitglieder angehören. Ist die Liste erschöpft, fällt die Vertretung derjenigen Liste zu, deren Kandidaten nach den Grundsätzen der Verhältniswahl als nächstes entsprechend dem Minderheitenschutz kommen würde.
3. Ist eine Personenwahl durchgeführt worden, fällt die Ersatzmitgliedschaft auf die Person, die entsprechend dem geschlechtlichen Minderheitenschutz als Ranghöchste zufallen würde.
4. Das Ersatzmitglied ist für die Zeit der ordnungsgemäßen Ver-

tretung ein echtes Vollmitglied. Die Vollmitgliedschaft endet, wenn der Vertretungsgrund entfällt.

§ 5
Anträge zur Tagesordnung

1. Der Vorsitzende setzt die Tagesordnung fest und bestimmt die Reihenfolge der Tagesordnungspunkte.
2. Anträge für die Tagesordnung zur nächsten Sitzung müssen spätestens ▭ Arbeitstage vor dem Sitzungsbeginn beim Vorsitzenden gestellt werden. Der Vorsitzende ist verpflichtet, diese in die Tagesordnung aufzunehmen.
3. Anträge, die nicht rechtzeitig gestellt worden sind, können zu Beginn der Sitzung durch einstimmigen Beschluss in die Tagesordnung aufgenommen werden, wenn alle eingeladenen Betriebsratsmitglieder anwesend sind.

§ 6
Beschlussfassung

1. Der Betriebsrat ist nur beschlussfähig, wenn mindestens die Hälfte der Betriebsratsmitglieder an der Beschlussfassung teilnimmt. In unserem Fall müssen daher ... Mitglieder an der Sitzung teilnehmen.
2. Beschlüsse werden mit der Mehrheit der anwesenden Mitglieder gefasst.
3. Bei Stimmengleichheit ist ein Antrag abgelehnt.
4. Enthaltungen werden wie Neinstimmen gezählt, da sie eine eindeutige Mehrheit für einen Beschluss verhindern.
5. Beschlüsse werden in der Regel durch Handaufhebung gefasst. Auf Antrag eines stimmberechtigten Betriebsratsmitglieds ist geheim abzustimmen. Die geheime Beschlussfassung erfolgt auf Zetteln mit dem Stichwort »dafür oder dagegen«.

§ 7
Berichterstattung in der Sitzung

1. Der Betriebsratsvorsitzende berichtet dem Betriebsrat über alle Vorgänge der Geschäftsführung, vor allem über alle Gespräche, die er mit dem Arbeitgeber geführt hat.
2. Gespräche außerhalb der Betriebsratssitzungen (Flurfunk) ersetzen nicht die Berichterstattungspflicht.

§ 8
Niederschriften/Protokolle

1. Die Niederschriften bzw. Protokolle sind im Betriebsratsbüro aufzubewahren und können von jedem Betriebsratsmitglied, von den Vertrauenspersonen der Schwerbehindertenvertretung und von der Jugend- und Ausbildungsvertretung jederzeit eingesehen werden.
2. Sofern es gewünscht wird, kann jedes Mitglied nach Absatz 1 eine Ausfertigung der Niederschrift bzw. des Protokolls verlangen.

§ 9
Sprechstunden

1. Die Sprechstunden des Betriebsrats für die Beschäftigten finden regelmäßig am Wochentag, (Uhrzeit) im Raum   statt.
2. Die Sprechstunden sind durch Betriebsratsmitglieder laut Arbeitsverteilungsplan durchzuführen.
3. Die Sprechstunde darf für Einzelgespräche oder für Gruppengespräche angesetzt werden.

§ 10
Arbeitsplanung und Arbeitsteilung

Der Betriebsrat führt mindestens einmal pro Jahr eine Ganztagssitzung oder eine mehrtägige Sitzung zur Erstellung eines Arbeitsplans und eines Aufgabenplans durch. Die anfallende Betriebsratsarbeit soll möglichst gleichmäßig innerhalb des Betriebsratsteams verteilt werden. Wünsche einzelner Mitglieder sind dabei so weit wie möglich zu berücksichtigen. Bei Bedarf bildet der Betriebsrat betriebliche Arbeitskreise nach § 28a BetrVG.

§ 11
Monatsgespräche mit dem Arbeitgeber

1. An den Monatsgesprächen nach § 74 BetrVG nehmen alle Betriebsratsmitglieder teil. Für den Betriebsrat führt der Vorsitzende das Gespräch. Alle anwesenden Mitglieder verpflichten sich, das Gespräch aktiv durch Beiträge zu nähren.
2. Sonstige Gespräche mit dem Arbeitgeber werden von dem Vorsitzenden und mindestens einem weiteren Betriebsratsmitglied geführt. Das weitere Mitglied soll möglichst aus dem entsprechenden Bereich kommen.
3. Ergebnisse aus Gesprächen zwischen dem Arbeitgeber und

einem einzelnen Mitglied des Betriebsrats – dies gilt auch für den Vorsitzenden – sind nichtig und müssen durch ordnungsgemäße Beschlüsse des Betriebsrats ersetzt werden.

§ 12
Teilnahme der Gewerkschaft

1. Beauftragte einer im Betrieb vertretenen Gewerkschaft können beratend an einer Sitzung teilnehmen. Dies gilt vor allem dann, wenn ein gewerkschaftlich organisiertes Betriebsratsmitglied dies einfordert.
2. Eine im Betrieb vertretene Gewerkschaft hat das Recht, an der Betriebsratssitzung teilzunehmen.

§ 13
Teilnahme von Sachverständigen und Auskunftspersonen

1. Wenn es erforderlich ist, lädt der Vorsitzende Sachverständige oder Auskunftspersonen zur Gesamtsitzung oder zu einzelnen Punkten ein.
2. Der Vorsitzende muss einen notwendigen Sachverständigen oder eine Auskunftsperson einladen, wenn der Betriebsrat dies beschlossen hat.

§ 14
Schulungen

1. Alle Betriebsratsmitglieder sind verpflichtet, sich im Betriebsverfassungsgesetz und im Arbeitsrecht schulen zu lassen.
2. Spätestens im Dezember jeden Jahres wird ein Bildungsplan für alle Betriebsrats- und Ersatzmitglieder aufgestellt.
3. Ersatzmitglieder sind verpflichtet, sich schulen zu lassen, wenn zu erwarten ist, dass sie ein Mitglied ständig zu vertreten haben, weil dieses aus dem Betriebsrat dauerhaft ausgeschieden ist, oder wenn sie häufig Betriebsratsmitglieder vertreten.

§ 15
Gültigkeit und Änderungen der Geschäftsordnung

Die Geschäftsordnung tritt am Datum in Kraft. Sie gilt für die Dauer der Wahlperiode des Betriebsrats. Änderungen oder Ergänzungen dieser Geschäftsordnung bedürfen der Mehrheit aller Betriebsratsmitglieder.

Ort
Unterschrift   Unterschrift

4. Übertragung von Arbeit in Ausschüsse

Nach § 27 Abs. 1 BetrVG hat der Betriebsrat in Betrieben mit neun oder mehr Betriebsratsmitgliedern (ab 201 Arbeitnehmer) seine Aufgaben über mindestens einen Ausschuss zu organisieren. In § 27 Abs. 2 BetrVG ist klar gestellt, dass dieser Betriebsrat mindestens seine Geschäftsführung an einen Ausschuss zu delegieren hat.

In Betrieben mit weniger als neun Betriebsratsmitgliedern kann der Betriebsrat, gem. § 27 Abs. 3 BetrVG, seine laufenden Geschäfte auf den Vorsitzenden oder auf andere Mitglieder im Betriebsrat übertragen. Über § 28 BetrVG ist es diesem Betriebsrat auch erlaubt, seine Arbeiten insgesamt über eine Ausschussstruktur zu organisieren. Die Ausschussmitglieder sind dann gem. § 37 Abs. 2 BetrVG von ihrer Arbeit für die Ausschussarbeit frei zu stellen.

In Betrieben mit unter neun Betriebsräten kann der Betriebsrat seine Aufgaben in Ausschüsse und Arbeitsgruppen delegieren, vgl. dazu die §§ 27 bis 28a BetrVG. Diese Ausschüsse und Arbeitsgruppen können Themen erarbeiten und vorbereiten. Das gilt möglicherweise bis zur Vorbereitung einer Vorlage zur Betriebsvereinbarung, die dann auf einer Betriebsratssitzung beschlossen werden muss.§ 28a BetrVG sieht zudem vor, dass die Arbeitsgruppen nur tätig sein dürfen, wenn vor Beginn der Arbeit eine schriftliche Rahmenvereinbarung zwischen Betriebsrat und Arbeitgeber über den Sinn und Zweck sowie über alle weiteren wichtigen Verabredungen unterschrieben ist.

Mögliche Arbeitsgruppen

Arbeitsgruppe: Vorbereitung der Betriebsversammlung
Arbeitsgruppe: **Abschluss einer Betriebsvereinbarung »Gesundheitsmanagement«**
Arbeitsgruppe: Vorbereitung der personellen Maßnahmen nach § 99 BetrVG
Arbeitsgruppe: Kündigung

Etc. pp.

5. Öffentlichkeitsarbeit und Informationspflicht[8]

Als Betriebsrat müssen Sie dafür sorgen, dass Ihre Kollegen den Nutzen Ihrer Aktivitäten kennen. Sie haben ein Recht darauf zu erfahren, was der Betriebsrat als ihr Interessenvertreter für sie tut. Mancher Kollege fragt sich sicherlich:

- Was macht ihr da eigentlich?
- Ich habe euch doch nicht dafür gewählt, dass ich jetzt ständig eure Arbeit mitmachen muss!
- Wofür braucht ihr so viel Zeit?
- Wieso fahrt ihr auf Schulungen und ich nicht?
- Wieso ist der Chef so sauer oder gut gelaunt?
- Wie ist es eigentlich, die Zusammenarbeit mit dem Chef?
- Welche Ergebnisse strebt ihr an?

Im Umkehrschluss bedeutet dies, dass der Betriebsrat den Kontakt zu seinen Kollegen suchen muss, um sich zu rechtfertigen für das, was er tut. Es schadet seinem Image nicht, wenn der Betriebsrat dicht am Bedarf und den aktuellen Themen der Kollegen arbeitet.

Für die **interne Öffentlichkeitsarbeit** im Betrieb, ist es allgemein üblich:

- Das persönliche Gespräch zu nutzen
- Sprechstunden anzubieten
- Das Info-Brett des Betriebsrats ansprechend und aktuell zu halten
- Flugblätter und Flyer zu schreiben
- Eine Betriebsratszeitung herauszugeben
- Das Intranet zu nutzen
- Regelmäßige Post per E-Mail zu versenden
- Betriebsversammlungen abzuhalten und sie lebendig zu gestalten, z. B. durch szenische Darstellungen (Theater oder Sketche etc.), das Einladen von Gästen vorzunehmen usw.
- Umfragen, Meinungen und Bedürfnisse abzufragen

Für die **externe Öffentlichkeitsarbeit** können Sie folgende Möglichkeiten nutzen:

- Flugblätter produzieren
- Pressekonferenzen gestalten
- Eine eigene Pressemitteilung oder Pressemappe schreiben

---

[8] Siehe auch Schwartau, 1. Aufl. 2012, Gesamtbetriebsrat/Konzernbetriebsrat, Kapitel: Öffentlichkeitsarbeit.

Organisation der Betriebsratsarbeit

- Einen eigenen Platz auf der Firmen-Homepage nutzen und gestalten
- Mit der Gewerkschaft und anderen Verbänden zusammen arbeiten
- Aktionen in der Öffentlichkeit organisieren

Bedenken Sie, dass Ihre Kollegen inzwischen sehr geübt darin sein könnten, sich fast jede erforderliche Information blitzschnell über das Internet zu besorgen. Nichts ist so langweilig wie völlig veraltete Informationen konsumieren zu müssen! Ihre Kollegen sind möglicherweise in der Lage, sehr schnell eine Betriebsumfrage zu starten, da sie mithilfe von Umfrage-Tools[9] aus dem Internet in wenigen Minuten und mit wenigen Fingerbewegungen aussagefähige Umfrageergebnisse herbeiführen können. Der Betriebsrat hat nach § 40 Abs. 2 BetrVG einen Rechtsanspruch auf sachliche Mittel und auf die Unterstützung durch Büropersonal. Nutzen Sie diese Möglichkeit und bleiben Sie aktuell.

Beglücken Sie Ihre Kollegen mit Informationen, die für sie den höchsten betrieblichen und persönlichen Nutzen haben. Der Betriebsrat muss Informationen aus der Bedürfnisperspektive[10] der Kollegen liefern, wenn er interessant bleiben will! Ein Betriebsrat, der nicht im engen Kontakt zu seinen Kollegen steht, kann nicht transparent und glaubhaft seine Arbeit präsentieren. Kollegen hören ihrem Betriebsrat nur dann zu, wenn sie Informationen erhalten, die sich inhaltlich auf ihre Arbeitsplätze und Arbeitsbedingungen beziehen. Das kann für das Betriebsratsteam und vor allem für einzelne Betriebsratsmitglieder sehr belastend sein.[11]

---

9 Kostenfreie Tabellen und Check-Listen aus dem Internet.
10 Aus der Perspektive der Bedürftigen.
11 Manchmal muss der Betriebsrat einen Konflikt provozieren und eskalieren. Das ist z. B. dann der Fall, wenn die Arbeitsbedingungen krank machen.

6. Vereinbarkeit der Betriebsratsarbeit mit Familie & Beruf

In diesem Kapitel gehe ich der Frage nach, ob Eltern geeignete Betriebsräte sein können, wenn sie zu viele Lebensereignisse,[12] die miteinander in Konkurrenz stehen, zu vereinbaren haben. Die Familie ist schlechthin die höchste Konkurrenz innerhalb des Zeitmanagements. Sie nimmt sich die Zeit, die sie für sich braucht. Die Praxis zeigt, dass sehr viele familiengebundene Menschen die Lebensleistung »Familie & Beruf« miteinander vereinbaren. Es braucht sehr viel Disziplin und Wollen, damit die nötige Kraft für die kontinuierliche Beteiligung vorhanden ist. Menschen mit Familienpflichten müssen lernen, ihre Bedürfnisse zu kommunizieren. Ihre Umwelt muss wissen, welche unterstützenden Entlastungen gebraucht werden, um eine gleichberechtigte Teilhabe am betrieblichen Leben möglich zu machen.

Zeichnung: Diana Skoda, Hamburg

---

12 Siehe Jurczyk/Schier/Szymenderski u. a.

Es ist kein Tabu mehr offen darüber zu sprechen, wenn Arbeitsbedingungen und Familienpflicht nicht miteinander zu vereinbaren sind (siehe § 80 Abs. 1 Nr. 2 b BetrVG). Es darf nicht sein, dass Betriebsräte mit der Begründung zurücktreten, dass das Mandat der Interessenvertretung nicht mit ihrer Familie vereinbar ist. Das darf nicht sein! Und es muss auch nicht sein!

6.1 Engagement des Bundesministeriums und der Gewerkschaften

Auf ganz vielen unterschiedlichen Ebenen wird inzwischen fieberhaft nach einer Lösung für das **Unvereinbarkeitsmanagement »Familie & Beruf«**[13] gesucht. Es ist bundesweit anerkannt, dass die Vereinbarkeit von »Familie & Beruf« eine ganz außergewöhnliche Belastung ist. Jede Familie muss inzwischen regional, betrieblich sowie im Einzelfall betrachtet werden. Bundesministerien, die Wissenschaft, die Gewerkschaften und andere berufspolitische Vereinigungen und Projekte gehen dieser Frage nach. Der demographische Wandel treibt dieses regelungsbedürftige Thema an. Inzwischen sind erfreulicherweise immer mehr Betriebe bereit, ihre Mitarbeiter bei der Gestaltung der Lebensphasen in Familie und Beruf nach besten Kräften zu unterstützen.

6.2 Stand der Forschung

Ein Forschungsteam (Jurczyk/Schier/Szymenderski/Lange/Voß) hat erstmalig 1980 eine empirische Untersuchung darüber gemacht, wie vereinbar die Anforderungen der Arbeitswelt mit den Bedürfnissen von Familien sind. Das Ergebnis verwundert nicht: In einer flexibilisierten Arbeitswelt kann nur eine flexibilisierte Familie bestehen. Die **Familie** steht in **Konkurrenz** zur Arbeit und verlangt sehr viel Kraft und Präsenz.[14] Sie **ist Zeitkonkurrenz**. Die Anforderungen der Arbeits- und der Familienwelt machen ein anstrengendes Zeitmanagement nötig. Beiden Anforderungen gleichermaßen gerecht zu werden, ist so gut wie nicht möglich. Nur **eine straffe Zeitnutzung** bewahrt vor dem Kollaps.[15] Sie **ist Energiekonkurrenz**, weil der Versuch beide Seiten miteinander zu vereinbaren, in der Ruhephase oft nur noch Raum für den energetischen Totalzusammenbruch übrig lässt. Eine alleinerziehende Frau beschreibt, dass sie in ihrer Freizeit auf »Sparflamme« umstellt, weil sie zu etwas Anderem nicht mehr fähig ist.[16] Die Familie

---
13 Begriff nach Jurczyk/Schier/Szymenderski/Lange/Voß, s. S. 15 ff. und 275 ff.
14 Ebd. S. 203.
15 Ebd. S. 203.
16 Ebd. S. 205.

ist **Selbstsorgekonkurrenz**.[17] Eine Kassiererin beschreibt, dass die beruflichen Anforderungen an der Kasse (Lärm, Stress durch aggressive Kunden u.a.) oft dazu führen, dass zu Hause die Bedürfnisse ihrer Kinder an ihr abprallen, weil sie aus Erschöpfung zu keiner Empfindung mehr fähig ist.[18] Somit steckt in dem Thema der Selbstsorge auch das Thema **Aufmerksamkeitskonkurrenz**. Ein Arztbesuch mit den Kindern wird dann vielleicht zum Familienevent erklärt, weil die Familie im Wartezimmer endlich ungestörte Zeit miteinander erleben kann. Eltern und vor allem alleinerziehende Eltern (Vater und Mutter in einer Person) müssen, um überleben zu können, dringend Selbstsorgesysteme installieren. Diese Systeme müssen erlernt werden.[19] Ansonsten ist ein Zusammenbruch oft nicht zu vermeiden.

Nur wer das gesamte **Konkurrenzmanagement** bewältigen kann schafft es bis zum **Balancemanager** und kann in der Arbeitswelt überhaupt bestehen. So das eindeutige Ergebnis der Studie von 1990.[20] Ich teile ihr Ergebnis ausdrücklich. Viele Betriebsratsmitglieder mit Familienpflichten haben das Motiv, an der Unverträglichkeit zwischen »Beruf & Familie« etwas zu verändern. Sie wissen nur zu gut warum.

Eltern sind Grenzgänger zwischen zwei Welten.[21] Sie mutieren zum Manager zwischen einer entgrenzten Arbeit und einer entgrenzten Familie. Wenn ein Mitarbeiter bereit ist, neben der Familienarbeit mit seiner Betriebsratsarbeit die Kollegen zu unterstützen, verdient er dafür eine besondere Wertschätzung. Väter und Mütter sind perfekt auf das Krisenmanagement eingestellt. Sie haben in der Regel ein gutes Zeitmanagement und treffen sehr effiziente Entscheidungen. Sie sind es gewohnt, das Leben zu gestalten. Infolgedessen sind sie bestens für die betriebliche Interessenvertretung geeignet. Die Kollegen und der Arbeitgeber müssen sie nur unterstützen, dann kann es gelingen. Kein Betrieb sollte auf sozial engagierte Mitarbeiter verzichten. Sie sind die wahren Leistungsträger aller Betriebe. Aus meiner Beobachtung sind Eltern die besten Betriebsräte.

Es ist schön und lobenswert, dass sich namhafte Wissenschaftler die Mühe gemacht haben, die gesellschaftliche Besonderheit der Personengruppe »Eltern« zu studieren und zu bezeichnen. So ist es leichter geworden, über Bedürfnisse zu sprechen. Kein Arbeitnehmer-Thema hat sich in den letzten fünf Jahren so schnell gewandelt, wie die Themen »Vereinbarkeit von Familie & Beruf« und

---

17 Gute Beispiele ebd. S. 209 bis 220.
18 Ebd. S. 209.
19 Ebd. S. 219.
20 Das Forschungsteam hatte 1980 erstmalig geforscht und 1990 seine Forschung erneut vorgenommen.
21 Jurczyk/Schier/Szymenderski/Lange/Voß, s. S. 15 ff. und 275 ff.

Organisation der Betriebsratsarbeit

»Gesundheitsmanagement im Betrieb«. Im Zeitalter des demographischen Wandels wird sich für sehr viele Betriebe eine Überlebensfrage stellen, wenn sie das Thema »Unvereinbarkeitsmanagement« nicht geregelt bekommen.

6.3 Was brauchen Betriebsräte?

Betriebsräte brauchen zunächst, wenn sie Eltern sind, genau das Gleiche, was alle Eltern brauchen:
- Eine an ihrem Bedürfnis orientierte Zeitautonomie.
- Geld, um die besondere Lebenslage finanzieren zu können.
- Kollegiale Akzeptanz und Unterstützung im Betrieb.

Wenn Eltern sich für die zusätzliche Belastung der Betriebsratsarbeit zur Verfügung stellen, die dann wiederum einen hohen Nutzen für alle Beschäftigten und damit auch für das Unternehmen selbst haben, brauchen sie ein »Mehr« an diesen genannten Rahmenbedingungen.

Der Arbeitgeber könnte dem Betriebsrat von sich aus mehr Freistellungszeit zur Verfügung stellen. Nicht nur die im Einzelfall begründeten Freistellungsbedürfnisse nach § 37 Abs. 2 BetrVG sind hier angesprochen. Er könnte Eltern, die in das Betriebsratsamt gewählt wurden, eine zusätzliche Freistellung nach § 38 Abs. 1 BetrVG zukommen lassen, da hier nur die Mindestfreistellung gesetzlich geregelt ist. Mehr zu geben ist immer erlaubt. Er könnte auch die Kinderbetreuungskosten, die Betriebsräte infolge ihrer Amtsführung haben, freiwillig bezahlen, weil er den hohen Nutzen für den Verbleib der Mitarbeiter im Betrieb erkennt. Er könnte sein Firmenimage deutlich erhöhen, indem er seine familienfreundlichen Regelungen über die Presse bekannt gibt.

Der Betriebsrat selbst müsste die Eltern tatkräftig unterstützen. Er darf sich hier nicht in Neiddebatten verlieren. Er könnte beschließen,
- dass Eltern Lesezeit im Betrieb erhalten,
- dass Eltern zu Hause arbeiten dürfen, wenn sie an Projekten arbeiten,
- dass Eltern an Seminaren teilnehmen können, die mit ihrer Familie vereinbar sind. So könnte ein Ausbilder in den Betrieb kommen und die Qualifizierung in Teilzeitprogrammen vermitteln.[22]
- Er könnte beschließen, dass der Arbeitgeber die Kosten für die Kinderbetreuung zu tragen hat. Der Betriebsrat könnte auch das Bundesverfassungs-

---

22 Ich selbst und viele meiner Kollegen, die ebenfalls Kinder haben, würden sich über diesen Bedarf und die Nachfrage durch Elternbetriebsräte sehr freuen.

gericht fragen, ob nicht das Betriebsverfassungsgesetz in seiner jetzigen Gestaltung verfassungswidrig ist. Der Betriebsrat könnte ebenso die nationalen Gerichte fragen, ob die Nichterstattung und damit die tatsächliche Schlechterstellung der Elternbetriebsräte eine mittelbare und verdeckte Behinderung der Betriebsratsarbeit im Sinne des § 119 Abs. 1 Nr. 2 BetrVG darstellt.

- Zur Konfliktregelung in Familienfragen das Bundesministerium bestellen.
- Dieses Thema in der Öffentlichkeit publizieren.

6.4 Ergebnis

Die Frage, was Betriebsräte brauchen, kann nicht allgemein beantwortet werden, weil dies betriebs- und branchenspezifisch sehr unterschiedlich ist. **Sagen Sie, was Sie wirklich brauchen und nehmen Sie dies als Ihre Ausgangsforderung.**

7. Die Pflicht, sich schulen zu lassen

Es gibt nach § 37 Abs. 6 und Abs. 7 BetrVG zwei selbstständig nebeneinander stehende Schulungsansprüche des Betriebsrats, die zur Herstellung der intellektuellen Waffengleichheit zwischen Arbeitgeber und Betriebsrat zum Einsatz kommen (BAG v. 05.04.1984 – 6 AZR 495/81 in AP Nr. 46 zu § 37 BetrVG). Im Anspruch auf Qualifizierung wird ein unterschiedlicher Bildungsgrad kompensiert. Das Bundesarbeitsgericht spricht von der intellektuellen **Waffengleichheit**, weil es einen unterschiedlichen Stand in der Aus- und/oder Fortbildung unterstellt.

§ 37 Abs. 6 BetrVG erläutert einen unbegrenzten Anspruch des Betriebsrats (als Gremium oder des einzelnen Betriebsratsmitgliedes) auf Bildung, soweit die Weiterbildung für die gesamte Betriebsratsarbeit erforderlich ist. Der Arbeitgeber trägt alle Weiterbildungskosten!

§ 37 Abs. 7 BetrVG erläutert den Anspruch auf zusätzlichen Bildungsurlaub für Betriebsräte nach den jeweiligen Landesgesetzen. Hierbei handelt es sich um einen Anspruch auf gesellschaftliche und politische Weiterbildung. Hier muss der Arbeitgeber einzelne Betriebsratsmitglieder von der Arbeit freistellen, er ist aber nicht verpflichtet, die Kosten der Weiterbildung zu tragen. Er muss nur das Gehalt bezahlen.

7.1 Anspruch nach § 37 Abs. 7 BetrVG: Zusätzlicher Bildungsurlaub

Nach § 37 Abs. 7 BetrVG hat jedes Betriebsratsmitglied während seiner regelmäßigen Amtszeit einen Anspruch auf bezahlte Freistellung von der regulären Arbeitspflicht für drei bzw. vier Wochen, um an Schulungsveranstaltungen teilnehmen zu können, die von der obersten zuständigen Arbeitsbehörde des Landes als geeignete Weiterbildung für Betriebsräte anerkannt sind.

Sie lesen richtig: »*Geeignet*« ist ein anderes Wort als »*erforderlich*«, welches sich in § 37 Abs. 6 BetrVG findet.

Geeignete Bildungsveranstaltungen sind alle jene, die als *Bildungsurlaub* anerkannt sind. Wenn Sie an solchen Bildungsurlauben teilnehmen, muss Ihr Arbeitgeber Ihnen den Lohn fortzahlen und Sie von der regulären Arbeitspflicht freistellen, *die Kursgebühren etc.* müssen Sie jedoch aus eigener Tasche finanzieren.

7.2 Anspruch nach § 37 Abs. 6 BetrVG: Erforderliche Bildung

Nach § 37 Abs. 6 BetrVG gibt es faktisch keine Begrenzung für die Qualifizierung. Einziges Eingrenzungsmerkmal ist, dass die Weiterbildung *für die Betriebsratsarbeit erforderlich* sein muss. Da der Gesetzestext jedoch keinen Katalog unbestrittener Fortbildungsansprüche enthält, gibt es die unterschiedlichen Rechtsansichten unter den Juristen – und auch die Arbeitgeber und Betriebsräte stehen ständig im Streit und Widerspruch über die Themen und Anzahl der Weiterbildungsansprüche.

Ein Grund für die unzähligen Rechtsstreitigkeiten besteht sicherlich darin – auch wenn das nicht immer benannt wird –, dass Arbeitgeber ihre Betriebsräte nicht nur von der Arbeit freistellen und während der Fortbildung gemäß § 37 Abs. 7 BetrVG den Lohn weiter zahlen müssen, sondern nach § 37 Abs. 6 BetrVG sogar die Gesamtkosten der Fortbildung zu tragen haben. Wenn Sie die Rechtsprechung analysieren, werden sie feststellen, dass sich viele Gerichtsurteile – ganz nebenbei – auch um diese Frage drehen.

Um zu erfassen, wie viel Anspruch auf Weiterbildung ein Betriebsrat nach § 37 Abs. 6 BetrVG theoretisch erheben kann, ist es notwendig, sich mit dem Sinn und Zweck dieser Norm zu beschäftigen:

Der Bundestag wollte bei der Novellierung des Betriebsverfassungsgesetzes im Jahre 1972 eine Erweiterung der Mitwirkungs- und Mitbestimmungsrechte der Betriebsräte entsprechend der sich verändernden **Rechtswirklichkeit** sicherstellen (vgl. dazu Bundestagsdrucksache VI/1786 Vorblatt und Seite 40, 41). Bereits 1971 zeichnete sich nämlich ab, dass sich die Arbeitswelt im ständigen Wandel befinden würde.

Daher ist es erforderlich, den Blick auf die betriebliche Realität zu lenken. Das Betriebsverfassungsgesetzt beschreibt einen Soll-Zustand an Beteiligungs- und Mitbestimmungspflichten der Arbeitgeber gegenüber den Betriebsräten. Ein Mehr an Mitbestimmung ist immer möglich. Oft vergessen die Arbeitgeber, wie unterschiedlich der Bildungsstand zwischen ihnen und den Betriebsräten ist.[23]

Der Bildungsstand der meisten Betriebsräte basiert auf einer gewissen Allgemeinbildung und auf einem Facharbeiterabschluss. Die Akteure[24] der Arbeitgeber verfügen hingegen oft über einen Hochschulabschluss und werden oft im ständigen Training und Coaching auf den neuesten Stand qualifiziert.

Es ist kein persönliches Unvermögen und Versagen, wenn Sie am Anfang Ihrer Betriebsratstätigkeit manchen Anforderungen geradezu sprachlos gegenüberstehen. Ich sehe in der Grundqualifizierung von Betriebsräten seit über 25 Jahren, dass neu gewählte Betriebsräte ihr Amt vor allem aus dem Bedürfnis nach sozialer und zwischenmenschlicher Gerechtigkeit antreten. Sie wollen den »betriebswirtschaftlichen Notwendigkeiten« einen mitmenschlichen Bezug entgegenstellen. Ich erlebe ihre Hilflosigkeit und Überforderung, wenn sie davon berichten, dass sie es mit einem Management zu tun haben, das einen schlichtweg nicht nachzuholenden Vorsprung an Technik, an juristischem, betriebswirtschaftlichem und rhetorischem Know-how besitzt.

Machen Sie sich bewusst, wie viel die Führungskräfte im Betrieb für ihren Bildungsstatus investieren können. Beobachten Sie, auf welche Seminare Ihre Vorgesetzten entsendet werden, um auf den neuesten Stand von Technik, Betriebswirtschaft und Recht zu kommen und soziale Kompetenz zu erlangen. Schauen Sie sich ruhig einmal Fachzeitschriften für Managementschulungen an. Sie werden dort Angebote finden, die Sie möglicherweise neidisch machen, weil es sehr unsicher ist, dass das Bundesarbeitsgericht Ihnen als Betriebsrat jemals die Teilnahme an derartigen Schulungen zusprechen würde.

---

23 Natürlich gibt es auch Betriebsräte, die bedeutend qualifizierter als ihre Arbeitgeber sind. Dies wollte der Gesetzgeber nicht regeln, weil sich der Arbeitgeber jederzeit seinen Bildungsbedarf finanzieren kann.
24 Gemeint ist die Personalstruktur.

Organisation der Betriebsratsarbeit

Nun sind die Arbeitgeber nicht dafür verantwortlich, jedes Bildungsdefizit auszugleichen. In allen Entscheidungen des Bundesarbeitsgerichts geht es um die Frage, ob der **Schulungsinhalt einen konkreten betrieblichen Bezug hat und ob die Betriebsräte mit einem vorhandenem Bildungsdefizit argumentiert haben** (BAG v. 06.11.1973 – 1ABR 26/73 in AP Nr. 6 zu § 37 BetrVG 1972; BAG v. 10.11.1993 – 7 AZR 682/92 in AP Nr. 5 zu § 78 BetrVG 1972; BAG v. 15.02.1995 – 7 AZR 670/94 in AP Nr. 106 zu § 37 BetrVG 1972). Der zu vermittelnde Schulungsstoff muss aktuell sein und gerade zurzeit oder in Kürze für die Betriebsräte benötigt werden.

∗ ### Ein neues Personalinformationssystem – Anspruch auf Schulung
Der Arbeitgeber hat beschlossen, ein neues Personalinformationssystem einzuführen. Der Betriebsrat stellt daraufhin Schulungsbedarf fest, weil er weder weiß, was ein solches System ist, noch wie es zum Schutz der Mitarbeiterrechte gestaltet sein muss. Er entsendet zu einer Schulung mit dem Thema »*Personalinformationssysteme – Mitbestimmung für Betriebsräte*« zwei Mitglieder.

Folge: Ihr Arbeitgeber wird keine Argumente gegen die Schulung finden, da ein konkreter Anlass durch die Einführung des neuen Personalinformationssystems besteht. Es ist unvorstellbar, dass ein Gericht dem Betriebsrat keinen Anspruch auf Schulung gewährt.

∗ ### Internetschulung für Betriebsräte – kein Anspruch auf Schulung
Der Betriebsrat findet in einer Fachzeitschrift für Betriebsräte ein Seminar zum Thema *Internet – Arbeitsplatz der Zukunft*. Die Betriebsräte glauben, dass die Teilnahme an einem solchen Seminar erforderlich ist, weil nach ihrer Ansicht ein Betrieb ohne Internetnutzung nicht mehr bestehen kann.
Im Betrieb besteht jedoch kein Internetzugang. Der Arbeitgeber hat nicht die Absicht, an diesem Zustand etwas zu ändern.
Der Betriebsrat verfolgt das Ziel, die Modernisierung des Betriebs voranzutreiben und beschließt, dass vier Betriebsräte zu dieser Schulung fahren.

Folge: Als Betriebsrat haben Sie nicht das Recht, Modernisierungsverfahren voranzutreiben, so lange Ihr Arbeitgeber selbst nicht diese Absicht verfolgt. Da kein konkreter betrieblicher Bezug für die Schulungsmaßnahme nachgewiesen werden kann, wird der Betriebsrat keine arbeitsgerichtliche Entscheidung herbeiführen können, in der ein Schulungsanspruch bejaht wird.

Schulungsanspruch ohne Begründung

Grundlagenseminare zum Arbeitsrecht (BAG v. 16.10.1986 – 6 ABR 14/84 in AP Nr. 58 zu § 37 BetrVG 1972), sowie betriebsverfassungsrechtliche Grundlagenseminare (BAG v. 16.10.1986 – 6 ABR 14/84 in AP Nr. 58 zu § 37 BetrVG 1972), die den Betriebsräten die Grundzüge des Gesetzes vermitteln, erfordern keine Begründung. Hier hat das Gericht erkannt, dass es nicht möglich ist, dem gesetzlichen Auftrag zu entsprechen, ohne eine Einführung in das Recht samt seiner Systematik zu erhalten.

Jeder Jurist weiß, dass die Rechtsanwendung ohne eine entsprechende Ausbildung nicht gelingen kann. Man darf ja auch nicht als Rechtsanwalt oder Richter arbeiten, ohne das erste und zweite Juristische Staatsexamen zu haben!

Schreiben an den Arbeitgeber für ein Grundlagenseminar

Betriebsrat
– im Hause –

An die Geschäftsleitung

Herrn Name
– im Hause –

                                                                      Datum

Sehr geehrter Herr Name,

der Betriebsrat hat in seiner Sitzung vom 19.06.200X beschlossen, die Betriebsräte Frau Name A und Herrn Name B auf ein Seminar zum Thema »Einführung in das Betriebsverfassungsgesetz« in der Zeit vom Datum bis Datum beim Schulungsträger Bezeichnung zu entsenden.

Das Seminar kostet   € pro Person.

Wir erwarten Ihre Zusage bis zum Datum

Mit freundlichem Gruß

Name
– Betriebsratsvorsitzender –

Schreiben an den Arbeitgeber für ein Spezialseminar zum Thema Mediation

Betriebsrat
– im Hause –

An die Geschäftsleitung

Herrn Name
– im Hause –

Datum

Sehr geehrter Herr Name,

der Betriebsrat hat in seiner Sitzung vom Datum beschlossen, die Betriebsräte Frau Name A und Herrn Name B auf ein Seminar zum Thema »Mediation – eine Technik zur Konfliktbewältigung« in der Zeit vom Datum bis Datum beim Schulungsträger Bezeichnung zu entsenden.

Das Seminar kostet   € pro Person.

Begründung:
Als Betriebsräte haben wir über das Beschwerdeverfahren in den letzten zwei Monaten an Konfliktgesprächen teilgenommen. Der Konflikt zwischen dem Kollegen Name X aus der Abteilung und dem Kollegen Name Y aus der Abteilung   konnte bis zum heutigem Zeitpunkt nicht beigelegt werden, obwohl wir und auch Sie sich intensiv um eine Konfliktregelung bemüht haben.

Der Schulungsträger Bezeichnung bietet ein viel versprechendes Seminar zu diesem Thema an (siehe Beilage).

Wir halten es für erforderlich, dass wir uns in dieser Gesprächstechnik ausbilden. Wir haben die Hoffnung, dass wir dann in Zukunft effizienter und mit einer größeren Erfolgsaussicht die Konflikte unter den Kollegen regeln können. Mit unserem derzeitigen Bildungsstand sind wir diesen Anforderungen nicht gewachsen. Dass unsere Beteiligung bisher nicht zum Erfolg führt, frustriert uns sehr.
Wir erwarten Ihre Zusage bis zum Datum

> Mit freundlichem Gruß
>
> Name
> – Betriebsratsvorsitzender –

Ich kann mir nicht vorstellen, dass ein Arbeitsgericht die Erforderlichkeit dieser Schulung verneinen würde. Das Bundesarbeitsgericht (BAG v. 15.01.1997 – 7 ABR 14/96 in AP Nr. 118 zu § 37 BetrVG 1972) hatte in einer Entscheidung zum Thema *Mobbing* verlangt, dass Betriebsräte eine betriebliche Konfliktlage darlegen müssen und dass sie begründen müssen, wieso der Betriebsrat das benötigte Wissen braucht, um diesen Anlass zu bewältigen. Ganz klar hat das Gericht wieder einmal darauf hingewiesen, dass die bloße Möglichkeit, dass Mobbing irgendwann mal auftreten kann, nicht ausreicht, um einen erforderlichen Schulungsanspruch zu begründen.

7.3 Was ist zu tun, wenn der Arbeitgeber die Schulung nicht bewilligt?

Hält der Arbeitgeber die betriebliche Notwendigkeit einer Schulung nicht für gegeben, so kann er gem. § 37 Abs. 6 Satz 5 und Abs. 7 Satz 3 BetrVG die Einigungsstelle anrufen. Sie haben richtig gelesen: Nur der Arbeitgeber kann in diesem Fall die Einigungsstelle anrufen.

Als Betriebsrat müssen Sie sich Ihren Schulungsanspruch durch ein gerichtliches Beschlussverfahren bestätigen lassen.

Für den Fall, dass die Einigungsstelle nicht rechtzeitig vor dem Schulungsbeginn zusammenkommt, oder für den Fall, dass der Arbeitgeber sie gar nicht einberuft, so dass die Teilnahme der Betriebsräte an der Schulung nicht rechtzeitig geklärt werden kann, können Betriebsräte eine einstweilige Verfügung des Arbeitsgerichts erwirken (unbestritten und mit weiteren Verweisen bei Däubler/Kittner/Klebe/Wedde BetrVG, 13. Aufl., § 37 Rz 131ff). Das Gericht entscheidet in der Regel innerhalb von 48 Stunden.

Sie befinden sich dann auf der sicheren Seite, was die Teilnahme an der Schulung und die Kostenübernahme betrifft.

7.4 Regelung für Teilzeitkräfte/Ausgleichsregelung bei Vollzeitschulungen

Eine Teilzeitkraft hat einen vollen Schulungsanspruch sowie einen Anspruch auf Freizeitausgleich. Das gilt auch, wenn die Teilzeitkraft z. B. einen 20-Stunden-Vertrag hat und die Schulungsmaßnahme als Vollzeitmaßnahme durchgeführt wurde. Die Teilzeitkraft hat demzufolge bis zum Erreichen der betrieblichen Vollarbeitszeit einen Anspruch auf den Ausgleich der Mehrarbeitsstunden. Seit der Novellierung des Betriebsverfassungsgesetzes im Jahre 2001 hat der Gesetzgeber § 37 Abs. 6 Satz 1 und Satz 2 BetrVG neu verfasst, indem er beschlossen hat, dass die Absätze 2 und 3 des § 37 BetrVG auch für die Teilnahme an Schulungs- und Bildungsveranstaltungen gelten, soweit diese Kenntnisse vermitteln, die für die Arbeit des Betriebsrats erforderlich sind. Betriebsbedingte Gründe für einen Ausgleichsanspruch nach § 37 Abs. 3 Satz 2 BetrVG liegen vor, wenn die Betriebsratstätigkeit wegen der unterschiedlichen Arbeitszeit der Betriebsratsmitglieder nicht innerhalb der persönlichen Arbeitszeit erfolgen kann.

Findet ein teilzeitbeschäftigtes Betriebsratsmitglied keine Schulungsveranstaltung, die sich innerhalb seines arbeitsvertraglichen festgelegten Zeitkontingents befindet, muss der Arbeitgeber einen Ausgleich für eine Vollzeitmaßnahme gewähren, falls das teilzeitbeschäftigte Betriebsratsmitglied nur eine Vollzeitmaßnahme buchen kann.

Freizeitausgleich für Teilzeitbeschäftigte

Das Betriebsratsmitglied A hat einen Teilzeitarbeitsvertrag in Höhe von zehn Stunden pro Woche. Auf dem Bildungsmarkt findet sich keine Schulungsmaßnahme, die dieser arbeitsvertraglichen Regelung entspricht. Der Betriebsrat beschließt, dass Herr A an einer Wochenschulung teilnehmen soll. Die Schulung wird vom Arbeitgeber genehmigt, allerdings möchte er Herrn A nur für zehn Stunden vergüten.

1. Variante: **Im Betrieb gilt die 48-Stunden-Woche als Vollarbeitszeit.**
Folge: Herr A hat einen Ausgleichsanspruch in Höhe von 48 Stunden.
2. Variante: **Im Betrieb gilt die 35-Stunden-Woche als Vollarbeitszeit.**
Folge: Herr A hat einen Ausgleichsanspruch in Höhe von 35 Stunden.

7.5 Wann hat ein Ersatzmitglied Anspruch auf Schulung?

Ein Ersatzmitglied hat nicht den gleichen Anspruch auf Schulung wie ein Vollmitglied. Es sei denn, es handelt sich um einen Kollegen, der häufig als Ersatzmitglied herangezogen wird. Zusätzlich muss der Erwerb der Schulungskenntnisse für die Gewährleistung der Arbeitsfähigkeit des Betriebsrats erforderlich sein (BAG v. 15.05.1986 – 6 ABR 64/83 in AP Nr. 53 zu § 37 BetrVG 1972).

Anspruch auf Schulung für Ersatzmitglieder
Heinz M. ist das erste Ersatzmitglied in Ihrem Betriebsrat. In den letzten Wochen hat er immer wieder regelmäßig an den Betriebsratssitzungen teilgenommen, weil ein ordentliches Mitglied abwesend war. Mit einem Blick auf dem Urlaubsplan erkennt der Betriebsrat, dass Heinz M. auch in Zukunft immer wieder als Ersatzmitglied erforderlich sein wird. Der Betriebsrat beschließt, Heinz M. zu einer Betriebsräte-Grundqualifizierung zu entsenden, weil es bereits störend für die Betriebsratsarbeit ist, dass Heinz M. den Sachvorgängen oft nicht folgen kann. Er kommt meist nicht einmal auf die Idee, ins Gesetz zu gucken, und wenn er es tut, findet er nie die richtigen Paragraphen. Stattdessen argumentiert er permanent aus dem Bauch und seiner christlichen Seele heraus.

Folge: Der Arbeitgeber wird keine Chance haben, den Schulungsanspruch von Heinz M. zu verneinen, da dieser »*regelmäßig*« an Betriebsratssitzungen teilnimmt.

Absprache mit dem Arbeitgeber
Besprechen Sie mit Ihrem Arbeitgeber, welche Ersatzmitglieder aller Wahrscheinlichkeit nach in die Vertretungsregelung kommen. Machen Sie einen Schulungsbedarf für diese Ersatzmitglieder mit Bezug auf die oben angeführte Entscheidung des Bundesarbeitsgerichts geltend.

8. Kosten der Betriebsratsarbeit oder »Geiz ist geil – billig ist das Ziel«?

§ 40 BetrVG verpflichtet den Arbeitgeber, die Kosten des Betriebsrats zu tragen. Immer wieder werde ich gefragt, ob damit gemeint ist, dass *er alle Kosten zu tragen hat*, oder ob es bedeutet, dass *er nur bezahlen muss, was am Billigsten ist*, oder ob damit gemeint ist, dass *der Arbeitgeber nur bezahlen muss, was er selbst für sinnvoll hält*.

Eine eindeutige Antwort kann ich darauf nicht geben, weil der Wortlaut des § 40 BetrVG wieder einmal unbestimmt ist. Ähnlich wie im Paragraphen zur Schulung verpflichtet der § 40 BetrVG den Arbeitgeber, **alle erforderlichen Kosten** zu tragen.

Sowie das Wort »erforderlich« erscheint, verlangt das Gesetz vom Betriebsrat eine Begründung für die Kostenübernahme. Das heißt, der Betriebsrat muss wieder einmal erklären, warum die Anschaffung von bestimmten Arbeitsmitteln, Sachkosten usw. **erforderlich** ist.

In der höchstrichterlichen Rechtsprechung besteht eine kaum zu überschauende Anzahl an Urteilen, welche Kosten wann, wieso und in welcher Höhe angemessen erscheinen. Dabei geht das Gericht (z. B. für Literaturkosten in BAG v. 29.11.1989 – 7 ABR 42/89 in BB 1990, 633; für Fachzeitschriften in BAG v. 21.04.1983 – 6 ABR 70/82 in BB 1984, 469) nicht davon aus, dass nur das Billigste erlaubt ist (BAG v. 24.01.1996 – 7 ABR 22/95 in BB 1996, 2355)!

Vielmehr steht und fällt das Urteil mit Ihrer Begründung, wieso der Betriebsrat bestimmte Dinge benötigt!

Kostenübernahme für Kinderbetreuung

Eine Betriebsrätin arbeitet nur an Vormittagen, da sie drei minderjährige Kinder ab mittags zu betreuen hat. Die Sitzung des Betriebsrats findet immer in der Zeit von 14:00 bis 17:30 Uhr statt. Der Betriebsrat beschließt, dass für die Kinder der Kollegin eine Tagesmutter engagiert werden soll, damit diese an den Betriebsratssitzungen teilnehmen kann. Gleichzeitig wird beschlossen, dass der Arbeitgeber die Kosten für die Kinderbetreuung zu bezahlen hat.
Wenn es im Betrieb nicht möglich ist, dass die Betriebsratssitzung in der regulären Arbeitszeit der Betriebsratsmitglieder stattfinden kann, sind die Kosten erforderlich. So hat es auch das Hessische Landesarbeitsgericht (LAG v. 22.07.1997 – 4/12 TaBV 146/96 in AiB 1998, 221) entschieden. Das Bundesarbeitsgericht hat in seiner Entscheidung vom 23.06.2010[25] erstmalig dem Anspruch auf Kostenüber-

---
25 BAG v. 23.06.2010 – 7 ABR 103/08.

nahme der Kinderbetreuung durch den Arbeitgeber stattgegeben, weil eine Mutter[26] an einer mehrtägigen auswertigen Veranstaltung teilgenommen hat.

Nur die billigsten Bücher?

Ⓟ Ein Arbeitgeber benutzt in seinem Büro eine Gesetzessammlung aus dem Deutschen Taschenbuch-Verlag, die um die 9,00 € kostet. Der Betriebsrat hat sich in einer Buchhandlung die unterschiedlichsten Gesetzessammlungen angesehen und festgestellt, dass die Gesetzessammlung (ASO) von Michael Kittner zwar um die 27,00 € kostet, dafür aber auch viel anwenderfreundlicher als die dtv-Ausgabe ist. Ganz besonders gefällt es dem Betriebsrat, dass jedes Gesetz mit einem lehrbuchartigen Einführungstext ausgestattet ist, in dem erklärt wird, wie dieses Gesetz entstanden ist, was der Gesetzgeber damit bezwecken will und welche praktische Relevanz es hat. Hinzu kommt, dass sich in der Gesetzessammlung von Kittner eine größere Anzahl an arbeitsrechtlichen Paragraphen findet als in der preiswerteren dtv-Ausgabe.

In seiner Betriebsratssitzung beschließt der Betriebsrat, dass die Gesetzessammlung von Kittner aus diesen Gründen zu beschaffen ist. Der Arbeitgeber verweigert die Kostenübernahme mit der Begründung, dass ihm die Kittner-Ausgabe (ASO) zu teuer ist.

Erfolgreiche Arbeitgeberbegründung?

Das Bundesarbeitsgericht (BAG v. 22.01.1996 – 7 ABR 22/95 in BB 1996, 2355) hat in seiner Entscheidung ausdrücklich darauf hingewiesen, dass der Betriebsrat sich nicht unverhältnismäßig gegenüber dem Arbeitgeber verhält, wenn er sich für eine teurere Ausgabe entscheidet. Solange nicht der Beschaffungspreis, sondern Sachargumente wie Anwenderfreundlichkeit und Verständlichkeit zur Begründung herangezogen werden, ist es dem Arbeitgeber zuzumuten, auch die teurere Gesetzesausgabe zu bezahlen.[27]

Ein Betriebsverfassungskommentar und eine Gesetzessammlung für alle ist genug!

Nach der Betriebsratswahl am 08.03.2006, beglückwünscht der Arbeitgeber den neu gewählten Betriebsrat zur konstituierenden Sitzung am 16.03.2006 mit einer Gesetzessammlung zum Arbeitsrecht von dtv, einem Kommentar zum Betriebsverfassungsgesetz, Kaffee, Kuchen und Blumen.

---

26 Von dieser »Mutter-Frau« wird später zu lesen sein; siehe Kapitel 7.1.1.
27 Auch dieses Buch erfreut viele Arbeitnehmer sehr, andere sind von ihm gelangweilt.

Der Betriebsrat bedankt sich für die Wertschätzung und wünscht sich eine partnerschaftliche Zusammenarbeit. Der Arbeitgeber nimmt die Wünsche dankend entgegen und versichert: »*Kein Thema, das machen wir schon.*«

Bereits nach zwei Wochen stellt der Betriebsrat fest, dass es die Arbeit unglaublich erschwert, wenn nicht jedem Betriebsratsmitglied eine Gesetzessammlung und ein Kommentar zur Verfügung stehen. Ständig muss die Sitzung unterbrochen werden, weil jedes Mitglied in Ruhe die Dinge nachlesen möchte. Der Betriebsrat beschließt daraufhin, für jedes Betriebsratsmitglied eine Gesetzessammlung zu beschaffen. Außerdem soll jedes Betriebsratsmitglied einen Kommentar zum Betriebsverfassungsgesetz seiner Wahl erhalten.

Hilde H., Maria G. und Günter G. möchten die dtv-Gesetzessammlung zum Preis von 9,90 €, und ihnen genügt der Basiskommentar zum Betriebsverfassungsgesetz von Klebe/Rataycazak/Heilmann/Spoo zum Preis von 39,90 €, weil er ihnen hilft, sich schneller ins Bild zu setzen. Hilde H. verzichtet auf ihre Gesetzessammlung, sie arbeitet mit dem Geschenk des Arbeitgebers.

Gaby S., Sabine B., Mathias G. und Stefan A. wollen je eine Gesetzessammlung von Michael Kittner zum Preis von 26,90 €.

Den Betriebsverfassungsgesetz-Kommentar von Däubler/Kittner/Klebe/Wedde zum Preis von 98,00 € wollen Gaby S. und Sabine B. An diesem Kommentar gefällt ihnen die Lesbarkeit, die ausführliche Darstellung der Rechtsprechung und dass kaum Abkürzungen und Fremdwörter benutzt werden.

Mathias G. begnügt sich mit dem geschenkten Kommentar des Arbeitgebers.

Stefan A. möchte unbedingt den Handkommentar zum Betriebsverfassungsgesetz von Fitting/Kaiser/Heither/Engels/Schmidt zum Preis von um die 79,00 € kaufen, weil der Arbeitgeber diesen Kommentar auch im Büro stehen hat.

Die Betriebsräte diskutieren sehr ausführlich, ob sie diese Bücher anschaffen wollen. Dagegen spricht, dass der Arbeitgeber sicherlich nicht sehr erfreut sein wird, wenn er die hohen Kosten zu übernehmen hat. Dafür spricht, dass jedes Mitglied im Betriebsrat einen Kommentar zur Verfügung gestellt bekommt, in dem er gerne lesen mag. Hinzu kommt, dass die Kommentare in ihrer Unterschiedlichkeit auch unterschiedliche Sichtweisen in Bezug auf die Rechtsauslegung vornehmen, so dass der Betriebsrat dann eine viel umfangreichere Rechtseinschätzung erhalten könnte. Diese Überlegungen bestärken den Betriebsrat, die Verhandlungen über die Anschaffung der unterschiedlichen Gesetzessammlungen und Kommentare aufzunehmen.

Der Arbeitgeber lehnt die Kostenübernahme der Gesetzessammlung und der unterschiedlichen Kommentare ab, weil er der Ansicht ist, dass ein Gesetz für alle genügt. Bei den Kommentaren lässt er sich nur noch auf eine weitere Beschaffung ein, jedoch darf es nur der billigste Kommentar sein.

Die Betriebsräte bestehen auf ihrer Entscheidung und reichen eine Klage beim Arbeitsgericht ein.

Wie wird das Gericht wohl entscheiden?
Wie das zuständige Arbeitsgericht des jeweiligen Bundeslandes in der ersten Instanz entscheiden wird, kann ich natürlich nicht vorhersagen. Sie können sich bestimmt vorstellen, wie unterschiedlich diese Angelegenheit beurteilt werden kann.

In einem vergleichbaren Fall hat das Bundesarbeitsgericht (BAG v. 26.10.1994 – 7 ABR 15/94 in AiB 95, 468) entschieden, dass jeder Betriebsrat – unabhängig von seiner Größe – einen Anspruch auf einen Kommentar seiner Wahl für jedes Betriebsratsmitglied hat.

Neben dem Anspruch auf Schulung sind auch alle anderen Fragen der Betriebsratskosten ein sensibles Thema, das zu zahlreichen Auseinandersetzungen zwischen Betriebsräten und Arbeitgebern Anlass gibt. In diesem Bereich ist kaum etwas rechtlich eindeutig geklärt und entschieden.

Wie ein Arbeitsgericht über Ihren Bedarf entscheiden wird, hängt sehr davon ab, wie gut Sie die Erforderlichkeit der Mittel begründen.

9. Die Betriebsversammlung

»Der Betriebsrat hat einmal in jedem Kalendervierteljahr eine Betriebsversammlung einzuberufen und in ihr einen Tätigkeitsbericht zu erstatten.« (§ 43 Abs. 1 Satz 1 BetrVG)

Betriebsversammlung	Teilversammlung	Abteilungsversammlung
(Def. § 42 Abs. 1 Satz 1 BetrVG = der **Normalfall**)	(Def. § 42 Abs. 1 Satz 3 BetrVG = **Sonderfall**)	(Def. § 42 Abs. 2 BetrVG = **Sonderfall**)
Alle AN zur gleichen Zeit am gleichen Ort zu den gleichen Themen	Die AN in Teilen (z. B. in Schichten), verschiedene Versammlungen mit gleichen Themen	Die AN nach Abteilungen; Mehrere Versammlungen, verschiedene Themen

»Der Betriebsrat kann in jedem Kalenderhalbjahr eine weitere Betriebsversammlung oder ... einmal weitere Abteilungsversammlungen durchführen, wenn dies aus besonderen Gründen zweckmäßig erscheint.« (§ 43 Abs. 1 Satz 4 BetrVG)

Darüber hinaus müssen Betriebsversammlungen einberufen werden:
- auf Antrag eines Viertels der Arbeitnehmer (§ 43 Abs. 3 BetrVG)
- auf Antrag des Arbeitgebers (§ 43 Abs. 3 BetrVG)
- auf Antrag einer im Betrieb vertretenen Gewerkschaft, wenn im vorigen Kalenderhalbjahr keine Betriebsversammlung stattgefunden hat (§ 43 Abs. 4 BetrVG)

Organisation der Betriebsratsarbeit

- (wenn noch kein Betriebsrat besteht:) zur Wahl des Wahlvorstandes (§ 17 Abs. 2 und 3 BetrVG)

Teilnehmer:	Die Kosten ...
– Alle Arbeitnehmer des Betriebs – ohne leitende Angestellte – Der Arbeitgeber (mit Rederecht) (§ 43 Abs. 2 BetrVG) – Gewerkschaftsbeauftragte (mit Rederecht) (§ 46 BetrVG) – Beauftragter des Arbeitgeberverbandes (ohne Rederecht) (§ 46 BetrVG) Betriebsversammlungen sind **nicht öffentlich!** (§ 42 Abs. 1 Satz 2 BetrVG)	... trägt der Arbeitgeber (§ 44 Abs. 1 BetrVG), einschließlich: – der Arbeitszeit der Arbeitnehmer – der Wegezeiten – der evtl. anfallenden Anfahrtskosten – der sachlichen Kosten

9.1 Vorbereitung, Abhalten und Auswertung einer Betriebsversammlung

Viele Betriebsräte scheuen die Betriebsversammlung, da deren Vorbereitung, Durchführung und Auswertung viel Arbeit macht:

A) Vorbereitung

a) Organisatorisch planen
Tagesordnung
- Nicht überfrachten (im Verhältnis zu der zur Verfügung stehenden Zeit); zu viele Tagesordnungspunkte halten eher davon ab, an der Versammlung teilzunehmen
- Sinnvolle Reihenfolge der Tagesordnungspunkte

Termin
- Richtiger Zeitpunkt, sowohl bezogen auf den Tag als auch auf die Tageszeit; richtet sich jeweils nach der einzuladenden Zielgruppe, um zu gewährleisten, dass möglichst viele an der Versammlung teilnehmen; dabei Berücksichtigung von Dienst-Schichtplänen, Wegezeit zum Versammlungsort beachten
- Zeitliche Dauer der Versammlung planen

Ort
- Möglichst zentrale Lage für alle Versammlungsteilnehmer wählen
- Abwägung, ob die Durchführung von z. B. Mitgliederversammlungen in Räumen der Betriebe/Dienststellen eher von der Teilnahme abhält als motiviert bzw. umgekehrt
- Verkehrsanbindungen berücksichtigen

Versammlungsraum
- Größe im Verhältnis zur erwarteten Teilnehmerzahl beachten
- Ausstattung muss einladend sein; eventuell Plakate zum zentralen Gegenstand der Versammlung
- Ausstattung mit Rednerpult, Mikrophonen (auch im Saal)
- Beleuchtung, Belüftung
- Bewirtung sicherstellen (bei Veranstaltungen nach Arbeitsende berücksichtigen, dass neben Getränken auch ein Imbiss möglich ist)

Einladung
- Sollte inhaltlich und gestalterisch zur Teilnahme anregen
- Sollte alle den erfolgreichen Versammlungsverlauf fördernden Informationen enthalten (ggf. als Anlage; z. B. Zeitungsmeldungen zum Thema)
- Rechtzeitigen Zugang sicherstellen; entsprechende Verteilungsform wählen
- Zusätzliche Veranstaltungswerbung betreiben, z. B. über Plakate, Betriebszeitungen, persönliche Ansprache

b) Materialien bereitstellen
- eigene Unterlagen
- Material für Teilnehmer
- Eventuell Einsatz von technischen Hilfsmitteln planen und vorbereiten (z. B. Video, Overheadprojektor, Dias, PC)
- Bei Versammlungen, in deren Verlauf »Wahlen« vorgesehen sind, entsprechende Materialien vorbereiten (z. B. Listen, Stimmzettel usw.)
- Teilnehmerlisten und Reisekostenabrechnungen vorbereiten, Bargeld entsprechend sortiert.

c) Inhaltliche Vorbereitung
- sachkundig machen, Rücksprache halten
- Hauptprobleme der Zielgruppe kennen
- Situation der Teilnehmer berücksichtigen und ansprechen
- »Fraktionen« realisieren
- Ziel der Versammlung klären, was soll durch sie erreicht werden?
- Informationsvermittlung
- Meinungsbildung
- Beschlussfassung
- Wahlen

eigene Redebeiträge bzw. Referat vorbereiten unter Berücksichtigung folgender Gesichtspunkte:
- Wie ist die Situation der Teilnehmer?
- Wie ist ihr Informationsgrad?
- Wie ist die Stimmung in den Betrieben?
- Wie stark ist die Mobilisierung?

- Wie groß ist die Auseinandersetzungsbereitschaft
- Welchem Zweck dient der Diskussionsbeitrag/das eigene Referat im Verhältnis zur Zielsetzung?

Auf Kritik/Einwände vorbereiten
- Gegenargumente überlegen und entkräften

Gegenseitige Unterstützung vereinbaren
- Eigene Redebeiträge mit Kollegen absprechen
- Beiträge von anderen Kollegen absprechen

B) Durchführung
Kollegen unterstützen
- Vor Angriffen schützen
- Auf Vorredner Bezug nehmen
- Berechtigte Forderungen unterstützen

Redebeitrag halten: engagiert und verständlich; möglichst bildhaft und konkret
- An das eigene Konzept halten
- Gliederung einhalten
- Laut und deutlich sprechen
- Aufs Wesentliche beschränken
- Blickkontakt halten

In Diskussionen eingreifen – selbstbewusst argumentieren
- Kurz und knapp Position vertreten
- Kritik ertragen
- Nicht provozieren lassen
- Keine Verteidigungshaltung einnehmen

Für Vertrauen in Ihre Arbeit werben – Kollegen aktivieren
- Gemeinsame Interessenlage verdeutlichen
- Verständnis für Probleme der Kollegen zeigen
- Hilfe zusichern, wenn sie realisierbar ist
- Mut zu Eigenaktivität machen

Kein Versprechen abgeben, das nicht gehalten werden kann
Konkretes Ergebnis erwirken
- Konsequenzen ermitteln
- Meinungsbild herbeiführen

C) Auswertung
Ergebnis (selbst-)kritisch beurteilen, Konsequenzen ziehen
- Vorbereitung ausreichend?
- Konzept verwirklicht?

- Ziel erreicht?
- Welche Probleme traten auf?

Notwendige Handlungsschritte einleiten
- Wie die Forderungen umsetzen?
- Kollegen über Handlungsschritte informieren
- Einhaltung der Beschlüsse kontrollieren

Wie beurteilen die Kollegen den eigenen Auftritt?
- Kritik und Hinweise von den Kollegen erfragen
- Ruhig zuhören und Kritik akzeptieren
- Keine Verteidigungshaltung einnehmen
- Nicht mit Gegenkritik kontern
- Tipps der Kollegen nutzen!

Wie können die Kollegen unterstützt werden?
- Solidarisch kritisieren
- Den Kollegen praktische Hinweise für die Versammlungsführung und für Redebeiträge geben
- Gemeinsame Vorbereitung der nächsten Versammlung anbieten

9.2 Organisatorische Eckpunkte zur Vorbereitung einer Betriebsversammlung

Den größten Arbeitsaufwand verlangt die Vorbereitung einer Betriebsversammlung. Die folgende Checkliste soll Ihnen helfen, nichts zu vergessen:

9.2.1 Einladung und organisatorische Vorbereitung
- Terminkalenderbelegungen beachten; langfristig planen.
- Aushänge und Einladungen einfallsreich gestalten.
- Frühzeitig für die Versammlung werben, auch mündlich.
- Dienstbefreiungen erwirken, besonders für Beschäftigte, die wiederholt aus »arbeitstechnischen« Gründen nicht teilnehmen konnten.
- Gewerkschaft[28] in die Vorbereitung rechtzeitig einbeziehen: Terminabsprache, Referat festlegen, auf »günstige« Lage achten.

9.2.2 Tagesordnung
- Punkte (auch Tätigkeitsbericht) absprechen.

---

28 Am besten arbeiten Sie mit Jahresterminen und sprechen sich rechtzeitig mit Ihren Gewerkschaftssekretären ab.

- Aktuelle Probleme aufgreifen.
- Jeden Punkt gesondert vorbereiten.
- Strittige Punkte nicht erst auf der Versammlung abklären.
- Redebeiträge besprechen und verteilen.
- Tätigkeitsbericht nicht länger als 30 Minuten; Aussprachen einplanen.

9.2.3 Tätigkeitsbericht vorbereiten und aufteilen
- Themenorientiert aufteilen.
- Länge und Reihenfolge der Beiträge nach Wichtigkeit und Aktualität festlegen.
- Kurz berichten.
- Erfolge, Misserfolge und ihre Ursachen genau benennen.
- Zusammenhang zu Aktivitäten der Beschäftigten, Vertrauensleute und Gewerkschaft herstellen.
- Unterschiedliche Interessen von Beschäftigten und Arbeitgeber (Beauftragten) herausstellen.
- Deutlich machen, in welchen Punkten die Unterstützung der Beschäftigten erforderlich ist.

9.2.4 Einbeziehung der Beschäftigten in die Diskussion vorbereiten
- Nach jedem wichtigen Punkt eine Aussprache einplanen.
- Fragen für den Einstieg in die Diskussion überlegen.
- Gezielt Kollegen auf Redebeiträge ansprechen.
- Mikrophone bei größeren Versammlungen nicht nur am Rednerpult, sondern auch im Raum verteilen.

9.2.5 Redebeiträge vorbereiten
- Klären, wer wann welche Beiträge hält.
- Redebeiträge gemeinsam vorbereiten und ggf. laut üben.
- Unterstützung für die Versammlung verabreden (z. B. nebeneinander setzen, klatschen, unterstützende Zwischenrufe und Beiträge o. ä.).

9.2.6 Auf mögliche Reaktionen der Opposition vorbereiten
- Auf kritische Einwände vorbereitet sein.
- Mögliche Einwände zu den eigenen Positionen überlegen und entkräften.
- Taktische Manöver des Arbeitgebers vorher überlegen und Gegenmaßnahmen entwickeln.
- Unwahrheiten richtig stellen.
- Arbeitgebertaktiken aufdecken.
- Spaltungsversuchen entgegenwirken.
- Interessen verdeutlichen.

9.3 Hausrecht des Betriebsrats während seiner Betriebsversammlung

Nach ständiger Rechtsprechung des Bundesarbeitsgerichts (BAG v. 13.09.1977 – 1ABR 67/75 in AP Nr. 1 zu § 42 BetrVG) übt der Betriebsratsvorsitzende bzw. sein Stellvertreter während der Betriebsversammlung innerhalb des Versammlungsraums und auf den Zugangswegen das Hausrecht aus. Der Arbeitgeber oder andere Teilnehmer haben also kein Hausrecht für diese Versammlung. Besonders darf der Arbeitgeber einen Teilnehmer nicht daran hindern, an der Versammlung teilzunehmen oder das Wort zu ergreifen.

Die Befugnisse der Versammlungsleitung sind vom Gesetz nicht im Einzelnen festgelegt. Es ist aber davon auszugehen, dass er vor allem

- die Redeliste führt, d.h. das Wort erteilen und auch entziehen kann,
- ggf. Abstimmungen leitet,
- dafür Sorge zu tragen hat, dass die Versammlung störungsfrei und ordnungsgemäß abläuft.

Tipp: Der Arbeitgeber hat zu einer Betriebsversammlung eingeladen = Betriebsversammlung im Sinne des Betriebsverfassungsgesetzes?

Wenn der Arbeitgeber Betriebsversammlungen einberuft, sind dies keine Versammlungen im Sinne der §§ 42 und 43 BetrVG. Sie befinden sich in einem Dienstgespräch. Hier hat der Arbeitgeber das Sagen!

10. Strategie & Taktik

Als Betriebsrat haben Sie das Recht und die Pflicht, eigene Ziele zu verfolgen. Wenn Sie gewählt werden und immer nur darauf warten, dass etwas an Sie herangetragen wird, werden Sie den Ereignissen hinterher laufen und nicht erfolgreich sein. Sie werden nichts Eigenes erreichen und sich nur an den Ereignissen abarbeiten, die an Sie herangetragen werden.

Sie werden sich in ständigen Konflikten befinden und vielleicht nach zwei Jahren die Lust an der demokratischen Beteiligung verlieren.

Aus meiner Erfahrung sind Betriebsräte besonders erfolgreich, wenn sie sich einen Plan für ihre Amtszeit geben. Vor allem dann, wenn verschiedene Fraktionen und Menschen mit sehr verschiedenen Absichten in den Betriebsrat gewählt wurden, sollten Sie möglichst nach der konstituierenden Sitzung in eine gemeinsame Klausurtagung zwecks Organisation der Geschäftsführung gehen. Was Sie am Anfang Ihrer Amtszeit nicht klären, wird sich wie ein roter störender Faden durch die vier Jahre ziehen.

In dieser Klausurtagung sollten Sie ein gemeinsames Verständnis Ihrer strategischen Ausrichtung und Ihrer Rolle finden.

Beispiel: Unterschiedliche Selbstverständnisse in einem Betriebsrat und die Auswirkung auf die Arbeit im Gremium

Faktion A: Wir sind die Vernünftigen und machen es Allen Recht.
Faktion B: Wir kümmern uns nur um die Belange von Eltern.
Fraktion C: Wir sind die **einseitige** Interessenvertretung der Kollegen.
Fraktion D: Wir sagen zu jeder Maßnahme »Ja«, wenn sie den Standort sichert.
Fraktion E: Ich will gar nichts. Ich will nur dabei sein.

Diese Fraktionen werden sich, wenn sie sich niemals über ihre Absichten verständigen, vier Jahre lang im Streit miteinander befinden. Das Amt des Betriebsrats wird zum Alptraum, wenn jeder Tagesordnungspunkt im Blick auf die übergeordneten Ziele unterschiedlich verstanden wird. Beschlüsse werden dann nach zufälligen Mehrheiten getroffen, so dass sie sich mittel- oder langfristig widersprechen.[29]

In einem Konflikt um Rationalisierung und Gestaltung von Arbeitszeit wird sich die Fraktion A im ständigen Krampf um das Dafür oder Dagegen zu keinem Ergebnis durchringen können. Fraktion E wird still dabeisitzen und damit glänzen, dass sie keinen Wortbeitrag abgibt. Fraktion D wird dem Arbeitgeber jedes Argument glauben und zu jedem Ergebnis »Ja« sagen, wenn in Aussicht gestellt ist, dass der Standort – egal um welchen Preis – gehalten wird.

---

29 Von dieser Arbeitsweise hat niemand im Betrieb einen Nutzen. Ihre Kollegen erleben sie als chaotisch und nicht vertrauenswürdig. Ihr Arbeitgeber freut sich zunächst vielleicht darüber, dass Sie nichts Sinnvolles zustande bekommen. Aber auch er wird letztlich frustriert sein, da keine Nachhaltigkeit entsteht.

Eine inhaltliche Debatte wird heftig geführt zwischen den Fraktionen B, C und D, wobei Fraktion B nur darauf achtet, dass Eltern die günstigsten Bedingungen bekommen. Fraktion C wird sich die Mühe machen
- Sachverstand zu organisieren,
- die Kollegen in den Prozess einzubeziehen,
- sich ein Votum aus dem Kollegium zu organisieren,
- Öffentlichkeitsarbeit zu machen,
- einen strittigen Sozialplan zu erarbeiten, der für die Kollegen das bestmögliche Ergebnis erzielt,
- die Einigungsstelle anzurufen und das Arbeitsgericht zu bemühen.

All diese Mühe wird nur stattfinden, wenn die Fraktion C für ihr Vorhaben die Mehrheit des gesamten Betriebsrats erhält. Um diese Mehrheit wird es ganz sicher zu heftigen Streitigkeiten kommen, die jede Menge Zeit in Anspruch nehmen. Fraktion D wird ständig darauf hinweisen, dass man den Arbeitgeber nicht verärgern dürfe, sonst sei mit dem Schlimmsten zu rechnen. Das Schlimmste wird mit jedem Wortbeitrag bis ins kleinste Detail visualisiert und nicht belegt. Diese Fraktion beteiligt sich jedoch an einer generellen Regelung.

In großen Firmen bestehen Arbeitgeber darauf, dass ihre Betriebsräte sich qualitativ fortbilden und regelmäßig in Klausurtagungen reflektieren und finden. Das bedeutet nicht, dass die Betriebsräte bestochen werden. Große Betriebe schätzen die Regelungskultur mit ihren Betriebsräten. Sie erkennen den hohen sozialen und betriebswirtschaftlichen Nutzen für den Betrieb oder das Unternehmen. Letztlich minimiert eine Einigung mit dem Betriebsrat das arbeitsgerichtliche Prozessrisiko mit einzelnen Beschäftigten. Eine Regelung mit dem Betriebsrat sichert die soziale Ruhe im Betrieb oder Unternehmen.[30] Es ist sinnvoll
- ein Selbstverständnis über die Rolle des Betriebsrats zu fassen,
- eine Vision und Idee von der eigenen Aufgabe zu haben,
- drei strategische Gesamtziele zu formulieren, auf die sich die Hauptaktivitäten des Betriebsrats für die Amtszeit richten,
- Standards für die taktischen Aktivitäten zu definieren und sie in sinnvoller Dramaturgie miteinander zu verknüpfen, damit Zeit effizient genutzt werden kann,
- Ruhe und Alltäglichkeit für die Routinearbeiten herzustellen.

Die Mehrheit der Arbeitgeber hat ein Ziel, dass sie erreichen möchte, und sie werden jedes erlaubte Mittel nutzen, um ihr Ziel zu erreichen. Wenn der Be-

---

30 Die Bundesrepublik Deutschland hat sich als einziges Land auf der Welt darauf verständigt, dass man zum Erreichen von Zielen der Arbeitnehmerinteressen, im Kapitalismus, die Gewerkschaften und die Arbeitsgerichte bemühen muss. Es ist überhaupt nicht mitgedacht, dass man in der Bundesrepublik Deutschland Verhältnisse wie in anderen Ländern wünscht. Für Ideen anderer Art gibt es derzeit kein tragfähiges Konzept.

triebsrat überwältigt werden kann, dann hat die Mehrheit der Arbeitgeber ihr Ziel erreicht.

10.1 Beispiel für Strategie & Taktik

In dem folgenden Beispiel dürfen Sie davon ausgehen, dass in einer sehr arbeitsintensiven und konfliktreichen Auseinandersetzung folgende Strategien von den oben dargestellten Betriebsräten beschlossen wurden. Nehmen wir unseren oben genannten Betriebsrat, so kann man sich ausmalen, dass es nicht leicht war, sich zu einigen.

In der Ausgangslage hat der Arbeitgeber vor, sein Unternehmen an die Börse zu bringen.

1. Vision	**Traum von der Gegenwart und Zukunft/Idealzustand**
Arbeitgeber:	Wir sind 2016 an der Börse dotiert
Betriebsrat:	Der Betriebsrat ist die einseitige Interessenvertretung der Arbeitnehmerinnen und Arbeitnehmer
2. Strategische Ziele	**Was sind unsere drei Hauptziele, die unsere Vision stützen?**[31]
Arbeitgeber:	1. Für den Börsengang brauchen wir mindestens 700 Millionen Gewinn[32] 2. 50 % Marktdurchdringung[33] 3. Flexible Organisationsaufstellung[34]

---

[31] In der klassischen Organisationsentwicklung gibt man sich nur drei strategische Hauptziele, damit die Handlungen konzentriert durchgeführt werden. Verwechseln Sie nicht die strategische Hauptausrichtung mit der taktischen Ausrichtung. Diese formuliert man später.
[32] Gewinn = Einnahme minus Betriebsausgaben. Er muss das Geld oder den Wert haben.
[33] Hier muss die Firma neue Kunden gewinnen und einen harten Wettbewerb gegenüber anderen Firmen führen, die ein ähnliches Produkt verkaufen, um sie vom Markt zu verdrängen. Oder es werden neue Produkte gefunden oder, oder, oder ...
[34] Hier legt der Arbeitgeber bereits fest, dass er überhaupt nicht daran interessiert ist, langfristige Arbeitsbeziehungen einzugehen. Er wechselt den Geschäftsführer alle paar Jahre aus. Er füllt sein Unternehmen mit Zeitarbeit und Befristung auf. Wenn er Glück hat, gelingt es ihm über die so genannte Projektarbeit jede Menge Freiberufler im System anzusiedeln. Das Ziel ist, dass die Organisation flexibel auf jeden Impuls des Marktes reagieren kann. Dabei spielen vergangene Leistungen der Mitarbeiter keine Rolle mehr. Alles ist auf die flexible Zielerreichung ausgerichtet. Schauen Sie sich die Internetseite ihres Betriebs an, um heraus zu finden in welcher Ausrichtung im Betrieb produziert werden soll.

Betriebsrat hier im Rahmen des Betriebsverfassungsgesetzes:
Als Betriebsratsgremium müssen Sie grundsätzlich immer auf eine funktionierende Geschäftsführung achten, sie ist die Quelle ihres Erfolges.[35]

1. Beschäftigungssicherung nach § 92 a BetrVG[36]

Leitsatz

Der Betriebsrat agiert und koordiniert sein Handeln, damit der qualifizierte Verbleib der KollegInnen im Betrieb/Unternehmen gewährleistet ist. Wenn sich der Betriebsrat mit dem Arbeitgeber nicht einigen kann, dann bedient er sich der dafür vorgesehenen gesetzlichen Regelungstools (Einigungsstelle und Arbeitsgericht)

2. Arbeitsplatzgestaltung[37]

Leitsatz

Der Betriebsrat agiert und koordiniert sein Handeln so, dass die Würde der KollegInnen – diskriminierungsfrei – unantastbar bleibt, geschützt ist und gefördert wird (hier § 75 BetrVG i.V.m. § 80 BetrVG und alle damit in Zusammenhang stehenden Regelungen).

---

35 Dieses Ziel ist besonders arbeitsintensiv, da es zusätzlich zum Alltagsgeschäft bestimmt werden muss. In der Regel braucht man für die Findung, Benennung und Festlegung eines Ziels zwei Tage oder mehr. In dieser Phase wird die ganze Verschiedenheit der Akteure sichtbar. Als Betriebsrat müssen Sie deshalb eine strategische Ausrichtung für ihre Geschäftsführung festgelegt haben! Es geht um die Frage »An welchen Themen wollen wir wie arbeiten!«. Ein Betriebsrat, der sich diese Mühe nicht macht, dümpelt den Ereignissen hinterher. Wie Sie Ihre anderen beiden strategischen Ziele ausrichten, ist tatsächlich Ihre Sache und ist von Betrieb zu Betrieb verschieden.
36 Dieser Betriebsrat legt den Schwerpunkt auf den Bestand der Beschäftigten im Betrieb. Die so genannten unständig Beschäftigten fallen aus seiner Hauptaktivität heraus. Er wird wenig Energie und Zeit darauf verwenden, Zeitarbeit und Befristung zu verhindern. Möglicherweise hat dieser Betriebsrat auch nichts dagegen, wenn die Unständigen weniger Geld verdienen als die Stammbelegschaft.
37 Hier werden Ziele vereinbart, die für alle Beschäftigten gelten. Alle erhalten im Rahmen der gesetzlichen Erlaubnis das, was ihnen zusteht.

Organisation der Betriebsratsarbeit

3. Geschäftsführung des Betriebsrats[38]

> **Leitsatz**
>
> Der Betriebsrat hat eine Arbeitsstruktur, in der er
> **qualifiziert** (z.B. Schulungen und Hilfe durch Externe),
> **handlungsfähig und handlungsorientiert** (durch Arbeitsplanung und Beschlussfähigkeit),
> **transparent** (z.B. externe Öffentlichkeitsarbeit = Betriebsratsarbeit braucht Akzeptanz der Arbeitnehmer und interne Öffentlichkeitsarbeit = jeder hat das gleiche Recht auf Zugang zu Informationen)
> und
> **entscheidungsfähig** (Sitzungskultur und Arbeitsgruppenbildung)
> ist.

Taktisches Ziel: Wie werden wir unser Ziel erreichen? Und unserer Vision gerecht?[39]

Arbeitgeber zu 1. Hoher Umsatz und niedrige Kosten[40]

---

[38] Meine Erfahrung ist, dass Betriebsräte aus Mangel an Erfahrung auf diese Anforderung besonders wenig Sorgfalt legen. In der Regel ist diese Notwendigkeit den neuen Betriebsräten am wenigsten bewusst. An dieser Stelle verzweifeln »die alten Hasen« oft und investieren unendlich viel Geduld in ihr demokratisches Gremium, um die Regeln einer funktionierenden Betriebsratsarbeit zu erläutern. Oder sie übernehmen aus lauter Frust die gesamte Verantwortung. Das führt dazu, dass sie mit der Arbeit in der Regel überlastet sind oder als »Chefs« in Erscheinung treten. Auch der Arbeitgeber zieht es vor, mit den »alten Hasen« zu sprechen, um sich davor zu schützen, dass er unnötig viel Zeit mit sinnlosen und ergebnislosen Debatten zu verbringen hat. Es macht wenig Sinn, mit einem bildungsresistenten Betriebsrat über das Gesundheitsmanagement zu verhandeln, wenn der Betriebsrat nicht bereit ist, sich zu diesem Thema weiterbilden zu lassen.

Oft kommt es vor, dass Geschäftsführer nicht die Erlaubnis haben, mit dem Betriebsrat einvernehmlich zu einem Thema zu verhandeln. Sie sind dann darauf angewiesen, dass der Betriebsrat die Firma verklagt oder in die Einigungsstelle drängt. Es kann sein, dass Ihr Chef dankbar für eine juristische Entscheidung ist, auch wenn er Ihnen das nicht sagt. Wenn Ihre Firma z.B. in internationalen Zusammenhängen arbeitet und die Spitze der Firma nicht aus Deutschen besteht oder nicht in Deutschland angesiedelt ist, dann wird man im internationalen Vergleich dieses »Betriebsrätetheater« überhaupt nicht verstehen. Es gibt Länder auf der Erde, da würde man die Betriebsräte als Oppositionelle einfach erschießen. Und nun stellen Sie sich den Erklärungsnotstand ihres Geschäftsführers vor, wenn er seinen Chefs erklären muss, dass man das in Deutschland nicht darf!

[39] Erst an dieser Stelle klärt man die Fragen nach dem »Wie machen wir etwas«? Und was müssen wir tun, damit wir unser Ziel erreichen?

[40] Hier wird gespart an jeder Ausgabe. Es gibt keine Bewilligung von Geldern oder Personal ohne Debatte und Murren.

zu 2. 50 % Marktdurchdringung[41]
zu 3. Flexibles Organisationssystem[42]

Der Betriebsrat nutzt folgende betriebsverfassungsrechtliche Regelungsvarianten

zu 1. Qualifizierung der Beschäftigten § 96–98 BetrVG[43]
Personalentwicklungsmodelle nach § 92 BetrVG[44]
Mitbestimmung bei Kündigung (§ 102 BetrVG)[45] und Versetzungsmöglichkeiten (§ 99 BetrVG)[46]
Betriebsänderung § 111 BetrVG[47]
Teile aus der Mitbestimmung nach § 87 BetrVG[48]

zu 2. Regelungen zum Urlaub, Stress, Geld,[49] Mobbing, soziale Sicherung, Gesundheitsmanagement

---

41 Jedes Produktionsverfahren, was der Zielerreichung nützlich scheint wird angewendet. Die Mitarbeiter dürfen sich auf Überstunden und möglicherweise Weiterbildung vorbereiten oder es folgt eine Fülle von betriebsbedingten oder personenbedingten Kündigungen und Versetzungen.
42 In der Regel hat es dieser Betriebsrat mit ständigen Restrukturierungsprozessen zu tun. Das Betriebsziel ist, das kapitalistische Gesellschaftsmodell um jeden Preis zu fördern und zu erhalten. Dieser Arbeitgeber richtet seine Aufmerksamkeit auf das Element der Flexibilität und Kostenneutralität. Das bedeutet u. a.:
- Eine hohe Personalfluktuation und Personalabbau.
- Vorhandensein von unterschiedlichen Haustarifverträgen. Die Gewerkschaften verlieren diese Auseinandersetzung seit Jahren, weil sie diesen Kampf nur in Betrieben gewinnen können, in denen die Mitarbeiter sehr hoch organisiert sind.
- Geschäftsführer werden aufgabenbezogen eingestellt. Ihr Auftrag und die Zeit, die sie im Betrieb verbringen müssen, sind klar festgelegt. Das Geschäftsführergehalt errechnet sich an ihrem Erfolg.
- Dass wir uns seit 2007 auf absehbare Zeit in einer Weltwirtschaftskrise befinden. Noch weiß niemand, wie sie ausgehen wird. Die nationalen Regierungen befinden sich im Zustand des Hoffens und Betens und bemühen sich redlich, die Systemkrise mit Krisenintervention zu steuern.
43 Nur für die Stammbelegschaft.
44 Das muss der Betriebsrat selbst erarbeiten, weil der Arbeitgeber kein Interesse und keinen Nutzen – in seinem Sinne – an solchen Konzepten hat.
45 Hier könnte sich der Betriebsrat auf Standards einigen. So z. B., dass es keine Kündigung ohne Widerspruch des Betriebsrats geben darf. Vergleichen Sie dazu die Ausführung auf Seite 65. Das Ergebnis zu finden ist in dem oben genannten Gremium sehr schwierig.
46 dito.
47 Wenn der Betriebsrat sich nicht darauf einigen kann, hier jedes arbeitsrechtliche Instrument zu nutzen, dann hat er verloren.
48 Wenn die Verhandlungen nach § 111 BetrVG schwierig sind, hilft es, die Einzeltatbestände nach § 87 BetrVG mit der jeweiligen Zielausrichtung zu Hilfe zu nehmen. Wenn das Arbeitsgericht eine Beteiligung nach § 111 BetrVG verneint, dann kann der Betriebsrat diesen Anwendungsfall nach § 87 BetrVG regeln.
49 Achtung! Der Betriebsrat darf nur sehr begrenzt über Geld verhandeln. Vergleiche § 77 Abs. 3 BetrVG.

zu 3. Regelt das Betriebsverfassungsgesetz und das Arbeitsgericht unterstützt die Betriebsräte[50]

Der ganz normale Alltagswahnsinn!

Das Alltagsgeschehen oder das routinemäßige, konkrete Arbeiten des Betriebsrats nennt man in der Organisationsentwicklung **operatives taktisches Handeln**.

Jetzt ist der Zeitpunkt gekommen, an dem sich der beschriebene Betriebsrat an seine routinemäßige Arbeit machen kann. Die Themen werden schneller besprochen, weil grundsätzliche Fragen bereits geregelt sind. Man muss sich nur an das halten, was das Gremium vereinbart hat. Dann geht vieles. Und langfristig sind alle Betriebsräte irgendwie oder ganz sensationell erfolgreich.

Toi, toi, toi ...

10.2 Zusammenfassung

Ein Betriebsrat, der keinen strategischen Organisationsprozess betrieben hat, wird im Alltag von Anforderungen und Konflikten regelrecht überflutet werden, die kaum auszuhalten sind und vermutlich langfristig zum »Ausbrennen« führen können, weil jeder Impuls und jedes Ereignis als Einzelanwendungsfall debattiert und nach einer persönlichen Befindlichkeit und Überzeugung geregelt wird.

Es gibt ständig Streit um das Verfahren oder um die Bewertung eines Ereignisses.

Das Thema »Strategie & Taktik« ist ein Betriebsthema. Es gibt inhaltlich keine einheitliche Vorgabe für alle Betriebe und Branchen. Je nach Betriebskultur und innerer Zeugung (Methapern) im eigenen Wertekanon kommen die Betriebe zu sehr unterschiedlichen Arbeitsergebnissen.

Allen gemeinsam kann man nur wünschen, dass sie wenigstens ihre Geschäftsführung standardisiert haben und dass zu vereinbarten Firmenaktivitäten grundsätzlich ein einheitliches und entschiedenes Vorgehen möglich ist.

---

50 An dieser Stelle sollte der selbstverständliche Umgang mit Zeit und Kosten, sowie das Organisieren von externer Hilfe besprochen werden. Wer sich keinen Überblick über den Bildungsstand im Gremium verschafft, wird nicht grundsätzlich über den Bildungsbedarf im Gremium debattieren und abstimmen können. Wenn Sie nicht bereit sind, die erforderlichen Konflikte an dieser Stelle grundsätzlich zu regeln, werden sie nicht erfolgreich sein können.

Wenn das genannte Gremium mit seinen unterschiedlichen Fraktionen nicht begreift, dass ihr Arbeitgeber im Rahmen einer Gesamtstrategie handelt, dann werden sie nach und nach und sehr sanft und leise abgewickelt.

Ein Betriebsrat, der sich in seiner Amtszeit schwerpunktmäßig mit der Beschaffenheit des Klopapiers beschäftigt, hat verloren, bevor er begriffen hat, was im Unternehmen vor sich geht. Schauen Sie sich die Internetseite ihres Betriebs an, um herauszufinden in welcher Ausrichtung im Betrieb produziert werden soll. Versäumen Sie nicht, auf wichtige Firmenveranstaltungen präsent zu sein.

Kapitel 7
»Vertrauensvolle Zusammenarbeit«, »Rechte und Pflichten«

§ 2 Abs. 1 BetrVG sieht vor, *dass die Arbeitgeberin und der Betriebsrat unter Beachtung der geltenden Tarifverträge vertrauensvoll und mit den im Betrieb vertretenen Gewerkschaften und Arbeitgeberverbänden zum Wohle der Arbeitnehmerinnen und des Betriebs zusammen arbeiten müssen.*

Diese gesetzliche Wertehaltung spiegelt sich in der betrieblichen Realität leider nicht wieder. Aus dieser moralischen Pflicht heraus müsste es selbstverständlich sein, dass die Arbeitgeberin und auch der Betriebsrat alle Ansprüche aus diesem Gesetz umsetzen.

Wenn Ihre Arbeitgeberin Sie in Ihren rechtlichen Befugnissen beschränkt oder gar ignoriert, dann erinnern Sie sie ruhig daran, dass sie damit gegen das Gebot der vertrauensvollen Zusammenarbeit und damit gegen die Friedenspflicht aus dem Gesetz verstößt.

1. Wer ist Arbeitgeberin im Sinne des Gesetzes?

Wenn Gremien neu zusammengestellt sind oder ein Betriebsrat das erste Mal im Amt ist, gibt es immer wieder Unklarheit darüber, wer die gesetzlichen Ansprech- und Verhandlungspartnerinnen sind. Aus Unkenntnis vergeuden Betriebsräte viel Zeit damit, sich mit *leitenden Angestellten und Kolleginnen* auseinander zu setzen, die keine abschließende Regelungskompetenz haben!

Das Gesetz geht davon aus, dass der Betriebsrat mit seiner Arbeitgeberin verhandelt. Verschaffen Sie sich einen Überblick darüber, wer im Betrieb oder Gesamtunternehmen eine abschließende Regelungskompetenz und Prozessvertretung innehat.

Es macht z. B. wenig Sinn, sich mit Personen zu einer Verhandlung zu treffen, die keine abschließende Verhandlungsbefugnis haben. Sie vergeuden jede Menge Zeit, wenn Ihre Verhandlungspartnerinnen sich immer darauf zurückziehen, dass sie sich mit diesem oder jenem Ergebnis erst rückkoppeln müssen. Fordern Sie, dass die Person, die die Letztentscheidungsbefugnis hat, auch am Verhandlungsgeschehen teilnimmt.

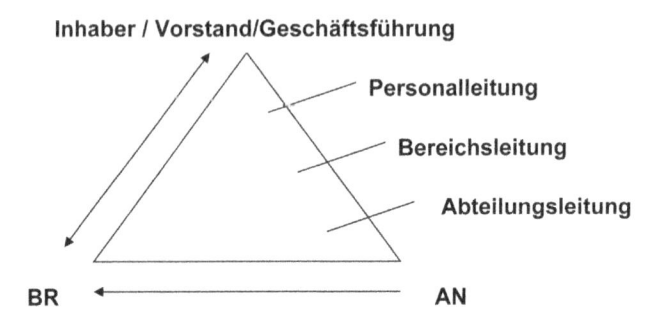

```
        Inhaber / Vorstand/Geschäftsführung
              ↗
             /\
            /  \    — Personalleitung
           /    \
          /      \  — Bereichsleitung
         /        \
        /          \ — Abteilungsleitung
       /_____\
   BR  ←──────────────→  AN
```

Besonders viele Störungen gibt es, wenn einzelne Beschäftigte von Maßnahmen betroffen sind. Oft gewähren oder entziehen Abteilungsleiterinnen z. B. Urlaub, ohne dass dies mit dem Betriebsrat vereinbart ist. Das gleiche gilt im Bereich der Anordnung von Überstunden, der Zuteilung von Arbeitszeit oder in der Umsetzung von Betriebsvereinbarungen. Da maßen sich Personen aus dem mittleren Management Kompetenzen an, die sie gar nicht haben! Häufig bleiben auch Wünsche der Beschäftigten unbeachtet, da ihre unmittelbaren Vorgesetzten sich um die Regelung nicht kümmern.

Eine Abteilungsleiterin, Bereichsleiterin, ja selbst eine Personalleiterin hat in der Regel nicht die *aktive Legitimierung, rechtsverbindliche Regelungen* abzuschließen. Sie gewinnen an Souveränität, wenn Sie diese Menschen an ihre Grenzen erinnern. Wenn sich Ihre Kolleginnen bei Ihnen beschweren, reicht in der Regel ein Rückruf bei der Person aus, die diese Maßnahme angeordnet hat, mit der Frage, ob sie von der Betriebsinhaberin, der Geschäftsführerin oder dem Vorstand legitimiert worden ist, diese oder jene Maßnahme anzuordnen. In der Regel können Sie damit rechnen, dass die Angesprochene erst einmal irritiert ist und sich um *Kopf und Kragen redet*. Lassen Sie sich nicht auf diese Begründung ein. Bleiben Sie ruhig und freundlich und fragen Sie nach, ob die Anordnung sich mit diesem Gespräch erledigt hat oder ob es nun erforderlich ist, die Inhaberin, die Geschäftsführung oder den Vorstand einzuschalten. Wenn diese Kompetenzüberschreitungen häufiger vorkommen, berichten Sie von dieser Störung am besten im Monatsgespräch mit Ihrer gesetzlichen Verhandlungspartnerin. Es kann auch sein, dass es für eine Weile erforderlich ist, dass Sie Schriftstücke vorübergehend in Kopie an die letztentscheidende Person im Betrieb oder Unternehmen weiterleiten müssen, bis sich eine tragfähige Arbeitsbeziehung eingespielt hat.

2. Plötzlich auf Augenhöhe mit der Arbeitgeberin

Das Betriebsverfassungsgesetz geht davon aus, dass Sie eine ebenbürtige Arbeitsbeziehung zu Ihrer Arbeitgeberin haben. Wenn Sie geklärt haben, wer Ihre Gesprächspartnerin in der Firma ist, müssen Sie sich häufig erst psychologisch daran gewöhnen, mit *hochgestellten Personen* im Betrieb auf Augenhöhe zu kommunizieren.

Es ist ganz normal, dass dies ein verunsicherndes Moment hat. Bisher wurden Sie von diesen Menschen vermutlich nie persönlich begrüßt; noch nie wurden Sie namentlich angesprochen. In der Vergangenheit sind Ihnen diese Menschen häufig nur als Trägerinnen von Macht begegnet. Nun sitzen Sie ihnen gegenüber und stellen fest, dass sie ganz anders sind als Sie. Sie kleiden sich anders. Sie sprechen anders, und sie verfügen über einen Informationsvorsprung, von dessen Ausmaß Sie bisher noch nichts gewusst haben.

Sie dürfen sich nie wertend mit diesen Personen vergleichen. Machen Sie sich klar, dass diese Menschen eine andere Rolle im Betrieb haben als Sie, die *»kleine Arbeitnehmerin«*. Diese Menschen verdienen viel mehr Geld als Sie und haben deshalb auch teurere Kleidung an. Sie haben häufig eine akademische Ausbildung, werden gecoacht und haben jede Menge Zusatzqualifikationen erworben. Als Verantwortliche für den gesamten Betrieb müssen sie immer alles Geschehen im Auge behalten, was übrigens dazu führt, dass sie wenig Detailwissen haben, während Sie es bisher gewohnt waren, nur Ihre Abteilungsarbeit oder Ihren kleinen Aufgabenbereich zu kennen.

Auch sprachlich unterscheidet sich eine Arbeitnehmerin von ihrer Arbeitgeberin. In der Regel sprechen Arbeitnehmerinnen bildhaft und umschreibend. Bei den Frauen kommt hinzu, dass ihre Sprache sehr hohe Anteile an Emotionalität und Beziehung hat. Ihre Arbeitgeberin reagiert darauf vielleicht ungeduldig, weil sie sich in ihrer Rolle diese Sprechweise nicht erlaubt. Arbeitgeberinnen sprechen häufig nur auf einer hohen Sachebene. Das mindert die Qualität Ihrer Beiträge überhaupt nicht.

Denken Sie immer daran, dass Sie seinerzeit im Bewerbungsgespräch gut abgeschnitten haben und dass die Firma Sie eingestellt hat, weil sie zu dem Ergebnis gekommen ist, dass Sie mit ihrem Können die Beste am Markt sind. Wenn die *hochgestellten Menschen* Sie verunsichern oder bei Ihnen sogar Redehemmungen auslösen, dann sprechen Sie das an. Sie verlieren nichts an Sachkompetenz, wenn Sie zugeben, dass Sie durch das Auftreten Ihres Gegenübers verunsichert sind. Vermutlich bietet sich dabei die Gelegenheit, darauf hinzuweisen, dass Sie dringend rhetorisch geschult werden müssen. Sie können auch nachfragen, ob es nicht möglich ist, ebenfalls ein Coaching zu bekommen. Ein Coaching für Betriebsräte gehört inzwischen zum professionellen Standard der Betriebsratsarbeit. Ich kenne sehr viele Betriebsräte, die ein Coaching von ihrer Arbeitgeberin bewilligt bekommen haben.

Die Frage, wie Sie sich kleiden sollen, wenn Sie mit Ihrer Arbeitgeberin zusammentreffen, kann ich nur dahingehend beantworten, dass Sie sich in Ihrer Kleidung wohlfühlen müssen. Es macht nichts, wenn Ihr Gegenüber im schicken Designeranzug erscheint, während Sie Ihren »*Blaumann*« oder *Kittel* anhaben. Sie müssen sich für solche Gespräche keinen Anzug oder ein Kostüm zulegen! Ich habe häufig von Betriebsräten gehört, dass es sie nur verunsichert hat, im Anzug oder Kostüm zum Gespräch zu erscheinen, weil sie solche Kleidung zuletzt bei ihrer Firmung oder Konfirmation getragen haben.

Bedenken Sie, dass Sie Detailwissen und soziale Kompetenzen haben, und dass Sie *Fachmann bzw. Fachfrau* auf Ihrem Gebiet sind. Ihre Arbeitgeberin hat dieses Wissen nicht.

3. Sinn und Zweck des Monatsgesprächs nach § 74 Abs. 1 BetrVG

Der Gesetzeswortlaut des § 74 Abs. 1 BetrVG sagt: *Arbeitgeber und Betriebsrat sollen mindestens einmal im Monat zu einer Besprechung zusammentreten. Sie haben über strittige Fragen mit dem ernsten Willen zur Einigung zu verhandeln und Vorschläge für die Beilegung von Meinungsverschiedenheiten zu machen.*

Das Monatsgespräch bietet einen ausgezeichneten Rahmen dafür, dass Sie und Ihre Arbeitgeberin sich sozial kennen lernen. Die notwendige Zusammenarbeit zwischen Arbeitgeberin und Betriebsrat erfordert regelmäßige Kontakte, schließlich müssen sich alle aneinander gewöhnen. Aus diesem Grunde sollen die Arbeitgeberin und der Betriebsrat *mindestens einmal im Monat* zusammentreten, um alle anstehenden Fragen zu besprechen (*Rädel* in AiB 99, 669). Für die Durchführung der monatlichen Besprechungen ist *keine besondere Form* vorgeschrieben. Einladen kann somit die Arbeitgeberin wie auch der Betriebsrat. Über den Zeitpunkt und den Ort sollten sich die Beteiligten einigen. Eine Tagesordnung ist nicht vorgesehen. Beide Seiten sollten Gesprächspunkte benennen, damit sie sich auf die anstehenden Fragen vorbereiten und erforderliche Unterlagen bereithalten können.

Rhetorik und Soziales zum Monatsgespräch
Ich empfehle dem Betriebsrat, eine Einladung an die Arbeitgeberin zu schreiben und alle Punkte zu benennen, über die der Betriebsrat

»Vertrauensvolle Zusammenarbeit«, »Rechte und Pflichten«

sprechen will. Fordern Sie auch Ihre Arbeitgeberin auf, Ihnen eine Tagesordnung mitzuteilen. Einigen Sie sich zu Beginn des Gesprächs auf die Reihenfolge der zu besprechenden Themen. Wenn Ihre Arbeitgeberin sich nicht auf diese Struktur und Formalie einlässt, haben Sie einen sicheren Beleg dafür, dass Ihre Arbeitgeberin sich überhaupt nicht professionell, fachlich und sachlich korrekt mit Ihnen auseinandersetzen möchte. Sie brauchen sich nicht in die Position zu begeben, sich still, leise und abwartend vor Ihrer Arbeitgeberin zu setzen und abzuwarten, bis Sie auch mal etwas sagen dürfen. In Betrieben, in denen erstmalig ein Betriebsrat initiiert wurde, gehen die ersten Auseinandersetzungen in der Regel darum, dass überhaupt ein Monatsgespräch stattfindet, sowie darum, dass eine fachliche, sachliche und partnerschaftliche Ebene mit der Arbeitgeberin hergestellt wird. Es geht um den Kampf, dass Sie überhaupt gehört und ernst genommen werden. Mehr dazu ab Kapitel 7., 2. Plötzlich auf Augenhöhe mit der Arbeitgeberin.

Die monatlichen *Besprechungen sind keine Betriebsratssitzungen* im Sinne des §§ 29 ff. BetrVG, so dass der Betriebsrat während einer solchen Beratung auch keine Beschlüsse fassen kann (vgl. dazu Kapitel 6. Organisation der Betriebsratsarbeit). Wenn Ihre Arbeitgeberin in einem Monatsgespräch eine Entscheidung von Ihnen erwartet, antworten Sie, dass das Betriebsverfassungsgesetz eine solche Vorgehensweise nicht erlaubt.

Ⓟ **Teilnahmerecht und Teilnahmepflicht an dem Monatsgespräch**
Die Teilnahmepflicht ergibt, dass an den Besprechungen grundsätzlich die Arbeitgeberin und der Betriebsrat teilzunehmen haben. Die Arbeitgeberin kann sich ggf. durch eine kompetente Person vertreten lassen. Der Betriebsrat braucht jedoch nur solche Personen als *Vertreterin der Arbeitgeberin* zu akzeptieren, die – fachlich kompetent (BAG v. 11.12.91 – 7ABR 16/91 in AiB 92, 535) – für die Betriebsleitung zu sprechen befugt ist und dazu auch aus eigener Kenntnis der betrieblichen Zusammenhänge in der Lage ist.
Auf der Seite des Betriebsrats sollten regelmäßig *alle Betriebsratsmitglieder* an den Besprechungen teilzunehmen (Däubler/Kittner/Klebe/Wedde BetrVG, 13. Aufl., § 74 BetrVG Rz 5), damit der Arbeitgeberin bewusst wird, dass sie es nicht nur mit Einzelpersonen zu tun hat. Außerdem bietet das Monatsgespräch eine ausgezeichnete Möglichkeit, dass sich alle Beteiligten als Partnerinnen erleben können. Auch hat es der Betriebsrat insgesamt leichter, einen gleichmäßigen Informationsstand zwischen allen Mitgliedern herzustellen.

(P) **Ein Teilnahmerecht könnte für folgende Personengruppen bestehen**
Der Betriebsrat kann auch den *Betriebsausschuss nach § 27 BetrVG* oder einen anderen Ausschuss nach § 28 BetrVG mit der Durchführung der Besprechungen beauftragen (Däubler/Kittner/Klebe/Wedde BetrVG, 13. Aufl., § 74 BetrVG Rz 5).
Sollten in einer Besprechung auch Angelegenheiten behandelt werden, die besonders jugendliche Arbeitnehmerinnen betreffen, sind nach § 68 BetrVG die *JAV* (d. h. alle Mitglieder der JAV) hinzuzuziehen, wie auch die *Schwerbehindertenvertretung*, da der § 32 BetrVG in Verbindung mit § 9 SGB IX sie gesetzlich als Beraterinnen benennt.
Das Betriebsverfassungsgesetz enthält keine ausdrückliche Bestimmung darüber, ob auch *Beauftragte einer im Betriebsrat vertretenen Gewerkschaft an den gemeinsamen Besprechungen teilnehmen können*. Vorschriften, die eine Teilnahme im Wortlaut zwingend vorschreiben, fehlen. Es fehlt auch ein gesetzliches Verbot. Wegen der engeren Zusammenarbeit zwischen dem Betriebsrat und den im Betrieb vertretenen Gewerkschaften (§ 2 Abs. 1 BetrVG) ist es nahe liegend, dass die Hinzuziehung von Gewerkschaftsbeauftragten gerechtfertigt ist, soweit der Betriebsrat auf die Hilfe der Gewerkschaft angewiesen ist. Dies bedarf keiner Zustimmung durch die Arbeitgeberin (Däubler/Kittner/Klebe/Wedde BetrVG, 11. Aufl., § 74 BetrVG Rz 6), besonders dann nicht, wenn die Teilnahme, z. B. wegen der auf der Tagesordnung stehenden Themen, erforderlich ist und für die Verweigerung der Zustimmung der Arbeitgeberin anerkennenswerte Gründe nicht ersichtlich sind. Dies gilt natürlich auch umgekehrt für die Hinzuziehung einer Vertreterin der Arbeitgeberinnenverbände, wenn die Arbeitgeberin dringend auf fachliche Hilfe angewiesen ist.

3.1 Durchsetzung der Regelmäßigkeit

Obwohl es sich lediglich um eine Sollvorschrift handelt, gehören die vorgesehenen Besprechungen als *betriebsverfassungsrechtliche Pflicht zu den Kernaufgaben der Arbeitgeberin und des Betriebsrats*. Sowohl der Betriebsrat als auch die Arbeitgeberin sind gehalten, für die Durchführung der monatlichen Besprechungen Sorge zu tragen.

Weigert sich eine der Betriebsparteien mehrfach ohne sachlichen Grund, an den Besprechungen teilzunehmen, kann darin eine **grobe Pflichtverletzung** im Sinne des § 23 Abs. 1 oder Abs. 3 BetrVG gesehen werden.

3.2 Recht auf Protokollführung

Wer das Protokoll anzufertigen hat, ist gesetzlich nicht geregelt. Die Beteiligten sollten sich jedoch darauf einigen, wer es schreibt. Bei einer Nichteinigung hat jede Partei das Recht, ein eigenes Protokoll anzufertigen. Um Kommunikationsstörungen so gering wie möglich zu halten, empfehle ich, dass die Parteien die Protokolle jeweils durch die Gegenseite auf ihre inhaltliche Richtigkeit hin genehmigen lassen.

4. Vertrauensvolle Zusammenarbeit des Betriebsrats mit der Arbeitgeberin

Hier gilt: »*Was du nicht willst, das man dir tu, das füg' keinem anderen zu*«. Allerdings brauchen Sie auf dieser Ebene die absolute Rollenklarheit!

Sofern das Betriebsverfassungsgesetz Ihnen eine bestimmte Rechtsposition zuweist, müssen Sie diese einnehmen – und Sie verstoßen dabei auch nicht gegen das Gebot der vertrauensvollen Zusammenarbeit, wenn Sie diesen Gesetzesauftrag erfüllen.

Beschäftigungssicherung

§ 92a BetrVG und auch § 80 Abs. 1 Nr. 8 BetrVG ordnet Ihnen als Betriebsrat eindeutig die Aufgabe zu, Beschäftigungssicherung zu betreiben.

Nehmen wir an, Ihre Firma gehört zu einer Aktiengesellschaft und Ihre Arbeitgeberin hat es sich zum Ziel gemacht, die Aktionäre mit 30 % Gewinnausschüttung zu beglücken. Das hätte zur Folge, dass vielen Beschäftigten gekündigt würde oder erschwerte Arbeitsbedingungen zu ertragen hätten. Dann erlaubt Ihnen das Gesetz nicht, »*im Chor der Aktionärsbeglückung*« mitzusingen. Wenn Sie nun nach allen Regeln der Kunst Ihrem gesetzlichen Auftrag der Beschäftigungssicherung nachkommen, wirkt sich das auf der Arbeitgeberinnenseite höchst störend aus. Das heißt aber nicht, dass Sie den Rahmen der vertrauensvollen Zusammenarbeit verlassen haben.

Sie müssen sich klar machen, dass das Betriebsverfassungsgesetz den Kapitalismus nicht abschaffen, sondern nur »*sozialverträglich gestalten*« will.

Sie verstoßen jedoch gegen das Gebot der vertrauensvollen Zusammenarbeit, sobald Sie den Rahmen und die Befugnisse aus dem Betriebsverfassungsgesetz verlassen. Das bedeutet in diesem Fall, dass Sie sich konsequent für ihre Kolleginnen einzusetzen haben. Es wäre unmenschlich, von ihnen zu erwarten, dass Sie sich in die Jubelbrigaden einreihen, während ihre Kolleginnen ins »nackte Elend« gesendet werden. Im Rahmen des Betriebsverfassungsgesetzes ist es Ihnen auch erlaubt, für soziale Unruhe tätig zu sein. Die Jahre 2008 und 2009 haben sehr viele Menschen in die Arbeitslosigkeit entlassen. Und inzwischen haben mir Betriebsräte erzählt, dass nicht wenige dieser Menschen kein Geld mehr für Weihnachtsgeschenke, Gesundheitsversorgung, Winterbekleidung und auch Energie zur Verfügung haben. Es geht in der Regel um die gesamte wirtschaftliche Existenz der entlassenen Menschen. Für die verbleibenden Menschen bedeutet dies in der Regel Arbeitsverdichtung und damit eine akute Gesundheitsgefährdung durch die Zunahme von Stress.

5. Vertrauensvolle Zusammenarbeit der Arbeitgeberin mit dem Betriebsrat

Das Betriebsverfassungsgesetz verpflichtet auch Ihre Arbeitgeberin, sich an die Spielregeln des Betriebsverfassungsgesetzes zu halten. Das bedeutet: Wann immer Sie einen Gesetzesverstoß Ihrer Arbeitgeberin feststellen, müssen Sie Ihre Arbeitgeberin daran erinnern, dass sie sich im Sinne des Betriebsverfassungsgesetzes gesetzeswidrig verhält.

Eine Arbeitgeberin ist bestrebt, die Mechanismen des Kapitalismus optimal für ihr Unternehmen zu nutzen. Wenn Sie nicht wissen, wie diese Mechanismen funktionieren, empfehle ich Ihnen den Klassiker von Karl Marx, Das Kapital, Band 1, zu lesen.

Arbeitgeberinnen haben ein anderes betriebliches Handlungsziel als Arbeitnehmerinnen. Damit verlassen Sie noch nicht den Rahmen der vertrauensvollen Zusammenarbeit, und als Betriebsrat dürfen Sie darüber eigentlich nicht enttäuscht sein. Das Arbeitgeberinnenziel lautet: Gewinnmaximierung um jeden Preis. Das Handlungsziel der Betriebsräte lautet: Menschenwürdige Arbeits- und Lebensbedingungen für alle Betriebsangehörigen.

Das Betriebsverfassungsgesetz ist ein Versuch, den Interessenkonflikt zwischen Arbeitgeberin und Beschäftigten, der sich in diesem System nicht beseitigen lässt, friedlich zu gestalten.

Vielen Arbeitgeberinnen sind die vom Betriebsverfassungsgesetz geforderten Rücksichtnamepflichten jedoch unbekannt oder sie empfinden sie als eine echte Betriebsstörung.

»Vertrauensvolle Zusammenarbeit«, »Rechte und Pflichten«

Als Kernkonflikt in der Beziehung zwischen Arbeitgeberin und Betriebsrat erweist sich immer wieder die Frage, wann die Arbeitgeberin den Betriebsrat im Sinne des § 80 Abs. 2 Satz 1 BetrVG **rechtzeitig und umfassend unterrichtet** hat.

Das Bundesarbeitsgericht geht in ständiger Rechtsprechung davon aus, dass die Arbeitgeberin dem Betriebsrat unaufgefordert und von sich aus jederzeit und umfassend, d.h. vollständig, alle Informationen zukommen lassen muss, die der Betriebsrat benötigt, um seine gesetzlichen Aufgaben wahrzunehmen (BAG v. 11.07.72 – 1 ABR 2/72 in AP Nr. 1 zu § 80 BetrVG 1972 und BAG v. 15.12.98 – 1 ABR 9/98 in AP 56 zu § 80 BetrVG 1972; BAG 10.2.2002 – 1 ABR 7/02 in AP 59 zu § 80 BetrVG 1972). Vor allem bestätigt das Bundesarbeitsgericht in seiner Entscheidung vom 15.12.1998, dass die Arbeitgeberinnen nicht erst dann und nur soweit zu unterrichten haben, wenn Beteiligungspflichten aktuell berührt sind. Die nach § 80 Abs. 2 BetrVG geschuldete Informationspflicht hat das Ziel, dass die Betriebsräte in die Lage versetzt werden, in eigener Verantwortung selbst zu prüfen, ob sich für sie Handlungsaufgaben ergeben, damit sie entscheiden können, ob sie tätig werden wollen oder müssen. Das Bundesarbeitsgericht erkennt an, dass dafür ein sehr hohes Maß an Offenheit gefordert ist, dem ein Geheimhaltungsinteresse der Arbeitgeberinnen nicht übergeordnet ist.

Insofern ist klar, dass die Informationspflicht der Arbeitgeberin bereits im Planungsstadium zu erfolgen hat, damit Vorschläge des Betriebsrats noch berücksichtigt werden können.

Was bedeutet dies für das Beispiel auf unter Kapitel 1. Spielregeln im Arbeitsrecht, 1.1. dieses Buches? Was hat die Arbeitgeberin hier falsch gemacht? War es die Schuld des Betriebsrats, dass 350 000 € fehlinvestiert waren?

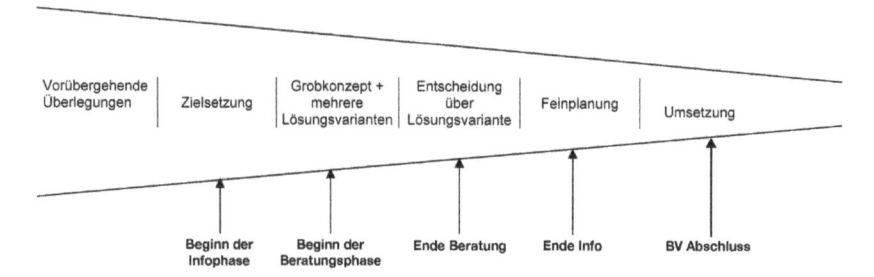

Vorübergehende Überlegungen	Zielsetzung	Grobkonzept + mehrere Lösungsvarianten	Entscheidung über Lösungsvariante	Feinplanung	Umsetzung
	Beginn der Infophase	Beginn der Beratungsphase	Ende Beratung	Ende Info	BV Abschluss

Wenn Sie eine Informationszeitleiste anlegen, kommen sie zu dem Ergebnis, dass die Arbeitgeberin den Betriebsrat nicht informieren musste, solange sie über den Gedanken der Einführung von Gruppenarbeit meditierte oder träumte. Sowie sie aber den Entschluss fasste »*wir brauchen die Einführung von Gruppenarbeit*«, und noch bevor sie eine Unternehmensberatungsfirma beauftragte, eine Betriebsanalyse und ein Konzept für viel Geld zu erstellen, hätte sie, um den Anforderungen aus § 80 Abs. 2 BetrVG gerecht zu werden, den Betriebsrat informieren müssen. Das hat sie leider versäumt. Die Arbeitgeberin muss ihr Versäumnis als ihr eigenes Versagen tragen, rechtfertigen und verantworten.

Wie behält der Betriebsrat einen klaren Kopf?

Ⓟ Betriebliche Veränderungen sind immer ein schwieriger und arbeitsintensiver Prozess. Schauen Sie sich die Grafik an, um zu erfassen, wer was wann wie zu tun hat!

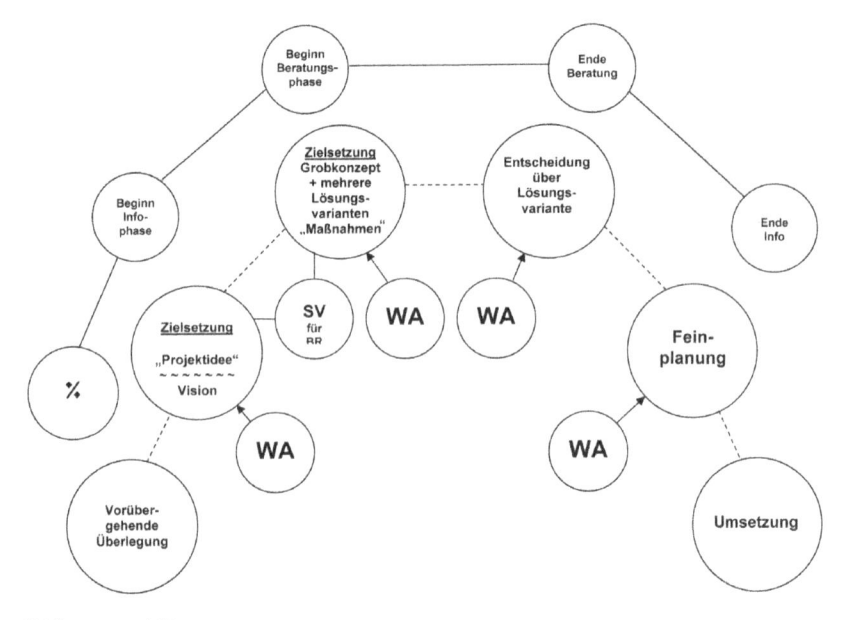

Abkürzungserklärungen
WA   Wirtschaftsausschuss
SV für BR Selbstverständnisdebatte und Gefahrenanalyse für den Betriebsrat im Gremium

In der betrieblichen Wirklichkeit kommt es häufig vor, dass die Arbeitgeberin den Betriebsrat mit ihrem Vorhaben erst dann konfrontiert, wenn sie über ein Anliegen beraten will. Das heißt, sie überspringt die Informationsphase und legt dem Betriebsrat fertige Konzepte vor, für die sie in der Regel sehr viel Geld ausgegeben hat, ohne zu bemerken, dass sie damit einen Fehler macht.

Wenn im Umgang mit Ihrer Arbeitgeberin so etwas vorkommt, machen Sie auf diese Fehlerhaftigkeit aufmerksam! Die Arbeitgeberin rettet sich aus ihrem Fehlverhalten allzu gern heraus, indem sie einzelne Personen aus dem Betriebsrat herauspickt, mit denen sie die Feinplanung besprechen will. Wann immer Sie als Betriebsrat das Gefühl haben, nichts zu verstehen, ist dies ein sicherer Hinweis darauf, dass die Informationsphase noch nicht abgeschlossen ist. **Erst wenn alle Betriebsräte alles verstanden haben, kann sich auch der gesamte Betriebsrat mit seiner Arbeitgeberin beraten und zu verschiedenen Lösungsvarianten kommen, die in der Feinplanung besprochen werden.** Sie schaden Ihrer Betriebsratsarbeit, wenn Sie einzelnen Betriebsratsmitgliedern erlauben, mit ihrer Arbeitgeberin die Feinplanung zu diskutieren, obwohl noch nicht alle alles verstanden haben. **Tatsächlich ist dies ein taktisches Manöver der Arbeitgeberin, Uneinigkeit im Betriebsrat zu fördern!** Erwarten Sie nicht, dass das Ihrer Arbeitgeberin klar ist. Sie hat ein ganz anderes und eigenes Interesse als der Betriebsrat. Die Klarheit muss der Betriebsrat sich selbst verschaffen, und aus dieser Klarheit heraus kommuniziert es sich dann auch einfacher und sicherer.

6. Geheimhaltungspflicht des Betriebsrats

Bestimmte Informationen, die der Betriebsrat in seiner Funktion als Betriebsrat von der Arbeitgeberin erhält, unterliegen nach § 79 BetrVG der Geheimhaltung.

Eine abschließende Definition, wann diese *Schweige- bzw. Verschwiegenheitspflicht* nicht besteht, finden Sie in der gesamten Rechtsprechung und juristischen Literatur nicht. Jedenfalls reicht es nicht, wenn eine Arbeitgeberin nur sagt, dass der Betriebsrat über die Informationen im Betrieb nicht reden dürfe. **Informationen unterliegen nur dann der Geheimhaltung, wenn vier Voraussetzungen gegeben sind:**

1. Es muss sich bei der Information um ein **Betriebs- oder Geschäftsgeheimnis** handeln. Das Bundesarbeitsgericht hat entschieden, dass sich ein Betriebsgeheimnis in der Regel nur auf technischem Gebiet befinden kann (BAG v. 16.03.1982 – 3 AZR 83/79 in AP Nr. 1 zu § 611 BGB Betriebsgeheimnis). Ein Geschäftsgeheimnis liegt nach der Rechtsprechung dann vor, wenn Informationen, Tatsachen und Erkenntnisse von wirtschaftlicher und kaufmännischer Bedeutung sind (BAG v. 26.02.1987 – 6 ABR 46/84 in AP Nr. 2 zu § 79 BetrVG 1972). Eine übersichtliche Aufzählung findet sich bei Däubler/Kittner/Klebe/Wedde BetrVG, 11. Aufl., § 79 Rz 8 ff. Danach kann Folgendes zu den Betriebs- und Geschäftsgeheimnissen zählen:
   - Informationen über technische Verfahren
   - Konstruktionszeichnungen
   - Patente

- Versuchsprotokolle
- Kundenlisten
- Kalkulationsunterlagen
- Liquidität des Unternehmens
- usw.

2. Es muss sich um ein **Geheimnis** handeln, d. h. es darf nur einem sehr begrenzten Personenkreis (Übersicht bei Däubler/Kittner/Klebe/Wedde BetrVG, 11. Aufl., § 79 Rz 6ff), z. B. der Betriebsleitung und der Konstruktionsabteilung, bekannt sein. Sind die Informationen bereits im Betrieb bekannt, weil alle über das Thema reden, ist es kein Geheimnis mehr. Erst recht gilt das, wenn die Betriebsleitung die Information auf ihrer Webseite im Internet präsentiert oder munter in der Tagespresse über dieses »geheime« Thema geschrieben wird.

Aus meiner fast 20-jährigen Schulungsarbeit kann ich Ihnen verraten, dass Arbeitgeberinnen häufig behaupten, Informationen unterlägen noch der Geheimhaltung, obwohl bereits die gesamte Belegschaft über das Geheimnis spekuliert, weil gewisse Informationen schon in der außerbetrieblichen Öffentlichkeit diskutiert werden.

Es liegt auf der Hand, dass in solchen Situationen die Wiederherstellung des Betriebsfriedens nur durch eine komplette innerbetriebliche Aufklärungsarbeit erfolgen kann.

3. Die Arbeitgeberin muss **ausdrücklich auf die Geheimhaltung hinweisen**.
4. Die Arbeitgeberin muss ein **berechtigtes wirtschaftliches, betriebliches Interesse an der Geheimhaltung haben** (BAG v. 16.03.1982 – 3 AZR 83/79 in AP 1 zu 611 BGB *Betriebsgeheimnis*). Das bedeutet zumindest, dass die Arbeitgeberin die wirtschaftlichen Nachteile darlegen sollte, die die Verbreitung der Information für den Betrieb hätte. Vorgänge, die gegen Gesetze verstoßen, gelten niemals als ein berechtigtes betriebliches Interesse. Soziale Unruhe ist ebenfalls ein schlechtes Argument, da in die Abwägung immer auch einzubeziehen ist, dass die Arbeitgeberinnen ihren Arbeitnehmerinnen gegenüber eine arbeitsvertragliche Fürsorgepflicht aus §§ 241, 242 BGB haben. Arbeitgeberinnen haben auch die Interessen der Arbeitnehmerinnen zu wahren, zu schützen und zu fördern. Dies kann auch bedeuten, dass Arbeitgeberinnen ihre Mitarbeiterinnen informieren müssen, wenn bestimmte Umstände im Betrieb eine Bedeutung für eine Mitarbeiterin, ihre Stellung im Betrieb oder ihr weiteres berufliches Fortkommen haben (so Kittner/Zwanziger, Arbeitsrecht Handbuch, 3. Aufl., § 72 Rz 15 mit Bezug auf eine Entscheidung des Landesarbeitsgerichts Hamm aus dem Jahre 1986), z. B. weil alle sich Sorgen machen, ob sie arbeitslos werden oder nicht.

Eine Arbeitnehmerin sollte immer die Möglichkeit erhalten, sich rechtzeitig woanders zu bewerben, wenn ihr Arbeitsplatz in Gefahr ist.

Der Betriebsrat muss in jedem Einzelfall prüfen, ob alle vier Punkte zutreffen.

6.1 Geheimhaltungspflicht vor Betriebsratsmitgliedern?

Eine Geheimhaltungspflicht innerhalb des Gremiums gibt es nach § 70 Abs. 1 Satz 3 BetrVG eindeutig nicht (BAG v. 26.2.1987 – 6 ABR 46/84 in AP Nr. 2 zu § 79 BetrVG 1972). Informationen, die für den Betriebsrat bestimmt sind, gehen immer dem gesamten Gremium zu. Die Vorsitzende und die Stellvertretung – im Falle der Verhinderung der Vorsitzenden – ist nach § 26 Abs. 2 Satz 2 BetrVG nur berechtigt, Erklärungen entgegenzunehmen. Damit soll ein einheitlicher Informationsfluss gewährleistet werden. Stellen Sie sich nur das Chaos vor, wenn es diese Vorschrift nicht gäbe! Die Arbeitgeberin könnte jedem beliebigen Betriebsratsmitglied Informationen in die Hand drücken, und die Informationen würden als zugegangen gelten. Das würde bösartigen Arbeitgeberinnen eine unglaubliche Missbrauchsmöglichkeit in die Hand geben.

6.2 Geheimhaltungspflicht vor der Arbeitgeberin

Eine Geheimhaltungspflicht gegenüber der Arbeitgeberin ist gesetzlich nicht ausdrücklich genannt. Allerdings ist es taktisch sehr unklug, der Arbeitgeberin betriebsratsinterne Informationen zukommen zu lassen. Es genügt, wenn Sie als Gremium einen Beschluss fassen und diesen Inhalt der Arbeitgeberin mitteilen. Dann hat sie alle Informationen, die sie braucht. Es geht die Arbeitgeberin nichts an, in welchem Stimmenverhältnis der Betriebsrat seine Beschlüsse fasst. Über die Veröffentlichung des Abstimmungsergebnisses bekommt die Arbeitgeberin lediglich einen Einblick in Ihre Arbeitsweise und betriebspolitische Arbeit. Solche Information würde sie Ihnen auch nie zukommen lassen!

Es lässt sich auch souveräner mit der Arbeitgeberin verkehren, wenn sie keinen Einblick in Unstimmigkeiten des Teams hat.

6.3 Geheimhaltungspflicht vor betriebsfremden Personen

Es versteht sich von selbst, dass keine betriebsfremde Person Informationen erhalten darf, die sie nichts angehen.

Soweit der Betriebsrat sich Auskunftspersonen oder Sachverständige zur Seite stellt, gilt die Geheimhaltungspflicht für diese Personen nach § 79 in Verbindung mit § 80 Abs. 4 BetrVG entsprechend.

Wenn die Presse Sie etwas fragt, kann es durchaus sein, dass das öffentliche Interesse an Ihrer Aussage sehr hoch ist. Bestehen Sie deshalb darauf, dass Sie nur Ihre Druckgenehmigung geben, wenn Sie mit dem Text einverstanden sind. So etwas nennt man ein »autorisiertes Interview«.

Kapitel 8
Einfluss der Kollegen auf die Betriebsratsarbeit

In jeder demokratischen Struktur übertragen Wähler einen großen Teil ihres Einflusses auf die gewählten Parteien oder Personen. Dies ist bei Betriebsratswahlen ebenso. Das muss aber nicht heißen, dass der Betriebsrat in gleicher Weise abgeschottet vom Wählervolk arbeitet, wie dies Parteien tun. Vielmehr ist es ratsam, im engen Kontakt mit den Kollegen zu arbeiten. Dies können Betriebsräte u. a. tun, indem sie

- Meinungen im Betrieb abfragen. Betriebsräte könnten Dialog-Räume anfordern, damit die Belegschaft im persönlichen Kontakt miteinander ist. Menschen brauchen Begegnungsräume, um miteinander zu sprechen.
- Während der Betriebsversammlung Stimmungen erfassen oder sich Aufträge geben lassen.
- Wünsche, die von Ihren Kollegen geäußert werden, in ihre Arbeit einbeziehen.
- Regelmäßige individuelle und kollektive Sprechstunden nach § 39 BetrVG einrichten.
- Beschwerdeverfahren bzw. das Beschwerdemanagement der Arbeitnehmer nach § 85 BetrVG aktiv gestalten.

Die §§ 84 und 85 BetrVG geben jedem Arbeitnehmer die Möglichkeit, sich bei einer zuständigen Stelle oder beim Betriebsrat zu beschweren. Als Betriebsrat können Sie natürlich versuchen, die Beschwerden zu regeln. Gelingt Ihnen dies nicht, müssen Sie Abhilfe durch den Arbeitgeber verlangen.

Über das Beschwerdeverfahren kann sich jede Mitarbeiterin mit jedem Thema an den Betriebsrat wenden. Wenn das Betriebsratsgremium entschieden hat, sich einem Anliegen anzunehmen – Betriebsräte müssen Schwerpunktthemen bilden, damit sie etwas erschaffen können –, darf sich das Team »Betriebsrat« um alle Angelegenheiten bis über die Einigungsstelle engagieren und kümmern. Das Betriebsratsteam ist der Souverän über die Frage: »Ist die Beschwerde berechtigt oder nicht berechtigt.« Mitarbeiterinnen müssen lernen, dass der Betriebsrat nicht jedes Thema aufgreifen kann, will und wird.

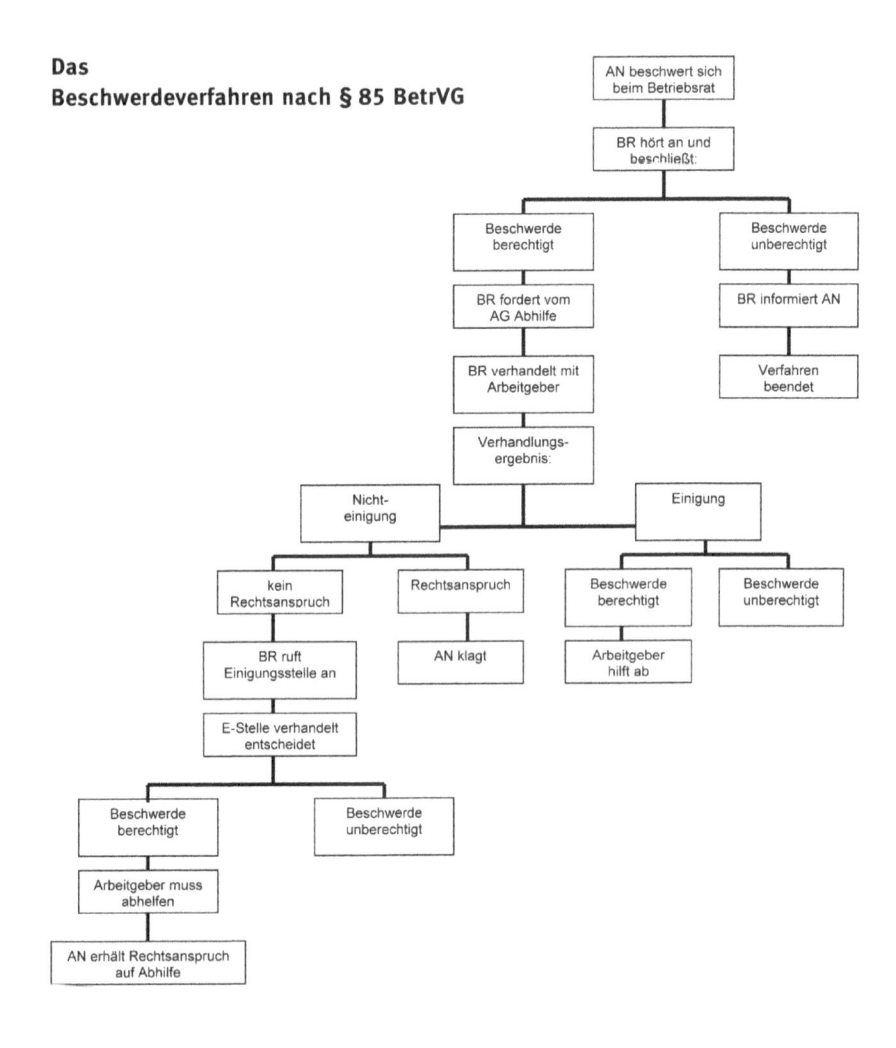

Das Beschwerdeverfahren nach § 85 BetrVG

```
AN beschwert sich beim Betriebsrat
        │
BR hört an und beschließt:
        │
   ┌────┴────────────────────┐
Beschwerde               Beschwerde
berechtigt               unberechtigt
   │                         │
BR fordert vom           BR informiert AN
AG Abhilfe                   │
   │                     Verfahren
BR verhandelt mit        beendet
Arbeitgeber
   │
Verhandlungsergebnis:
   │
   ├──────────────────────┐
Nichteinigung           Einigung
   │                        │
   ├──────────┐         ┌───┴──────────┐
kein        Rechts-   Beschwerde    Beschwerde
Rechts-     anspruch  berechtigt    unberechtigt
anspruch      │           │
   │        AN klagt   Arbeitgeber
BR ruft                 hilft ab
Einigungsstelle an
   │
E-Stelle verhandelt
entscheidet
   │
   ├──────────────┐
Beschwerde     Beschwerde
berechtigt     unberechtigt
   │
Arbeitgeber muss
abhelfen
   │
AN erhält Rechtsanspruch
auf Abhilfe
```

Kapitel 9
Gesprächs- und Verhandlungsführung

Neben den fundierten rechtlichen Kenntnissen, die Sie als Betriebsrätin benötigen, sind im selben Maße kommunikative und rhetorische Fähigkeiten verlangt. Dieses Kapitel verfolgt das Ziel, Ihnen einen roten Faden in die Hand zu geben, mit dem Sie Gespräche und Verhandlungen strukturieren können. Als Kommunikationstrainerin und Mediatorin muss ich allerdings auch sagen, dass es keine perfekte Struktur gibt, mit der Sie eine hundertprozentige Sicherheit erlangen können, wie die Kommunikation gelingt.

Eine einfache Struktur bietet eine Vorgehensweise in vier Phasen. Damit kommen Sie sicher durch ihre Gespräche.

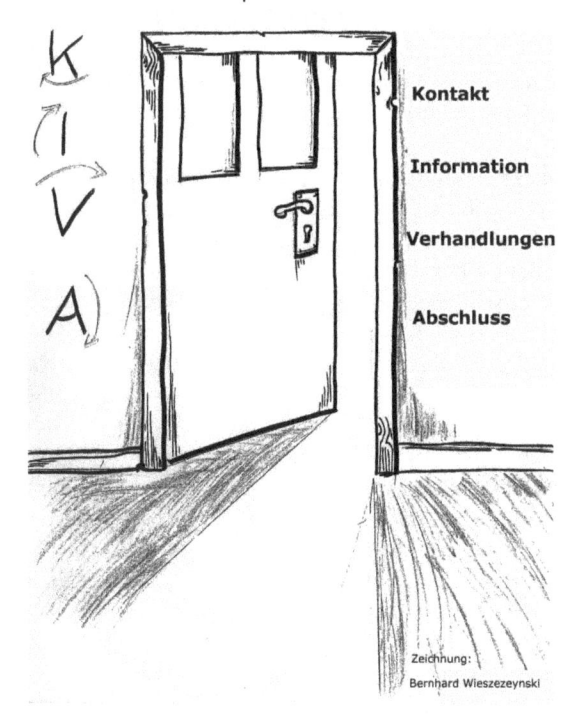

KIVA)

Kontakt

Information

Verhandlungen

Abschluss

Zeichnung: Bernhard Wieszezeynski

1. Woran ist eine partnerschaftliche Kommunikation erkennbar?

In der einfachen Vier-Phasen-Struktur müssen Sie sich vor Augen halten, dass kein Gespräch erfolgreich sein kann, wenn die einzelnen Phasen nicht jeweils vollständig abgeschlossen sind. Ein gutes Gespräch oder eine gute Verhandlung lässt sich daran erkennen, dass für die einzelnen Phasen eine bestimmte Mindestzeit aufgewendet wird, für die es folgende Erfahrungswerte gibt:

✱
Phasen
- (K) Kontaktphase = 5,0 % der Zeit
- (I) Informationsphase = 80 % der Zeit
- (V) Verhandlungsphase/Vereinbarungsphase = 10 % der Zeit
- (A) Abschlussphase = 5,0 % der Zeit

1.1 Gesprächsführung als Prozess in vier Phasen

Ob Sie sich in einem guten Kommunikationsfeld befinden erkennen Sie daran, dass diese vier Phasen immer eingehalten werden!

Eine **Kontaktphase** verläuft nur dann gut, wenn die richtige Gesprächspartnerin Ihnen einen störungsfreien und gut vorbereiteten Gesprächsrahmen bietet.
    Wenn Sie zu einem Gespräch erscheinen und auf eine Person treffen, die keine abschließende Regelungskompetenz hat, können Sie davon ausgehen, dass heute kein abschließendes Ergebnis zustande kommen wird. Wenn Ihre Gesprächspartnerin zwar die Richtige ist, Sie jedoch nicht einmal begrüßt werden, oder wenn es keinen Rederahmen gibt, weil z. B. Sitzplätze fehlen, das Arbeitgeberinnenhandy permanent klingelt, Ihre Gesprächspartnerin unvorbereitet ist oder über etwas ganz anderes reden will, als vereinbart wurde oder ... Dann gibt es keinen Kontakt, und Sie tun sich Gutes, wenn Sie erkennen, dass Sie in diesem Gespräch keine befriedigenden Ergebnisse erzielen können – egal, was Sie anstellen. Ihre Gesprächspartnerin ist nicht gesprächs- und verhandlungsbereit! Es geht nun darum, den Gesprächsrahmen souverän zu verlassen. Es entspricht nicht einem menschenwürdigen Umgang, andere zu missbrauchen, indem ich sie vorführe.
    Die **Informationsphase** nimmt in jedem Gespräch die meiste Zeit ein. In den seltensten Fällen sind alle Informationen bekannt, verstanden und vorab ausgewertet worden, so dass Sie sich direkt in die Verhandlungsphase bzw. Vereinbarungsphase begeben können.

In der Informationsphase teilen einander alle Beteiligten
1. alle Informationen mit. Diese Phase ist erst abgeschlossen, wenn die Beteiligten die Informationen verstanden haben.
2. Im nächsten Schritt werden die verstandenen Informationen ausgewertet, so dass alle Beteiligten denselben Sachstand haben und sich ein Bild machen können.

Wenn Sie in weiterführender Literatur über Gesprächstechniken nachschlagen, werden Sie diese Anwendungsphase überall wiederfinden. Noch geht es nicht darum, die Ereignisse und das Anliegen zu bewerten oder gar eine Schlussfolgerung und Handlungsabsicht festzulegen. Das geschieht in der Verhandlungs- bzw. Vereinbarungsphase.

Sie erkennen, dass die Zeit für die **Verhandlungs- bzw. Vereinbarungsphase** gekommen ist, wenn niemand mehr einen Informationsbedarf hat und insofern alle zielgerichtet nach Lösungen oder Regelung suchen.

In dieser **Verhandlungsphase** finden keine Diskussionen mehr statt. Hier werden Ergebnisse verhandelt bzw. Vereinbarungen getroffen.

In der **Abschlussphase** werden die Gesprächsinhalte zusammengefasst, Regelungen werden noch einmal festgehalten. Verabschiedung und Dank runden das Gespräch ab. In einem **Beratungsgespräch** wird in der Regel ein Protokoll geschrieben. In einem **Seelsorgegespräch** wird in der Regel nichts notiert. Man wünscht der Anderen alles Gute und entlässt sie mit den besten Wünschen. In einer **Verhandlung** wird ein Vertrag oder eine Betriebsvereinbarung unterzeichnet. In einem **Konfliktgespräch** bedanken Sie sich bei den Streitenden, dass sie sich die Mühe gemacht haben, den Konflikt zu regeln. In der Regel werden Sie eine schriftliche Niederschrift oder die streitschlichtende Vereinbarung schriftlich festhalten.

1.2 Unterschiedliche Absichten innerhalb der unterschiedlichen Gespräche

Während des **Beratungsgesprächs** wird Ihre Gesprächspartnerin Ihnen ein Anliegen schildern und möglicherweise eine Auskunft bzw. eine Einschätzung der Rechtslage bzw. der weiteren sozialen Vorgehensweisen erhalten wollen. In einem von vielen Betriebsräten so genannten **Seelsorgegespräch** erhalten Sie einen Sachverhalt und den Hinweis, dass Ihre Gesprächspartnerin nur möchte, dass Sie Ihr zuhören. Sie erfahren, dass es keinen Handlungsauftrag für den Betriebsrat gibt. In der Auswertung des Sachverhalts und dem nicht erteilten Handlungsauftrag werden Sie Ihrer Gesprächspartnerin mitteilen, dass der Betriebsrat nicht ohne die Zustimmung eines Handlungsauftrags tätig wird. Sie werden Ihrer Gesprächspartnerin die Konsequenzen aufzeigen und sich ansonsten das *Herzens- und Seelenleid* in aller Ausführlichkeit schildern lassen. In einer **Verhandlung** werden Sie einen Sachverhalt oder ein Anliegen erfahren, dessen Inhalt und Tragweite Sie erst einmal verstehen müssen. Dann werden Sie Ihrer Gesprächspartnerin die Einschätzung und das Maximalziel des Betriebsrats mitteilen und Ihr Gegenüber wird die Mühe aufbringen müssen, Ihr Anliegen zu verstehen. Sie werden auch an die Auswertung der erhaltenen Information gehen. In einem **Konfliktgespräch** werden sie verschiedene Sichtweisen der Konfliktursachen und des Konfliktverlaufs erfahren und unter Anwendung von Gesprächsführungstechniken herausfiltern, was geschehen ist und welche Regelungswünsche oder Regelungsabsichten Ihre Gesprächspartnerinnen haben. Sie werden mit den Streitenden die Maximal- und Minimalziele erarbeiten.

In einem **Beratungsgespräch** werden Sie in dieser Phase erfahren, was Ihre Gesprächspartnerin von Ihnen und sich selbst erwartet. Sie wird Ihnen sagen können, was sie jetzt tun will oder welche Handlungen sie vom Betriebsrat erwartet. In einem **Seelsorgegespräch** werden Sie sich noch einmal versichern lassen, dass der Betriebsrat keinen Handlungsauftrag erhalten hat. Sie werden möglicherweise weitere Gesprächstermine anbieten oder erklären, warum sie keine weiteren Seelsorgegespräche mehr anbieten. Es wird zu einer Vereinbarung über den weiteren Verlauf der Gespräche kommen. In einer **Verhandlung** werden Sie auf bestimmte Interessen und daraus folgende Positionen bestehen. Sie werden Ihrem Gegenüber sagen, zu welchem Ergebnis Sie gekommen sind. In einem Mitbestimmungsverfahren gelangen Sie zu dem Ergebnis, dass weitere Verhandlungen über die Einigungsstelle erfolgen werden, weil anders offenkundig keine Einigungsmöglichkeit besteht, oder Sie einigen sich mit Ihrem Gegenüber.

2. Kennzeichen der einzelnen Gesprächstypen

2.1 Das Beratungsgespräch

Das Beratungsgespräch zeichnet sich dadurch aus, dass Ihre Kolleginnen von Ihnen einen Rat wollen. Hier ist Ihr Sachverstand gefragt. Die Entscheidung darüber, was Ihre Kolleginnen im Einzelnen tun wollen oder gar sollen, können Sie ihnen nicht abnehmen. Sie können lediglich mit Sachkompetenz Ihrer Kollegin dabei behilflich sein, eine Entscheidung für sich zu finden.

2.2 Das Seelsorgegespräch

Das Seelsorgegespräch ist nicht im theologischen Sinne zu begreifen und doch hat es einen gewissen Beichtcharakter, da Ihre Kolleginnen nicht die Absicht verfolgen, dass der Betriebsrat etwas tun soll. Vielmehr steht hier im Vordergrund, dass Ihre Kolleginnen mit Anliegen belastet sind, die sie mit Ihnen – ähnlich wie in einem Beichtgespräch – klären wollen. Oft wollen Ihre Kolleginnen auch selber nichts oder noch nichts tun. Es genügt ihnen, mit jemanden aus dem Betriebsrat zu sprechen und auf Verständnis zu treffen.

Dass Sie sich im Seelsorgegespräch befinden, erkennen Sie daran, dass, wenn Sie einen Vorschlag machen, wie der Betriebsrat Abhilfe schaffen könnte, die Kolleginnen mit den Worten reagieren: »Nee, so war das nicht gemeint« oder »Ich möchte aber nicht, dass du mit irgendjemandem darüber sprichst.«

Sie müssen sich vergegenwärtigen, dass Sie dann keinen Handlungsauftrag als Betriebsrat haben. So haarsträubend das Anliegen Ihrer Kollegin auch sein mag – wenn Sie keine Erlaubnis haben, den Betriebsrat oder die Arbeitgeberin über den Gesprächsinhalt zu unterrichten, müssen Sie ihn für sich behalten.

Wenn Sie das nicht tun, wird es Ihnen in der Regel passieren, dass die Kolleginnen später nicht öffentlich zu ihrem Anliegen stehen, oder es kommt gar soweit, dass der Betriebsrat in Misskredit gerät, weil Kolleginnen sich vom Betriebsrat distanzieren und sagen: »Dem Betriebsrat darf man nichts erzählen, so habe ich das nie gesagt!«

Fragen Sie die Kollegin, ob der Betriebsrat etwas für Sie tun soll. Sagen Sie ihr, dass es nicht möglich ist, dass nur ein Mitglied im Betriebsrat die Informationen erhält, wenn der Betriebsrat etwas tun soll.

Sagen Sie ihr in diesem Fall, dass sich nichts an ihrer Lage verändern wird, solange der Betriebsrat keinen Handlungsauftrag hat oder die Kollegin nicht selber aktiv wird.

Legen Sie einen Gesprächszeitrahmen fest. Zum Beispiel könnten Sie sagen: »Ich stehe dir gerne für drei Gespräche in dieser Angelegenheit zur Verfügung. Ich bin nicht als Psychologin oder Seelsorgerin ausgebildet. Nach den drei Gesprächen gucken wir mal, wo Du Dir anderweitig Unterstützung organisieren kannst. Wenn Du uns als Betriebsrat nicht den Auftrag erteilst, etwas für Dich zu tun, dann werden wir dies auch nicht tun. Bedenke jedoch, dass sich dann nichts an deiner Situation ändern wird. Wenn Du mir nicht einmal erlaubst, von deinem Anliegen den anderen Betriebsräten zu berichten, müssen wir uns so verhalten, als wüsste der Betriebsrat nichts davon.«

Aus der Praxis weiß ich, dass diese Gespräche für Betriebsrätinnen oft die Belastungsgrenze überschreiten. Sie fühlen sich *wie vollgemüllt*, ohne das sie wissen, wohin sie mit diesen Belastungen gehen sollen. Sie sind eben keine Pastorin, die die Beichte abnimmt und den Beichtinhalt in einem Gebet zu Gott weiterleitet. Natürlich könnte das Beten eine hilfreiche Technik sein, mehr dürfen Sie aber nicht tun.

2.3 Für Verhandlungen

Für Verhandlungen hat sich der Betriebsrat in einem Beschluss ein bestimmtes Ziel gesetzt, das in der Verhandlung zum Gegenstand wird. **Die Hauptarbeit bei einer Verhandlung besteht in einer guten Vor- und Nachbereitung einer Verhandlung.** Dieses außergewöhnlich wichtige Thema muss hier aus Platzgründen leider zurückgestellt werden. **In der Verhandlung selbst erörtern Sie als Betriebsrat nur das vorab vereinbarte Ziel. Kommen dabei Alternativen zur Sprache, nehmen Sie diese in Ihre nächste Betriebsratssitzung mit.** Etwas anderes kann nur gelten, wenn Ihre Verhandlungspartnerin mehr anbietet, als Sie erwartet haben, und alle sich freuen.

Zur Hilfe kommt Ihnen dabei das Betriebsverfassungsgesetz. Sagen Sie Ihrer Verhandlungspartnerin, dass der Betriebsrat in dieser Angelegenheit erst einen neuen Beschluss fassen muss, oder dass Sie sich erneut zur Beratung im Team zusammensetzen müssen.

2.4 Für das Konfliktgespräch

Ein Konflikt liegt immer dann vor, wenn es widerstreitende Interessen gibt. Dass Sie im Betrieb oder mit Ihrer Arbeitgeberin in Streit geraten können, ist ganz normal und unvermeidbar.

Die hohe Kunst des Konfliktgesprächs liegt nicht darin, das Streiten zu vermeiden oder gar zu unterdrücken. Die Kunst liegt darin, durch den Konfliktprozess so hindurch zu gehen, dass am Ende eine Regelung herauskommt, mit der alle weiterleben mögen.

Wenn Sie selbst Konfliktbeteiligte sind, können Sie keine Konfliktmoderation übernehmen, da es menschlich nicht möglich ist, gegen die eigenen Interessen zu agieren.

Wenn Sie Schlichterin sind, gilt für Sie ein absolutes Neutralitätsgebot gegenüber den Streitenden. Die Beteiligten können sich parteiliche Unterstützung organisieren, während Sie als Streitschlichterin neutral bleiben müssen. Es darf Ihnen nicht persönlich wichtig sein, zu welcher Regelung die Streitenden kommen.

2.5 Unterscheidung des Konfliktgesprächs von Kampfauseinandersetzungen

Wenn sich der Betriebsrat mit der Arbeitgeberin in einem Interessenkonflikt befindet, besonders bei Rationalisierungen und Sozialplanauseinandersetzungen, befinden Sie sich nicht in einem Konfliktgespräch, sondern in einem Kampf. Dann müssen Sie für Ihre Belange kämpfen und sich ggf. eine neutrale Person als Schlichterin (z. B. Einigungsstelle) hinzuorganisieren. Es ist völlig normal, dass sich nicht jedes Anliegen in einem harmonischen Gespräch mit Ihrer Arbeitgeberin klären lässt. Das Betriebsverfassungsgesetz selbst stellt für diese Kampfhandlungen die Spielregeln auf!

Berthold Brecht hat mal gesagt: »Wer kämpft, kann verlieren, wer nicht kämpft, hat schon verloren«.

Sie müssen zu Beginn Ihrer Betriebsratsarbeit zunächst Ihre Scheu vor diesen Kampfhandlungen überwinden. Es ist normal, zunächst schüchtern und vorsichtig an die Sache heran zu gehen. Mit der Zeit verliert sich diese Zurückhaltung. Besonders dann, wenn Sie Kämpfe verloren haben, weil sie belogen oder *über den Tisch* gezogen worden sind.

Nicht jeder Streit lässt sich vermeiden. Dabei werden Sie die betriebsverfassungsrechtlichen Grenzen als Enge empfinden, wenn Entscheidungen bevorstehen, bei denen für die Beschäftigten viel auf dem Spiel steht.

2.6 Beispiele für KIVA in den unterschiedlichen Gesprächskategorien

2.6.1 Es besteht keine Gesprächsbereitschaft

Sie wollen das Thema »Gute Arbeits- und Lebensbedingungen« in einer Betriebsvereinbarung zum Thema »Gesundheitsmanagement« vereinbaren.

In mehreren Monatsgesprächen hat der Betriebsrat auf die hohe Arbeitsbelastung in den einzelnen Abteilungen und immer wieder auch auf den hohen Krankenstand hingewiesen. Die demographische Entwicklung lässt ahnen, dass das Kollegium in drei Jahren durchschnittlich 52 Jahre jung sein wird. Außerdem haben diverse junge Kolleginnen angekündigt, eine Familie gründen zu wollen.

Störung in der K-Phase
Der Betriebsrat hat sich gut vorbereitet. Die Geschäftsführerin kommt nicht zu diesem Gespräch, stattdessen schickt sie ihre Stellvertretung, die keine Rege-

lungskompetenz hat. Die Stellvertretung ist nicht vorbereitet. Sie begrüßt den Betriebsrat mit den Worten: »Gut, dass wir heute zusammensitzen, ich muss dringend über die Koordination der Abteilungsarbeit mit dem Controlling sprechen. Da geht ja gar nichts mehr.«

Der Betriebsrat erwähnt noch einmal, dass er heute zum Thema »Gute Arbeits- und Lebensbedingungen« eingeladen hat.

Das Telefon klingelt. Die Stellvertretung telefoniert und will ausschließlich über die Arbeitskoordination sprechen. Sie sagt, dass sie nichts zum gewünschten Thema sagen kann, weil dringendere Dinge auf dem Tisch liegen.

Der Betriebsrat tut gut daran zu erkennen, dass er heute kein Gespräch zum Thema hinbekommen wird. Er verliert sich nicht in Klagen und Jammern. Ein Betriebsratsmitglied steht auf und verlässt den Gesprächsrahmen.

Stattdessen macht er Folgendes:
Auflösung in der I-Phase
Der Betriebsrat äußert offen seine Enttäuschung darüber, dass die Arbeitgeberin nicht gesprächsbereit ist. Er sagt, dass er eine Fortsetzung des heutigen Termins nicht für sinnvoll hält, da die Arbeitgeberseite nicht vorbereitet ist und stattdessen über ein Thema sprechen will, auf das der Betriebsrat nicht vorbereitet ist.

Kurze Nachfrage, ob dies anders gesehen wird.

Die V-Phase
Der Betriebsrat fasst noch einmal zusammen, dass ein heutiges Gespräch zum Thema nicht möglich ist. Er protokolliert[51] dies. Dann bietet er einen neuen Gesprächstermin an. Er protokolliert, dass er in diesem Gespräch die Chefin dabei haben möchte, weil nur sie eine abschließende Regelungskompetenz hat.

Die A-Phase: »Rein wie eine Königin und raus wie eine Königin.«
Der Betriebsrat steht auf! Er bedankt sich kurz für die Bemühung und strahlt Zuversicht aus, dass das kommende Gespräch auf fruchtbarem Boden geführt wird. Und nun geht der Betriebsrat.

Alle vier Phasen sind durchgeführt.

---

51 Das ist wichtig für den späteren gerichtlichen Beweis, dass das Gespräch gescheitert ist. Viele Betriebsräte vergessen das. Um später die Einigungsstelle anzurufen, müssen Sie beweisen können, dass die Verhandlung gescheitert ist. Hier ist auch wichtig, dass die Arbeitgeberin sich geweigert hat, eine Verhandlung zu führen.

Gesprächs- und Verhandlungsführung

2.6.2 KIVA im Beratungsgespräch

K-Phase
Das Gespräch findet zu einem vereinbarten Termin und in einem vereinbarten Rahmen statt. Begrüßung.

I-Phase
Was ist passiert? Worüber möchtest du sprechen? Viel fragen und wenig reden.
  Die Kollegin schildert, worum es geht, die Betriebsrätin erörtert die Rechtslage und macht Vorschläge, wie diese Angelegenheit geregelt werden könnte.
  Sie fragt die Kollegin, ob sie etwas für sie tun darf. Die Antwort lautet Nein. Die Kollegin wollte nur wissen, was ihr zusteht und will es nun selber regeln.

V-Phase
Die Betriebsrätin fast noch einmal zusammen, was sie verstanden hat und wünscht ihrer Kollegin viel Erfolg.

A-Phase
Die Betriebsrätin bedankt sich für das Gespräch. Sie erwähnt, dass sie gerne weiterhilft, wenn der Alleingang nicht klappt und wünscht der Kollegin alles Gute.

2.6.3. KIVA im Seelsorgegespräch

K-Phase
Das Gespräch findet zu einem vereinbarten Termin und in einem vereinbarten Rahmen statt. Begrüßung.

I-Phase
Was ist passiert? Worüber möchtest du sprechen? Viel fragen und wenig reden.
  Die Kollegin schildert, worum es geht. Die Betriebsrätin erörtert die Rechtslage und macht Vorschläge, wie die Angelegenheit geregelt werden könnte.
  Sie fragt ihre Kollegin, ob sie etwas für sie tun darf. Die Antwort lautet Nein. Die Kollegin will nur wissen, was ihr zusteht, und diese Sache einmal jemandem mitteilen. Möglicherweise fließen Tränen, oder es wird sehr emotional erzählt.
  Die Betriebsrätin bemüht sich um eine Linderung, indem sie nachfragt, ob sie etwas für die Kollegin tun soll, oder ob die Kollegin selber etwas tun will!
  Die Antwort bleibt NEIN.
  Die Betriebsrätin versucht, das Gespräch so knapp wie möglich zu halten.

V-Phase
Die Betriebsrätin fasst noch einmal zusammen, was sie verstanden hat. Sie sagt deutlich, dass sie keine Zeit oder Lust hat, sich ungeheuerliche Geschichten anzuhören, wenn überhaupt kein Änderungswunsch besteht. Sie bietet ihr maximal zwei weitere Gespräche zu dem Thema an, dann müsse die Kollegin einmal überlegen, mit wem sie das Thema weiter erörtern wolle. Vielleicht könnten Profis helfen. Sie selbst sei für diese Anforderung nicht ausgebildet.

A-Phase
Die Betriebsrätin bedankt sich für das Gespräch. Erwähnt, dass sie gerne weiterhilft, wenn ein Veränderungswunsch ansteht. Und sie wünscht ihrer Kollegin alles Gute.

In allen weiteren Gesprächen versucht die Betriebsrätin zu erkennen, ob die Kollegin etwas an ihrem Umstand verändern möchte oder nicht. Will die Kollegin nichts verändern und sucht eigentlich nur jemandem, dem sie all ihre Geschichten erzählen kann, sollte die Betriebsrätin diesen Gesprächen maximal 15 Minuten einräumen. Nach dem dritten Gespräch empfehle ich keine weiteren Gespräche, solange sich nichts verändern soll.

2.6.4 KIVA in einer Verhandlung – oder: Warum dauert es so lange!

In einer Situation, in der Sie sich in einer Verhandlung befinden, ist es für ungeübte Verhandlungspartnerinnen manchmal schwierig zu verstehen, dass die oben genannte Zeiteinteilung für den gesamten Verhandlungszeitraum gültig ist.

In einem nicht unwesentlichen Zeitfenster des Verhandlungsprozesses befinden Sie sich immer in der so genannten Verhandlungsvorbereitung.

Beispiel: Abschluss einer Betriebsvereinbarung zum Thema »Gesundheitsmanagement«
Zunächst muss man davon ausgehen, dass es eine ganze Weile dauert, bis die Ereignisse im Betrieb so weit sind, dass sie geregelt werden müssen.

Eine Zeitspanne von zwei bis drei Jahren ist je nach dem angestrebten Erfolg des Veränderungsprozesses nicht selten. Sie müssen beharrlich und geduldig bleiben. Es gilt eine alte Weisheit:

»Kontinuierliches Arbeiten führt zum kontinuierlichen Erfolg«.

Sie müssen zu diesem Thema mindestens eine Arbeitsgruppe zusammenstellen, die ausreichend Zeit und Bildung erhält, um dieses dringende Zukunftsthema zu bearbeiten! Auch ich würde es nicht ohne Fachberatung regeln können.

Außerdem würde ich das Anliegen in eine Gesamtstrategie einbetten. Dann sind die Teilschritte besser planbar.
Eine Urlaubsregelung bekommen Sie natürlich in der Regel schneller vom Tisch. Wenn Sie sich jedoch z. B. das Thema »Gesundheitsmanagement oder den demografischen Wandel im Betrieb« vornehmen, werden Sie mit Konflikten oder viel Bildungs- und/oder Beratungsbedarf umgehen müssen.[52]

Folgender Verlauf soll das deutlich machen:

01/14	Der Betriebsrat ist sich einig, dass dringend etwas zu diesem Thema gemacht werden muss.
	Monatsgespräch mit der Arbeitgeberin = keine abschließende Regelung, nur ein »ach, ja«.
	In den Sitzungen wird immer wieder über das Thema geredet
02/14	Der Betriebsrat beschließt, dass sich jemand zu diesem Thema schulen lassen muss. Ein Schulungsanbieter muss gefunden werden. Bis 03/14 wird gesucht und manch eine macht bereits eine Internetrecherche.
03/14	Eine Schulung ist gefunden. Termin 08/14. Das Thema liegt bis August auf Eis, aber zwischendurch wird kräftig recherchiert.
08/14	Die Schulung hat stattgefunden. Voller Eifer sucht unsere Betriebsrätin weitere Kolleginnen für eine Projektgruppe »Gesundheitsmanagement«. Es wird debattiert und gesucht bis 09/14.
09/14	Die Projektgruppe tagt und arbeitet. In jedem Gespräch mit der Arbeitgeberin wird das Thema besprochen. Ab jetzt wird diese Tatsache auch protokolliert.
10/14	Die Projektgruppe hat inzwischen erkannt, dass das Thema *Gesundheitsmanagement* mit weiteren Themen verbunden ist, die ebenfalls in diese Vereinbarung eingebaut werden können. Unter anderem sind dies:

- Altersgemäßes **Arbeiten**
- **Mobbing**

---

52 Schauen Sie sich einmal die Dienstvereinbarung »Gesundheit« der Stadt Berlin mit ihrem Hauptpersonalrat an unter www.berlin.de/hpr/dienstvereinbarungen.
In Google können Sie das Stichwort »Dienstvereinbarung Gesundheit – Berlin« eingeben. Dann befinden Sie sich auf der Seite des Hauptpersonalrats. Dort können Sie die PDF-Datei »Dienstvereinbarung über die Betriebliche Gesundheitsmanagement in der Berliner Verwaltung (DV Gesundheit)« herunterladen.
So eine Dienstvereinbarung braucht lange Zeit und eine gründliche Vorbereitung, bis sie zustande kommt. Vorangehen muss unbedingt eine IST-Analyse der Arbeitsbedingungen. Sie müssen sorgfältig überlegen, was die Belegschaft wirklich braucht, um Ihre Gesundheit zu sichern. Sie müssen herausfinden, welche Regelungen Ihnen am meisten zusagen. Diese Informationen müssen in einem SOLL-Plan verarbeitet werden. Zwischen der IST-Analyse und der Soll-Bestimmung braucht es eine kluge Taktik und Operative, damit das Ziel möglichst weitgehend erreicht wird.

- **Stress am Arbeitsplatz**
- Konfliktmanagement
- **Vereinbarkeit von Familie und Beruf**
- Gute Arbeit und gutes Leben
- **Persönlichkeitsrechte.** Unter anderem Art. 1 GG der Bundesrepublik Deutschland »Die Würde des Menschen ist unantastbar« und andere wichtige Normen einer zivilisierten Welt.

Des Weiteren hat sie erkannt, dass es klug ist, das Thema in drei Kategorien zu gliedern.

Primärprävention: »Wir sind gesund und wir wollen es bleiben.«

Sekundärprävention: »Wir schwächeln ein bisschen und wir wollen genesen und durch die Arbeit nicht mehr erkranken.«

Tertiärprävention: »Wir sind dauerkrank oder sogar behindert und wollen trotzdem bis zur Rente weiterarbeiten.«

Dieser Sachstand wird mit dem Gremium erörtert, und schon ist Weihnachten und die Jahresabschlüsse drängen. Im Betrieb finden sich jede Menge weitere Regelungsanlässe. Der Betriebsrat ist am Rande seiner Kraft.

01/15	Neues Jahr, neue Kraft. Das Monatsgespräch mit der Arbeitgeberin war frustrierend. Der Betriebsrat teilt mit, dass er für dieses Thema dringend eine Sachverständige braucht.
02/15	Der Betriebsrat sucht eine Sachverständige und ist erschrocken, wie teuer diese Leute sind. Er findet eine Sachverständige und debattiert mit der Arbeitgeberin über die Kosten.
	Die Arbeitgeberin weigert sich, die Kosten zu übernehmen.
03/15	Der Betriebsrat klagt vor dem Arbeitsgericht und gewinnt.
04/15	Zwischen April und Juni 2015 erarbeitet der Betriebsrat einen Entwurf mit der Sachverständigen.
06/15	Die Arbeitgeberin weigert sich, diesen Entwurf anzunehmen. Sie stellt einen eigenen Entwurf vor.
	Debatte, Debatte und nochmal Debatte. Es folgen die Sommerferien, und ab 08/15 sind alle wieder aus dem Urlaub zurück. Manchmal dauert so ein Prozess ein ganzes Jahr.
09/15	Der Betriebsrat befindet sich in einem Verhandlungsgespräch. Nach drei Sitzungen wird die Verhandlung für gescheitert erklärt und der Betriebsrat beschließt, die Einigungsstelle anzurufen.
	Nun ruft der Betriebsrat entweder bei seiner Gewerkschaft an oder er sucht sich eine Anwältin, die dabei behilflich ist, das Verfahren zu führen
10/15	Das Einigungsstellenverfahren wird eingeleitet. Die Einigungsstellenvorsitzende findet einen Termin im November.

Gesprächs- und Verhandlungsführung

11/15 Das erste Gespräch mit der Vorsitzenden. Es werden weitere Erörterungstermine festgelegt. Zwei weitere Gespräche finden statt.
12/15 Wegen Weihnachten und Jahresabschluss wird auf ein weiteres Gespräch im Dezember verzichtet.
01/16 Die Einigungsstelle entscheidet.
Es ist völlig normal, dass Sie für dieses Thema zwei Jahre brauchen.

Die **eine K-Phase** gibt es nicht. Diverse Gespräche aus dem Jahre 2013 bereiten die Gespräche in 2014 vor.

Die **I-Phasen** finden zwischen Januar 2014 und September 2015 statt.

Die **V-Phase** hat im September 2015 das Ergebnis, dass die Einigungsstelle angerufen wird.

Wahrscheinlich fällt die **A-Phase** unterkühlt und knapp aus.

Im November 2015 geht KIVA mit der Vorsitzenden wieder von vorne los.
Zwischen November 2015 und Januar 2016 findet nur ein Informationsaustausch statt.
Erst im Januar 2016 kommt es zu einer Vereinbarung und hoffentlich zu einem glücklichen Abschluss.
Es gibt andere Themen, die ein Betriebsrat bedeutend schneller verhandeln kann. Sie sollten jedoch den Faktor Zeit stets im Auge behalten. Sonst könnte es passieren, dass ihnen im Dezember 2014 die Umsetzungsenergie fehlt, weil Sie ihr Ziel aus dem Auge verloren haben. Und vielleicht wissen Sie es noch nicht, es gilt der Grundsatz: »Aufgeben ist nicht erlaubt.«

2.6.5 KIVA in einem Konfliktgespräch

In einem Konfliktgespräch ist es von Bedeutung, dass sich die Gesprächsführerin mit eigenen Ideen und Ansätzen zurückhält und sich »allparteilich« gibt.
In einem Konfliktgespräch können Sie vorerst die Haltung aus dem Seelsorgegespräch oder dem Beratungsgespräch einnehmen. Es ist wichtig, dass Sie eine Konfliktanalyse durchführen.

Tipp:
Finden Sie zunächst heraus, was eine mögliche Ursache für den Konflikt ist. Nehmen Sie Abschied von dem Ideal, dass ein Konflikt gelöst werden muss. In 99,99 % aller Fälle wird der Erfolg darin bestehen, dass Sie einen Konflikt zwar

nicht lösen, aber immerhin regeln konnten. Und etwas zu lösen ist etwas anderes als etwas zu regeln. Bei einer Regelung hat man es in der Regel mit einem Kompromiss zu tun! In einer Lösung sind alle zufrieden und glücklich; alle haben, was sie wirklich brauchen und gewollt haben. Ein Ergebnis, dass wirklich sehr selten ist.

Ursachen für Konflikte

Sachkonflikte
- Mangel an Information
- Fehlinformation
- Missverständnisse
- Unterschiedliche Einschätzung dessen, was wichtig ist
- Unterschiedliche Interpretation von Daten und Ereignissen
- Unterschiedliche Kriterien zur Bewertung eines Sachverhalts

Interessenkonflikte
- Angenommene oder tatsächliche Konkurrenz von
- inhaltlichen Interessen
- Verfahrensinteressen
- verhaltensbezogenen Interessen

Beziehungskonflikte
- Starke Emotionen (positive und negative)
- Mangelnde Kommunikation oder Fehlkommunikation
- Wiederholtes negatives Verhalten
- Störung in der Beziehung zueinander

Wertekonflikte
- Verschiedene Kriterien zur Bewertung von Ideen oder Verhalten
- Sich gegenseitig ausschließende Ziele bei der Verwirklichung von inneren Werten
- Unterschiedliche Welt- und Menschenbilder
- Unterschiedliche Lebensformen, kulturelle Werte, Ideologien, Religionen
- Unterschiedliche Wahrnehmungen oder Vorurteile

Strukturkonflikte
- Zerstörende und/oder störende Handlungsmuster
- Unklare oder auseinandergehende/abweichende Rollenerwartungen
- Bei Klarheit struktureller Position und Rolle: Ungleiche Kontrollmöglichkei-

ten, Eigentumsverhältnisse oder Zugang zu Ressourcen, Ungleiche Einflussmöglichkeiten
- Umfeldbezogene Faktoren: Was behindert (geografisch, psychisch, physisch, rechtlich, strukturell, organisatorisch)?

Ein **Wertekonflikt** ist nicht zu lösen. Er zeichnet sich durch hohe moralische Glaubenskräfte aus. Diese Konflikte müssen Sie moderieren. Regelungen oder gar Lösungen müssen die Streitenden selber finden und vereinbaren.

In einem Interessenkonflikt ergreifen Sie Partei für Ihren Soll-Bedarf. Ihre Arbeitgeberin verhandelt auch aus ihrem Soll-Bedarf heraus. Daher ist es nicht unüblich, dass Sie manches Mal frustriert aus einem Gespräch herausgehen. Sie müssen darauf vertrauen, dass Ihre Arbeitgeberin »ihren Laden« im Blick hat. Was ihr systemisch bedingt aus dem Blick gerät, sind die Bedürfnisse der Beschäftigten. Oft kommt eine große Portion sozialer Inkompetenz hinzu, so dass es zwingend notwendig ist, dass Sie ihr Ziel nicht aus ihren Augen verlieren. Nur der Betriebsrat oder die gewerkschaftlich organisierte Belegschaft kann für die Berücksichtigung Ihrer Bedürfnisse arbeiten. Die Bundesregierung wird ihre Bedürfnisse nicht tagesaktuell regeln.

Folgende Interessensgegenstände erzeugen fast immer Streit und Frust und erfordern viel Redezeit, wenn Sie einheitlich für die Belegschaft geregelt werden sollen.

- Geld
- Zeit
- Ordnung
- Gesundheit
- Motivation
- Wertschätzung und Feedbackkultur
- Konfliktmanagement
- Wiedereingliederungsmanagement
- Arbeitsbewertungsverfahren

In einem **Beziehungskonflikt** nehmen Sie am besten die Haltung der Allparteilichkeit ein. Das bedeutet, dass Sie für alle Kolleginnen gleichermaßen präsent sind. Helfen Sie den anderen, ihren Konflikt zu regeln. Am besten geben Sie keine eigenen Regelungsvorschläge. Sehr sparsam sollten Sie mit ihrer Impulsmoderationstechnik sein. Denken Sie immer daran, **dass Ratschläge auch Schläge** sein können. Und vermeiden Sie es, ihre eigene Lieblingsregelung anderen aufzudrücken. Sie verstärken damit möglicherweise den Konflikt. In einem Beziehungskonflikt müssen Menschen ihre Beziehung zueinander selbst regeln. Und solange sie noch irgendwie miteinander kommunizieren, ist alles regelbar.

Anders ist es, wenn **Gewalt** im Spiel ist. Gewalt muss immer sofort gestoppt werden. Die Streitenden befinden sich in einer Arbeitsbeziehung und niemand hat auf diesem Feld das Recht, gegenüber einem anderen Menschen Gewalt anzuwenden. Notfalls müssen Sie die Arbeitgeberin miteinbeziehen.

Wenn die Arbeitgeberin eine Konfliktbeteiligte ist, müssen Sie sich externe Hilfe organisieren. Wenn nichts mehr geht, holen Sie die Feuerwehr oder die Polizei.

In einem alltäglichen Beziehungskonflikt wird all das nicht notwendig sein. Oft werden in einem **Beziehungskonflikt heftige Emotionen** geweckt. Das mag Sie erschrecken, solange Sie ungeübt sind, solche Auseinandersetzungen zu moderieren.

Bleiben Sie trotzdem cool und gelassen. Es ist nicht Ihr Konflikt. Lassen Sie sich nicht in die Konflikte der anderen hineinziehen.

Wenn Sie merken, dass Sie selbst heftige Emotionen verspüren, empfehle ich:
- Atmen Sie bewusst aus.
- Zählen Sie bis zehn, ehe Sie losschreien.
- Machen Sie Ihre Emotion öffentlich. Es hilft, wenn Sie z. B. mitteilen, dass Sie Ohrenschmerzen von den gegenseitigen Beschimpfungen bekommen. Oder dass Sie selbst wütend werden. Sie werden schnell erleben, dass die Streitenden solche Folgen vermeiden wollen.
- Analysieren Sie den Konflikt.
- Bereiten Sie sich auf das Gespräch vor, vereinbaren Sie eine Zeit zum Gespräch und sorgen Sie für einen ungestörten Rederahmen.
- Vermeiden Sie es, Partei zu ergreifen.

(Die letzten drei Punkte sind schwierig, wenn man bereits heftige Emotionen verspürt. Der vorletzte Punkt gehört sowieso zur Vorbereitung.)

Strukturkonflikte und **Interessenkonflikte** haben in der Regel eine ähnliche Qualität. **Sachkonflikte** bedürfen oft nur der Herstellung eines gleichen Informationsstandes und das Vereinbaren einer Regelung. Hier sind Sie als Beraterin gefragt.

2.6.5.1 Beispiel für den technischen Ablauf einer Konfliktmoderation

1. Phase: In der ersten und zweiten Phase haben Sie Einzelgespräche. Hier verschaffen Sie sich einen Überblick zum Anlass des Gesprächs.
- Ziel der jeweiligen Beteiligten klären, Hilfestellung durch Ihre Moderation.
- Benennen, was als Fortschritte in der Konfliktregelung zu betrachten ist. Stellen Sie die »Wunderfrage«: »Wenn der Konflikt geklärt ist, wie sieht dann das Ergebnis aus?«
- Aktivitäten der Beteiligten besprechen.

Gesprächs- und Verhandlungsführung

- Anliegen klären, die noch nicht besprochen wurden.
- Besondere persönliche Forderungen herausstellen.
- Widersprüche bei Interessen aufzeigen.
- Wie kann eine Übereinkunft erzielt werden? Was fördert sie, was behindert sie?

Vorbereitungsphase:
Zunächst müssen Sie sich intensiv vorbereiten. Machen sie eine Konfliktanalyse und sammeln Sie zum Konflikt so viele Informationen wie möglich.
- Wer ist am Konflikt beteiligt?
- Worum geht es? Welche Art von Konflikt erwartet Sie?

Kontaktphase: Zeit, Ort und Rahmen sind gesetzt

Informationsphase:
- Fragen Sie:
  - In groben Zügen eine Schilderung geben lassen, um den Konflikt aus der Sicht der Betroffenen kennen zu lernen. Sie könnten sagen oder fragen:
    - Was, glauben Sie, ist der Kern des Konflikts (Hauptursache)?
    - Was mag der Kern des Konflikts aus der Sicht der anderen sein?
    - Gibt es besondere Bedingungen, die die Konflikte verschärfen (Führung, Betriebsrat, Verträge etc.)?
    - Welche Versuche sind bisher unternommen worden, den Konflikt persönlich zu regeln?
    - Ist die andere Konfliktperson an diesem Gespräch beteiligt gewesen?
    - Ist die andere Konfliktperson zu einem Gespräch bereit?
    - Wie könnte eine Regelung aussehen?

Vereinbarungsphase:
- Fragen Sie:
  - Wie geht es jetzt weiter?
  - Sind Sie bereit für ein gemeinsames Gespräch mit XY?
  - Wenn wir das gemeinsame Gespräch haben, was werden Sie selbst vortragen?
  - Was darf ich aus diesem Gespräch mitteilen?

Abschlussphase:
- Fassen Sie zusammen, was Sie verstanden haben.
- Bedanken Sie sich für das Gespräch.
- Teilen Sie mit, wann Sie sich wieder mit ihrer Kollegin in Verbindung setzen.
- Termintreue einhalten

2. Phase: In der zweiten Phase haben Sie das gleiche Gespräch mit der anderen Konfliktbeteiligten.

Im Ergebnis wird ein Termin vereinbart, wann Sie mit beiden Konfliktbeteiligten ein gemeinsames Gespräch haben.

3. Phase: In der dritten Phase verfahren Sie wie folgt in einem gemeinsamen Gespräch:

Kontaktphase:
- Zeit, Ort und Rahmen sind gesetzt.
- Sie haben Kontakt zu beiden Seiten und sorgen erst einmal für eine Entspannung. Es hilft, kurz ein paar Gesprächsregelungen festzulegen:
  - Ausreden lassen und sich zuhören
  - Nicht anschreien
  - Keine Beleidigungen
  - Wertschätzung und respektvoller Umgang
  - Bei Gewalt sofortiger Abbruch des Gesprächs
  - Kein Foul Play

Es wirkt sich in einem Konfliktgespräch entspannend aus, wenn erst einmal über die Rahmenbedingen gesprochen wird.

Informationsphase:
Achten Sie zum Einstieg auf Zeit- und Zuwendungsgerechtigkeit. Beide Parteien bekommen den gleichen Anteil an Aufmerksamkeit und die gleiche Zeit zum Sprechen. Es geht darum, die Sichtweisen der Streitenden deutlich zu machen.

Besonders großartig ist es, wenn die Streitenden aus ihrer Sicht schildern, was sich zugetragen hat. Nur wenn dies nicht gelingt, weil z.B. zu viel Aufregung und andere Gefühle das Gespräch beherrschen, sollten Sie danach fragen, ob Sie zusammenfassen und wiedergeben dürfen, was Sie im Einzelgespräch verstanden haben.

Wenn Sie die Erlaubnis erhalten, sprechen Sie ausschließlich die Person an, von der Sie die Information erhalten haben. Die andere Person hört nur zu und erhält im Anschluss dieselbe Gelegenheit.

Wenn die Streitenden selbst berichten mögen oder können, geht es wie folgt weiter:
- Schilderung des Konflikts aus der jeweiligen Sicht der Beteiligten.
- Moderatorin sammelt die Konfliktthemen.
- Wo ist Einigkeit, wo ist Unterschiedlichkeit im Thema und in der Auflösung des Konflikts?

Gesprächs- und Verhandlungsführung

- Reihenfolge der Konfliktbearbeitung festlegen (Teilfragen nacheinander abarbeiten. Dabei gilt, das Leichteste oder Dringendste zuerst. Die Gewichtung liegt bei den Konfliktbeteiligten.)
- Als Moderatorin achten Sie auf die Einhaltung der Regeln und unterbrechen ggf.
- Als Moderatorin bezeichnen Sie die versteckten Gefühle und erfragen die dahinterstehenden Bedürfnisse und Wünsche.
- Als Moderatorin fördern Sie das aktive Zuhören (Widerspiegeln des Gehörten) und sind verantwortlich für die Gesprächsregeln. Sie sind nicht verantwortlich für den Inhalt des Gesprächs.
- Formulieren Sie das Gehörte ggf. positiv um.
- Achten Sie auf sprachliche Fouls, erinnern Sie an Fairplay.
- Stellen Sie zielorientierte Fragen.
- Erinnern Sie an die gute Zeit der Zusammenarbeit (biographische Sichtweise). Die Beteiligten haben jetzt einen Konflikt, aber es gab wahrscheinlich Zeiten, in denen kein Konflikt bestanden hat.
- Fragen Sie nach und bewerten Sie nicht. Jede Bewertung dient der Konfliktvergrößerung.
- Fassen Sie das Gehörte zusammen.
- Erfragen Sie immer wieder Lösungsmöglichkeiten. Bitte geben Sie möglichst keine eigenen Lösungsmöglichkeiten vor (Was-Wenn-Fragen).
- Ermutigen Sie die Konfliktbeteiligten zu einer einvernehmlichen Regelung (Beispiel Methode – Kartenabfrage + Clustern).
- Erfragen Sie Lösungen und leiten Sie eine Realitätskontrolle ein.

Vereinbarungsphase:
Wenn alle Alles verstanden haben und alles gesagt werden konnte, werden die Beteiligten zu einer einvernehmlichen Regelung finden.

Abschlussphase:
- Formulieren einer Einigung.
- Auswertung des Gesprächs.
- Es kommt zu einem würdigen Abschluss. Loben sie die Streitenden für die Mühe, die sie sich gemacht haben.
- Sagen Sie Danke für das Vertrauen und wünschen Sie alles Gute.

2.6.5.2 Zusammenfassung

Ein Konfliktverfahren kann nur erfolgreich moderiert werden, wenn Sie als Moderatorin die Inhalte nicht bewerten. Diese Technik erlernen Sie entweder in Ihrer Schulzeit[53] oder in einem Seminar. Die gemachten Ausführungen sollen so etwas wie ein »Erste-Hilfe«-Baustein sein und kein Rezept für ein garantiert erfolgreiches Gespräch.

Kommunikation ist Kunst und Kultur auf höchstem Niveau aller Beteiligten. Alle Beteiligten erlernen sie immer wieder im täglichen Erleben und Tun. Entwicklung kann nur erfolgen, wenn man bereit ist, unterschiedliche Ansichten, Einschätzungen oder Bewertungen miteinander zu besprechen und zu regeln.

In einem Konfliktseminar lernen Sie das Streiten und nicht, wie es gelingt, keine Konflikte zu haben.

Ein gelebtes Leben hat sehr viele Konflikte bestanden und geregelt. Haben Sie keine Angst vor dem Scheitern. Wenn Sie nicht weiter kommen, dann organisieren Sie sich externe Hilfe. Ein Konfliktgespräch zu führen ist immer produktiver, als den Konflikt »unter den Teppich zu kehren« und darauf zu hoffen, dass er von allein verschwindet. Denn ganz sicher wird er das nicht tun.

3. Wie rede ich jetzt mit meiner Chefin?

Des Öfteren reflektiere ich mit neuen Betriebsräten darüber, wie sie sich ihrer Chefin gegenüber verhalten sollen, wenn einzelne Kolleginnen an sie herantreten und von Themen oder Konflikten in der Abteilung berichten, die einer dringenden Veränderung bedürfen. Was muss die einzelne Betriebsrätin nun tun? Darf sie direkt zur Abteilungschefin gehen, um eine Regelung herbeizuführen? Muss sie sich zwingend an das gesamte Betriebsratsteam wenden? Was ist möglich?

Um es deutlich abzugrenzen muss geschrieben werden, dass sich die Arbeitnehmerin immer frei entscheiden kann, ob sie mit der Arbeitgeberin direkt kommunizieren will, ob sie den gesamten Betriebsrat mobilisieren wird oder ob sie sich in einem vertraulichen Gespräch mit einer Betriebsrätin aus ihrer Abteilung bespricht! Sie darf machen, was sie will.

Rechtlich gesichert ist: Nur wenn das gesamte Betriebsratsgremium über einen Sachverhalt abgestimmt hat, kommt eine Regelung durch den Betriebsrat zustande. Wenn Einzelne in ihrer Funktion tätig sind, handeln sie nicht als Betriebsrat! Sie setzen sich sozusagen als Privatperson ein; nicht jedoch als Betriebsrat. Ein Rat sind immer mehr als eine Person. Die Gesetzgeberin betrachtet den Betriebsrat als ein Team.

---

53 Glücklicherweise gehört das Erlernen eines Streitschlichtungsverfahrens heute in jeder Schule zu den Kernkompetenzen, die den Schülerinnen vermittelt werden. Vielleicht betrauen Sie mit dieser Rolle eine sehr junge Kollegin. Sie wird es in der Regel können, soweit sie die Schule nach dem Jahr 2004 verlassen hat.

Das Gesetz kennt nur die Regelung, dass Betriebsräte als Kollegialorgan handeln. Einzelne Handlungen spielen keine Rolle und haben in der Qualität einer professionellen Betriebsratsarbeit keine Bedeutung. Es ist z.B. in der Geschäftsordnung des Betriebsrats[54] eine Vereinbarung nötig, dass sich eine einzelne Betriebsrätin kümmern darf. Die einzelne Betriebsrätin kann niemals für den gesamten Betriebsrat sprechen. Sie schlüpft – im tatsächlichen Sinne – in die Rolle einer Mediatorin, und dabei könnte Sie auch GUTES TUN. Allerdings muss dies im Betriebsrat eindeutig besprochen sein, wenn sich die einzelne Betriebsrätin nicht dem Vorwurf der gesetzeswidrigen Handlung nach § 23 BetrVG aussetzen möchte. Ein einzelner Mensch bestimmt niemals, welche Handlung das Betriebsratsteam vornimmt.

Je nach der Kultur im Betrieb, wird diese Regelung von einzelnen Betriebsrätinnen als hinterhältig empfunden. »Es kann doch nicht sein, dass es ein Thema gibt, das mir zugetragen wurde, welches unbedingt auf kurzem Wege mit der Chefin besprochen werden könnte, und ich marschiere direkt an ihr vorbei, um sie beim Betriebsrat zu verpetzen!« In vielen Betriebskulturen wird das gesetzmäßige Verhalten als schlechter Umgangsstil gewertet. Hier ist es notwendig, dass der gesamte Betriebsrat eine gemeinsame Vorgehensweise vereinbart. Diese Regelung verschafft mittel- und langfristig, dass Konflikte im Betriebsrat vermieden werden. Sie schützt auch davor, ausgespielt zu werden. Ganz sicher wird es in den jeweiligen betrieblichen Kulturen eine Regelung geben.

»In Echt« ist dies für die einzelne Betriebsrätin oft schwer mit ihrer betrieblichen Kultur und ihrem Gewissen zu vereinbaren. Viele Betriebsrätinnen[55] ringen schwer mit ihrem Gewissen.

Was empfehle ich?

1. Das Vorgehen der Betriebsräte sollte einheitlich sein. Nutzen Sie eine Sitzung um sich abzusprechen. Wenn der gesamte Betriebsrat ein Verfahrensvorschlag erarbeitet hat, muss dieses Ergebnis mit der Chefin besprochen werden. Ein geeigneter Moment ist z.B. das Monatsgespräch. Hier könnte man die Chefin auch fragen, wie sie es gerne hätte, um dann zu verhandeln. Es ist wichtig deutlich zu machen, dass das Gesetz zum einen vorsieht, dass der Betriebsrat als juristische Person im Rahmen von Beschlüssen arbeitet, zum anderen, dass ein Anliegen vom gesamten Betriebsrat besprochen und beschlossen werden muss, damit die Vorsitzende dann als Sprecherin des Betriebsrats diese Beschlüsse übermittelt. Die Chefin muss dann all ihren Unter-

---

54 Beschlossen auf einer Betriebsratssitzung.
55 Dies gilt vor allem auch für die Männer.

gebenen eine Einweisung erteilen und darüber wachen, dass alle Leitungskräfte im Betrieb diese Regelung einhalten.

2. Das unter 1. genannte gesetzliche Verfahren – so höre ich es regelmäßig – führt in der betrieblichen Praxis zu vielen Kränkungen, Unstimmigkeiten und Verunsicherungen auf allen Seiten, auch weil sich Abteilungschefinnen in der Realität nicht unbedingt an dieses Verfahren halten. Ich empfehle daher ein Gespräch zwischen der unmittelbaren Abteilungschefin und der einzelnen Betriebsrätin, ohne dass es einen konkreten Anlass gibt. Nach der Wahl könnte sich jedes Mitglied z. B. mit ihrer Abteilungsleiterin zusammensetzen und sich austauschen. Sprechen Sie aus, dass Ihnen unwohl dabei ist, den gesamten Betriebsrat zu aktivieren, während es doch angenehmer wäre, einen kurzen Hinweis zu geben, dass ein Verhalten nach einem bestimmten Paragraphen verboten ist. Machen Sie deutlich, dass es ein Angebot ist, ein unangenehmes Verfahren zu vermeiden, um die Leitung zu bewegen, Abstand zu nehmen von einem rechtswidrigen Verhalten oder schlechtem Benehmen. Es geht nicht darum, jemanden zu verpetzen oder jemanden in die Pfanne zu hauen. Es geht darum, dass Arbeitnehmerinnen bestimmte Rechte haben, die eingehalten werden müssen. Darüber wacht das juristische Kollegialorgan DER BETRIEBSRAT. Ein Gespräch vor der großen Eskalation könnte hilfreich sein. Es ist eine Chance und keine Kampfansage. Wenn ihre Chefin intellektuell nicht in der Lage ist, diese gesetzliche Vorgabe zu verstehen, muss der Betriebsrat einen Beschluss fassen, in dem die Geschäftsleitung verpflichtet wird, all ihren »Unter-Chefinnen« eine Dienstanweisung zu erteilen. Hält sich die »Unter-Chefin« nicht an die Dienstanweisung hat sie leider nicht gelernt, sich demokratisch zu verhalten. Zu 99,99 % dürfen Sie jedoch davon ausgehen, dass alle »Unter-Chefinnen« darum bemüht sind, ihrer Geschäftsführung Gehorsam zu leisten. In dieser Frage muss manchmal leider aus der Hierarchie heraus gehandelt werden.

3. Fragen Sie Ihre Kollegin, ob sie möchte, dass sich der gesamte Betriebsrat mit dem Anliegen beschäftigt oder ob Sie gemeinsam mit Ihrer Kollegin ein Gespräch mit deren unmittelbaren Abteilungschefin führen wollen. Erklären sie Ihrer Kollegin das normale Verfahren nach dem Betriebsverfassungsgesetz. Sagen Sie ihr, dass Sie als einzelne Betriebsrätin nicht so etwas wie eine Abteilungsleiterin in Bezug zur Betriebsratsvorsitzenden sind. Diese Konstellation kennt das Gesetz nicht. Sagen Sie Ihrer Kollegin, dass Sie als Kollegin handeln und nicht als Betriebsrat.

4. Vermeiden Sie in jedem Fall, dass Ihre Abteilung Sie zum »Abteilungsspitzel« degradiert. Sie sind keine Polizistin, die herumschnüffeln soll und von sich

aus Missstände aufdecken muss. Wenn etwas nicht in Ordnung ist, fragen Sie Ihre Kolleginnen, ob Sie sich kümmern müssen. Am besten erkundigen Sie sich, ob sie sich alle gemeinsam kümmern sollen.

5. Wenn Ihre Führungskraft ein zutiefst undemokratisches Wesen hat und Ihre Person angegriffen wird oder schlechtem Benehmen[56] ausgesetzt ist, dürfen und müssen Sie den gesamten Betriebsrat mobilisieren. Eine Leitungskraft, die in der heutigen Zeit nicht befähigt ist, ihre Mitarbeiterinnen zu motivieren und wertzuschätzen, müsste zunächst natürlich die Chance erhalten, über die Qualifizierung eine Verhaltensänderung herbeizuführen. Wenn das nicht zum gewünschten Erfolg führt, wünsche ich allen Betrieben, dass sie sich unverzüglich von solchen Leitungskräften trennt. Sie richten mit ihrem schlechten Verhalten in den Firmen betriebswirtschaftliche Millionenschäden an.

---

56 À la: »Achtung der Feind hört mit oder Spitzelalarm und dergleichen.«

Kapitel 10
Sich Hilfe organisieren

Die Anforderungen an Betriebsräte sind in der heutigen Zeit dermaßen gewachsen, dass sie ohne die Unterstützung durch andere Personen nicht mehr zu bewältigen sind. Dies geht Ihrem Arbeitgeber in der Regel nicht anders.

Dieses Kapitel gibt Ihnen einen kleinen Überblick, wo und wie Sie sich Unterstützung organisieren können.

1. Internetnutzung

Das Internet bietet Ihnen einen nahezu unbegrenzten Zugang zu arbeitsrechtlichen Informationen. Wenn Sie z.B. eine Betriebsvereinbarung zum Thema Mobbing abschließen wollen, ist es sehr hilfreich, über die Suchmaschinen nach vorhandenen Betriebsvereinbarungen oder Dienstvereinbarungen zu suchen, die von Firmen ins Netz gestellt werden. Es gibt eine Menge Firmen, die sich mit einer guten Zusammenarbeit zwischen Arbeitgeber und Betriebsrat in der Öffentlichkeit präsentieren. So können auch Sie von dieser positiven Betriebskultur profitieren. In der Regel sind diese Informationen kostenlos.

Nützliche Internetadressen zum Thema Arbeitsrecht

Adresse	Kurzbeschreibung/Schwerpunkt
www.arbeitgeber.org	Arbeitgeber-Homepage. Hier wird ungestört über Betriebsräte geplaudert
www.arbeitnehmerkammer.de	Arbeitnehmerkammer Bremen. Ein sehr gutes Beratungs- und Informationsforum
www.arbeitsrecht.de	Gute Homepage, kostenlos, zum Thema Arbeitsrecht
www.klimaev.de	Mobbing-Anlaufstelle, Beratungsstelle in Hamburg
www.bma.de	Bundesministerium für Arbeit, Bundesagentur für Arbeit
www.boeckler.de	Hilfestellungen für »Mitbestimmer« im Betrieb

Sich Hilfe organisieren

www.bundesarbeitsgericht.de	Pressetexte von Beschlüssen und Urteilen des Bundesarbeitsgerichts
www.denic.de	Nützlich, um zu erfahren, wer der Inhaber einer deutschen (.de) Domain (Internetadresse) ist
www.dgb.de	Der deutsche Gewerkschaftsbund
www.juracity.de	Umfangreiche Informationen und Urteile aus der Welt der Juristerei
www.jura.uni-sb.de	Juristisches Internetprojekt Saarbrücken
www.sub.uni-hamburg.de	Juris-Datenbank unter »Rechtswissenschaft« – »Juristische Datenbank«
www.personalverlag.de	Arbeitgeber-Ratgeber-Seite. Inhaltlich sehr interessant, um Arbeitgeber-Strategien und Tipps gegen den Betriebsrat zu erfahren
www.soliserv.de	Die Website für Arbeitnehmer/innen, Betriebs- und Personalräte, sowie Schwerbehindertenvertretungen
www.tarifvertrag.de	Rund um das Thema »Tarife/Tarifverträge«
www.verdi.de	Die Homepage von ver.di
www.verdi-innotec.de	Ist aus dem Kooperationsbüro multimedia + arbeitswelt der ehemaligen Gewerkschaften DPG, HBV und IG Medien hervorgegangen. ver.di-innotec ist Anlaufstelle für Fragen der Innovations- und Technologiepolitik in ver.di.
www.solilinks.change-u. de	Der Versuch, etwas Übersicht im wachsenden Web-Angebot zum Thema »Arbeit« zu schaffen.

Nützliche Suchmaschinen

www.google.de   www.lycos.de   www.metager.de
www.yahoo.de   www.fireball.de

Umgang mit Suchmaschinen

Ⓟ Wenn Ihr mehrere Worte sucht, die unbedingt vorkommen sollen, so setzt diese in einen so genannten »String« – z. B.:

Arbeitsrecht AND Überstunden AND Betriebsrat

findet alle Dokumente (Seiten), in denen diese Begriffe vorhanden sind.
Diese Art der Suche nennt man »Booleanisch« – man kann hier auch »Alternativen« nutzen.

Der String
   Arbeitsrecht OR Überstunden OR Betriebsrat

findet alle Dokumente, in denen **jeweils mindestens eins** der Worte vorkommt.

In den meisten Suchmaschinen kann man auch Phrasen eingeben. Wenn also die Phrase »ist die Mitbestimmung durch den Betriebsrat unabdingbar« enthalten sein soll, so setzt man diese Phrase in Anführungszeichen.

2. Bücherempfehlung

Es gibt eine Unzahl an Literatur für Betriebsräte. Eine wirklich eindeutige Empfehlung kann da niemand geben. Sie müssen selber herausfinden, welche Literatur zu Ihnen passt. Wesentlich ist, dass Sie mit der Literatur arbeiten mögen, dass Sie die Autoren verstehen und dass die Literatur Informationen so aufbereitet, dass Sie damit etwas anfangen können.

Den Anfängerinnen gebe ich hier einen Überblick über die Literatur, die meistens verwendet wird.

Gesetzessammlungen

Kittner	Arbeits- und Sozialordnung, Bund-Verlag
Richardi	Arbeitsgesetze, Beck-Texte im dtv

Kommentare

Klebe/Ratayczak u. a.	Betriebsverfassungsgesetz, Basiskommentar, Bund-Verlag
Däubler/Kittner/Klebe/Wedde (Hrsg.)	Betriebsverfassungsgesetz, Kommentar für die Praxis, Bund-Verlag (Dieses Werk wird gerne benutzt, weil es nicht so viele Abkürzungen und Fremdwörter benutzt. Es ist sehr anwenderfreundlich und wird deshalb gerne als Arbeitnehmerkommentar bezeichnet.)
Fitting u. a.	Betriebsverfassungsgesetz – Handkommentar, Verlag Fritz Vahlen (Dieser Kommentar ist voller Abkürzungen und Fremdwörter; ihm wird nachgesagt, er sei ein Arbeitgeberkommentar.)
Richardi	Betriebsverfassungsgesetz, Beck-Verlag. Dieser Kommentar gilt als Arbeitgeber-Kommentar. Er lässt sich jedoch viel leichter lesen als der Fitting.

Sich Hilfe organisieren

Zeitschrift
Arbeitsrecht im Betrieb AiB, Bund-Verlag

Bücher
Däubler	Das Arbeitsrecht, Band 1 und 2, Rowohlt-Verlag
Fricke u. a.	Die Kleine Betriebsratsbibliothek, Band 1 bis 6, Bund-Verlag
Gabler	Wirtschaftslexikon von A bis Z
Helml	Die 111 wichtigsten Fragen an den Betriebsrat, Bund-Verlag
Kittner/Zwanziger/Deinert (Hrsg.)	Arbeitsrecht, Handbuch für die Praxis, Bund-Verlag
Schaub	Arbeitsrecht von A–Z, Verlag C.H. Beck
Schoof	Betriebsratspraxis von A–Z, Bund-Verlag
Schwartau	Neu im Betriebsrat, Gut informiert – richtig organisiert – Fehler vermeiden, Bund-Verlag
Schwartau	Gesamtbetriebsrat und Konzernbetriebsrat – Aufgaben – Rechte – Kompetenzen für neu- und wiedergewählte Mitglieder, Bund-Verlag

Musterschreiben an die Arbeitgeberin

Betriebsrat der Firma   Datum

Bezeichnung

An die Geschäftsleitung im Hause

Bestellung von Literatur gem. § 40 Abs. 2 BetrVG

Sehr geehrte Name

Der Betriebsrat hat in seiner Sitzung vom Datum beschlossen, dass die unten aufgeführten Bücher und Zeitschriften in der angegebenen Anzahl für unsere ordnungsgemäße Arbeit erforderlich sind. Die Gesetzgeberin verpflichtet Sie gem. § 40 BetrVG, die Literatur zu bezahlen und uns zur Verfügung zu stellen.

Wir brauchen im Einzelnen bis zum Datum folgende Literatur:
Anzahl   Titel
Wir erwarten Ihre Bestätigung innerhalb der Frist von einer Woche.

> Sollten Sie gegen eine oder mehrere Positionen Bedenken haben, so lassen Sie uns dies innerhalb der angegebenen Frist wissen, damit wir die Erforderlichkeit näher erläutern können. Für die gute vertrauensvolle Zusammenarbeit bedanken wir uns im Voraus.
>
> Hochachtungsvoll
>
> Name
> Betriebsratsvorsitzende

3. Zusammenarbeit mit der Gewerkschaft

In § 2 BetrVG ist ausdrücklich die enge betriebliche Zusammenarbeit des Arbeitgebers und des Betriebsrats mit der Gewerkschaft genannt. Das Grundgesetz schützt über Art. 9 GG auch die Arbeit der Betriebsräte. Die Gewerkschaften verfügen über enorme Branchenkenntnisse und sind die verfassungsgemäße Interessenvertretung ihrer Mitglieder (vgl. Art. 9 Abs. 3 GG). Die Gewerkschaften haben das größte Branchennetzwerk überhaupt. Das bedeutet, dass das Grundgesetz vorsieht, dass die Gewerkschaft für diejenigen Arbeitnehmer zuständig ist, die in ihnen organisiert sind. Arbeitnehmer müssen in einer Gewerkschaft Mitglied sein, wenn sie wollen, dass die Gewerkschaft für sie handelt.[57]

Selbst wenn sich im Betriebsrat kein Gewerkschaftsmitglied befindet, ist der Betriebsrat zur Zusammenarbeit verpflichtet, solange ein Kollege im Betrieb Mitglied in der Gewerkschaft ist. Im Umkehrschluss bleibt die Gewerkschaft vor den Betriebstoren, wenn niemand im Betrieb Gewerkschaftsmitglied ist.

Als Betriebsrat profitieren Sie als Gewerkschaftsmitglied auf unterschiedlichste Weise von den Leistungen, die eine Gewerkschaft bietet. Das Betriebsverfassungsgesetz enthält viele Vorschriften, die eine Zusammenarbeit zwischen Betriebsrat, Arbeitgeberin und Gewerkschaft fordern.

Es ist wichtig, dass Sie wissen, dass eine Gewerkschaft ausschließlich durch die Mitgliedsbeiträge ihrer Mitglieder finanziert wird. Im deutschen Kapitalismusmodell ist es ausdrücklich nicht vorgesehen, dass der Staat z. B. die Gewerkschaften mit Finanzmitteln unterstützt. Schafft es eine Gewerkschaft nicht, so viele Mitglieder zu haben, dass sie ihre Kosten damit decken kann, geht sie in den Konkurs und niemand wird sie davor bewahren. Eine Gewerkschaft darf

---

57 Siehe dazu auch Schwartau, Gesamtbetriebsrat und Konzernbetriebsrat, S. 17; 71; 108–109 und 169.

Sich Hilfe organisieren

nur eine bestimmte Prozentzahl ihrer Einnahmen für den Verwaltungsapparat ausgeben. Die Streikkasse muss auch gefüllt sein. Das bedeutet, dass eine Gewerkschaft wenig Personal einstellen kann, damit diese auch Betriebe und Mitglieder betreuen, die keine oder sehr wenige Mitglieder haben.

Wenn eine Gewerkschaft zu wenige Mitglieder hat, wird ein Teufelskreis in Gang gesetzt:
1. Wenige Mitglieder = wenig Betreuungspersonal und Organisationskraft durch die Funktionäre = Mangel für ihre Mitglieder.
2. Geringe Funktions- und Betreuungskraft einer Gewerkschaft = wenig Energie für die Bedürfnisse ihrer Mitglieder = Freude bei den Arbeitgebern.

In **www.YouTube.com** finden Sie einen witzigen Film zum Thema: »Was hat die Gewerkschaft je für uns getan?« Bilden Sie sich eine eigene Meinung.

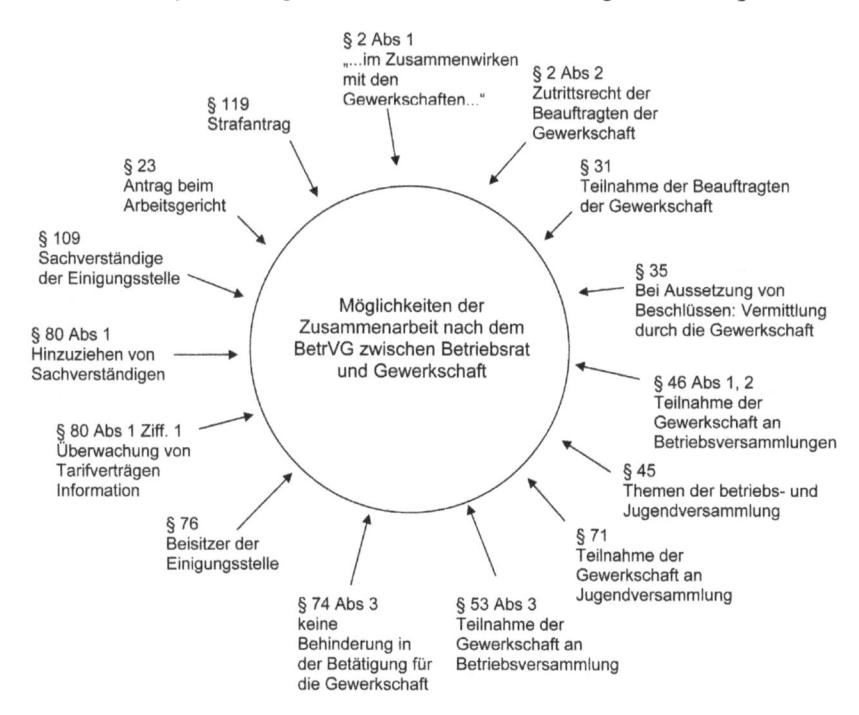

Möglichkeiten der Zusammenarbeit nach dem BetrVG zwischen Betriebsrat und Gewerkschaft:

- § 2 Abs 1 „...im Zusammenwirken mit den Gewerkschaften..."
- § 2 Abs 2 Zutrittsrecht der Beauftragten der Gewerkschaft
- § 119 Strafantrag
- § 23 Antrag beim Arbeitsgericht
- § 31 Teilnahme der Beauftragten der Gewerkschaft
- § 109 Sachverständige der Einigungsstelle
- § 35 Bei Aussetzung von Beschlüssen: Vermittlung durch die Gewerkschaft
- § 80 Abs 1 Hinzuziehen von Sachverständigen
- § 46 Abs 1, 2 Teilnahme der Gewerkschaft an Betriebsversammlungen
- § 80 Abs 1 Ziff. 1 Überwachung von Tarifverträgen Information
- § 45 Themen der betriebs- und Jugendversammlung
- § 76 Beisitzer der Einigungsstelle
- § 71 Teilnahme der Gewerkschaft an Jugendversammlung
- § 74 Abs 3 keine Behinderung in der Betätigung für die Gewerkschaft
- § 53 Abs 3 Teilnahme der Gewerkschaft an Betriebsversammlung

4. Anrufung der Einigungsstelle

Die Einigungsstelle nach den §§ 76f. BetrVG ist die Streitschlichtungsstelle zwischen Arbeitgeber und Betriebsrat. Sie wird überall dort tätig, wo ihr im Betriebsverfassungsgesetz selbst die Konfliktregelung zugeteilt wird. Wenn Sie sich in einer Mitbestimmungsangelegenheit mit Ihrem Arbeitgeber nicht einigen können, haben Sie noch nicht verloren! Sie können dann eine Verhandlung für gescheitert erklären und die Einigungsstelle anrufen. Sie dürfen sich nicht vorstellen, dass es irgendwo ein *Nottelefon* gibt, deren Telefonnummer Sie nur anrufen müssen, und dann versammelt sich die Einigungsstelle. Die Einigungsstelle wird dadurch einberufen, dass der Betriebsrat oder der Arbeitgeber eine Verhandlung in einer Mitbestimmungsangelegenheit für gescheitert erklärt.

Im nächsten Schritt verständigen Sie sich mit Ihrem Arbeitgeber gem. § 76 Abs. 2 BetrVG auf eine gleiche Anzahl von Beisitzern und einen neutralen Vorsitzenden. Der Vorsitz muss nicht von einem Juristen oder gar Richter eingenommen werden. Theoretisch kann jede Person Vorsitzender werden, auf die Sie sich mit Ihrem Arbeitgeber einigen. Erst wenn Sie sich mit Ihrem Arbeitgeber nicht darauf einigen können, wer den Vorsitz stellt, rufen Sie das für Ihren Betrieb zuständige Arbeitsgericht an und bestellen sich dort sozusagen einen Vorsitzenden.

Die Tatsache, dass zur Konfliktregelung zwischen Arbeitgeber und Betriebsrat die Einigungsstelle einberufen werden kann, führt faktisch zum Einigungszwang zwischen dem Betriebsrat und dem Arbeitgeber. Als Betriebsrat müssen Sie nicht ins kollektive Betteln oder Beten verfallen. Sie dürfen aber auch keine Revolution veranstalten, wenn Sie sich mit Ihrem Arbeitgeber nicht einigen können. Ihnen steht als legales Mittel die Einigungsstelle zur Verfügung. Die Kosten der Einigungsstelle trägt gem. § 76a BetrVG selbstverständlich der Arbeitgeber. Denken Sie daran, dass das Gesetz immer davon ausgeht, dass sich der Betriebsrat mit dem Arbeitgeber einigen kann. Nur wenn dies nicht der Fall ist und Sie nicht weiterkommen, steht Ihnen die Einigungsstelle zur Seite. Auch der Arbeitgeber kann eine Verhandlung für gescheitert erklären lassen und die Einigungsstelle anrufen. Wenn betriebliche Veränderungen anstehen, sind es in der Regel die Arbeitgeber, die zu einer schnellen Regelung tendieren und relativ zügig die Einigungsstelle anrufen, da eine Entscheidung in der Einigungsstelle die Einigung zwischen Arbeitgeber und Betriebsrat ersetzt. Grafisch lässt sich die Bildung einer Einigungsstelle so darstellen: Siehe Seite 193.

Bildung einer Einigungsstelle
In § 87 Abs. 1 Nr. 1 bis Nr. 13 BetrVG finden sich Anwendungsfälle, in denen der Arbeitgeber keine einseitige Handlung vornehmen darf. Arbeitgeberhandlungen müssen in diesen Fällen vom Betriebsrat mitbestimmt sein, damit sie

Sich Hilfe organisieren

eine Rechtsgültigkeit haben. In § 87 Abs. 2 BetrVG findet sich der Hinweis, dass die Einigungsstelle entscheidet, wenn der Betriebsrat sich nicht mit dem Arbeitgeber einigen kann. Siehe Grafik Seite 194.

Die Einigungsstelle kann in folgenden Fällen angerufen werden. Denken Sie daran, dass nicht jeder Konflikt über die Einigungsstelle regelbar ist. Im jeweiligen Paragraphen muss sich ein Hinweis befinden, dass im Konfliktfall die Einigungsstelle angerufen werden kann.

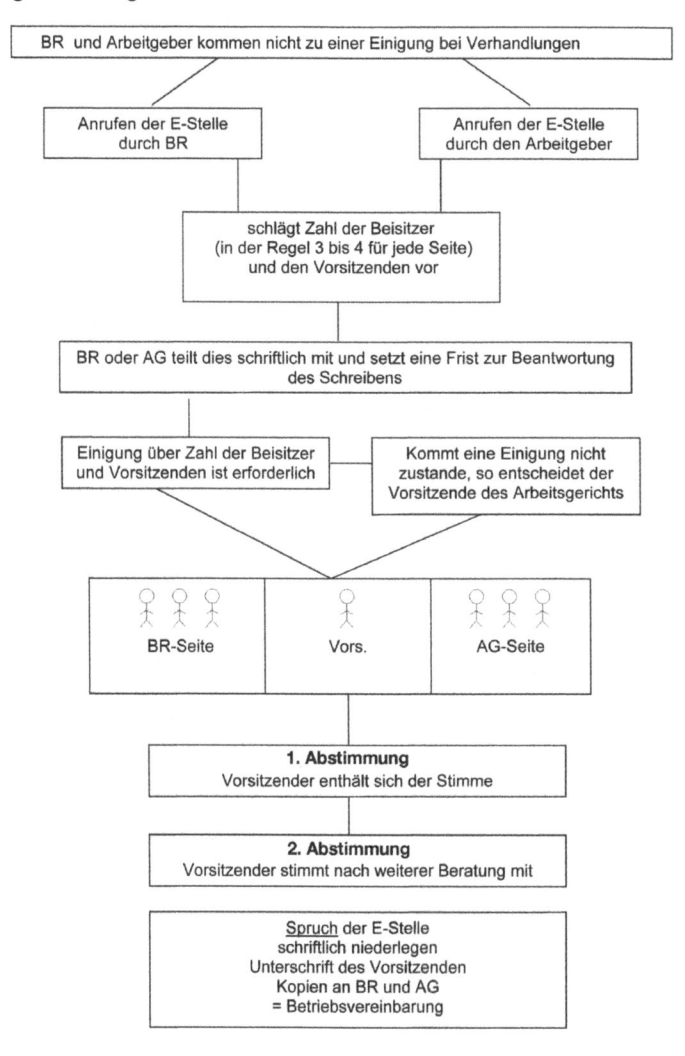

```
BR und Arbeitgeber kommen nicht zu einer Einigung bei Verhandlungen
         │
    ┌────┴────┐
    │         │
Anrufen der E-Stelle      Anrufen der E-Stelle
durch BR                  durch den Arbeitgeber
         │
schlägt Zahl der Beisitzer
(in der Regel 3 bis 4 für jede Seite)
und den Vorsitzenden vor
         │
BR oder AG teilt dies schriftlich mit und setzt eine Frist zur Beantwortung
des Schreibens
         │
    ┌────┴────┐
Einigung über Zahl der Beisitzer    Kommt eine Einigung nicht
und Vorsitzenden ist erforderlich   zustande, so entscheidet der
                                    Vorsitzende des Arbeitsgerichts
         │
┌────────┼────────┐
BR-Seite    Vors.    AG-Seite
         │
1. Abstimmung
Vorsitzender enthält sich der Stimme
         │
2. Abstimmung
Vorsitzender stimmt nach weiterer Beratung mit
         │
Spruch der E-Stelle
schriftlich niederlegen
Unterschrift des Vorsitzenden
Kopien an BR und AG
= Betriebsvereinbarung
```

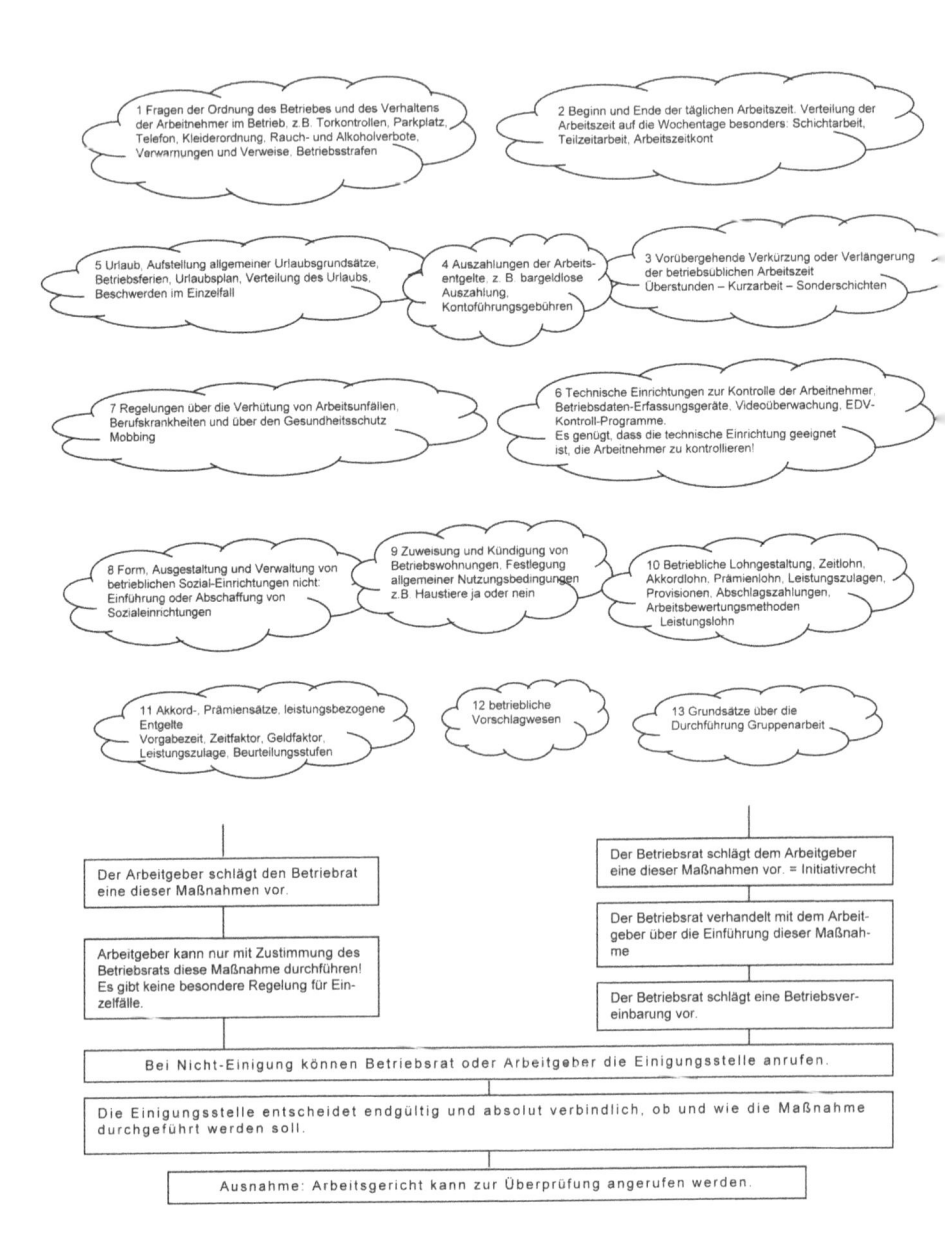

Sich Hilfe organisieren

1. Fragen der Ordnung des Betriebes und des Verhaltens der Arbeitnehmer im Betrieb, z.B. Torkontrollen, Parkplatz, Telefon, Kleiderordnung, Rauch- und Alkoholverbote, Verwarnungen und Verweise, Betriebsstrafen

2. Beginn und Ende der täglichen Arbeitszeit. Verteilung der Arbeitszeit auf die Wochentage besonders: Schichtarbeit, Teilzeitarbeit, Arbeitszeitkont

5. Urlaub, Aufstellung allgemeiner Urlaubsgrundsätze, Betriebsferien, Urlaubsplan, Verteilung des Urlaubs, Beschwerden im Einzelfall

4. Auszahlungen der Arbeitsentgelte, z. B. bargeldlose Auszahlung, Kontoführungsgebühren

3. Vorübergehende Verkürzung oder Verlängerung der betriebsüblichen Arbeitszeit Überstunden – Kurzarbeit – Sonderschichten

7. Regelungen über die Verhütung von Arbeitsunfällen, Berufskrankheiten und über den Gesundheitsschutz Mobbing

6. Technische Einrichtungen zur Kontrolle der Arbeitnehmer, Betriebsdaten-Erfassungsgeräte, Videoüberwachung, EDV-Kontroll-Programme. Es genügt, dass die technische Einrichtung geeignet ist, die Arbeitnehmer zu kontrollieren!

8. Form, Ausgestaltung und Verwaltung von betrieblichen Sozial-Einrichtungen nicht: Einführung oder Abschaffung von Sozialeinrichtungen

9. Zuweisung und Kündigung von Betriebswohnungen. Festlegung allgemeiner Nutzungsbedingungen z.B. Haustiere ja oder nein

10. Betriebliche Lohngestaltung, Zeitlohn, Akkordlohn, Prämienlohn, Leistungszulagen, Provisionen, Abschlagszahlungen, Arbeitsbewertungsmethoden Leistungslohn

11. Akkord-, Prämiensätze, leistungsbezogene Entgelte Vorgabezeit, Zeitfaktor, Geldfaktor, Leistungszulage, Beurteilungsstufen

12. betriebliche Vorschlagswesen

13. Grundsätze über die Durchführung Gruppenarbeit

Der Arbeitgeber schlägt den Betriebrat eine dieser Maßnahmen vor.	Der Betriebsrat schlägt dem Arbeitgeber eine dieser Maßnahmen vor. = Initiativrecht
Arbeitgeber kann nur mit Zustimmung des Betriebsrats diese Maßnahme durchführen! Es gibt keine besondere Regelung für Einzelfälle.	Der Betriebsrat verhandelt mit dem Arbeitgeber über die Einführung dieser Maßnahme
	Der Betriebsrat schlägt eine Betriebsvereinbarung vor.

Bei Nicht-Einigung können Betriebsrat oder Arbeitgeber die Einigungsstelle anrufen.

Die Einigungsstelle entscheidet endgültig und absolut verbindlich, ob und wie die Maßnahme durchgeführt werden soll.

Ausnahme: Arbeitsgericht kann zur Überprüfung angerufen werden.

Sich Hilfe organisieren

	§§ im BetrVG:	Angelegenheit:	Anruf durch:
2.	§ 37 Abs. 7	Bildungsurlaub für Betriebsratsmitglieder	AG
3.	§ 38. Abs. 2	Freistellung von Betriebsratsmitgliedern	AG
4.	§ 39 Abs. 1	Ort und Zeitpunkt der Sprechstunden des Betriebsrats	AG oder BR
5.	§ 47 Abs. 6	Abweichende Mietgliederzahl des Gesamtbetriebsrats (GBR)	AG oder BR/GBR
6.	§ 55 Abs. 4 i. V. m. § 47 Abs. 6	Abweichende Mitgliederzahl des Konzernbetriebsrats (KBR)	AG oder BR/GBR/KBR
7.	§§ 65 i. V. m. § 37 Abs. 6 und 7	Schulungs- und Bildungsveranstaltungen, sowie Bildungsurlaub	AG oder BR
8.	§ 69	Ort und Zeitpunkt der Sprechstunden der Jugend- und Ausbildungsvertretung	AG oder BR
9.	§ 72 Abs. 6	Abweichende Mitgliederzahl der Gesamtjugendvertretung	AG oder BR/GBR
10.	§ 85 Abs. 2	Behandlung von Beschwerden	BR
11.	§ 87 Abs. 2	Alle 13 Ziffern des Abs. 1	AG oder BR
12.	§ 91	Menschengerechte Arbeitsplatzgestaltung	AG oder BR
13.	§ 94 Abs. 1	Personalfragebogen	AG oder BR
14.	§ 94 Abs. 2	Persönliche Angaben in Arbeitsverträgen sowie Beurteilungsgrundsätze	AG oder BR
15.	§ 95 Abs. 1	Auswahlrichtlinien bei Einstellung, Versetzung, Umgruppierung und Kündigung	AG
16.	§ 95 Abs. 2	Vom Arbeitgeber oder Betriebsrat vorgeschlagene Auswahlrichtlinien (in Betrieben mit mehr als 500 Arbeitnehmern)	AG und BR
17.	§ 97 Abs. 2	Vom Arbeitgeber geplante Maßnahme zur betrieblichen Berufsbildung	AG und BR
18.	§ 98 Abs. 4	Durchführung von Maßnahmen der betrieblichen Berufsausbildung oder vom Betriebsrat vorgeschlagene betriebliche oder außerbetriebliche Berufsausbildungsmaßnahmen	AG und BR
19.	§ 102 Abs. 6	Freiwillige Vereinbarung bei Kündigungen	AG
20.	§ 109	Auskunft in wirtschaftlichen Angelegenheiten: Unterschiedliche Auffassung darüber, ob eine Auskunft über wirtschaftliche Angelegenheiten des Unternehmens entgegen dem Verlangen des Wirtschaftsausschusses nicht, nicht rechtzeitig oder nur ungenügend erteilt ist.	BR
21.	§ 112 Abs. 2	Interessenausgleich	AG oder BR
22.	§ 112 Abs. 4	Sozialplan	AG oder BR

5. Sachverstand und Unterstützung organisieren

Zur besseren Bewältigung mancher Aufgaben können Sie Projektgruppen bilden, die schnell und zielstrebig bestimmte Aufgaben erledigen und Beschlüsse vorbereiten. Grundsätzlich sollten Sie alle Informationsquellen, politischen Kräfte und jeglichen Sachverstand nutzen. Das Betriebsverfassungsgesetz nennt Ihnen dafür zwei Varianten, wie Sie sich Sachverstand zusätzlich organisieren können.

5.1 Sachverstand über § 80 Abs. 2 Satz 3 BetrVG: Interner Sachverstand

§ 80 Abs. 2 Satz 3 BetrVG verpflichtet Ihren Arbeitgeber, soweit es zur Erfüllung Ihrer ordnungsgemäßen Betriebsratsarbeit erforderlich ist, sachkundige Arbeitnehmer als auskunftspflichtige Personen zur Verfügung zu stellen.

5.2 Sachverstand über § 80 Abs. 3 BetrVG: Externer Sachverstand

Über § 80 Abs. 3 BetrVG erhalten Sie die Möglichkeit, externen Sachverstand hinzuzuziehen. Wenn dieser Sachverstand kostenlos ist, weil ihn beispielsweise Ihre Gewerkschaft zur Verfügung stellt, kann es keinen Streit mit dem Arbeitgeber geben.

Streit kommt immer nur dann auf, wenn der Sachverstand Geld kostet. Die Tatsache, dass ein Fachmann Geld kostet, ist kein Argument für Ihren Arbeitgeber, externen Sachverstand abzulehnen.

Der Sachverstand muss lediglich erforderlich sein. Erforderlichkeit ist gegeben, wenn der Betriebsrat in einer schwierigen Frage ohne zusätzlichen Rat keine sachlich und fachlich richtigen Entscheidungen treffen kann. In ständiger Rechtsprechung fordert das Bundesarbeitsgericht (BAG v. 26.2.1992 – 7 ABR 37/91 in AuR 93, 232), dass der Betriebsrat vor der Hinzuziehung bestimmte Stufen zu bewältigen hat, die in der folgenden Grafik dargestellt werden.

Sich Hilfe organisieren

Verfahren zum Sachverstand

(P)

```
┌─────────────────────────────────────────────────────────────────────────┐
│ Arbeitgeber informiert den Betriebsrat gemäß § 80 II BetrVG in Verbindung mit anderen §§§ │
└─────────────────────────────────────────────────────────────────────────┘
                                    ↓
┌─────────────────────────────────────────────────────────────────────────┐
│ Betriebsrat sichtet die Unterlagen und diskutiert die Anforderungen während seiner Betriebsratssitzung │
└─────────────────────────────────────────────────────────────────────────┘
                                    ↓
┌─────────────────────────────────────────────────────────────────────────┐
│ Betriebsrat stellt fest, dass die Informationen unvollständig und teilweise unklar sind │
└─────────────────────────────────────────────────────────────────────────┘
                                    ↓
┌─────────────────────────────────────────────────────────────────────────┐
│ Betriebsrat stellt Informationsbedarf fest (Schreiben 1) │
└─────────────────────────────────────────────────────────────────────────┘
              ↓                                           ↓
┌─────────────────────────────────────┐     ┌─────────────────────────────────────┐
│ Betriebsrat sichtet die Unterlagen  │     │ Betriebsrat strebt eigene           │
│ und stellt fest, dass es ihm an     │ ←   │ Weiterqualifikation an:             │
│ Kenntnissen fehlt in Bezug auf:     │     │   • Schulung                        │
│   • Rechtliche Fragen               │     │   • Fachliteratur                   │
│   • Technische Fragen               │ →   │                                     │
│   • Mögliche Auswirkungen auf die   │     │                                     │
│     Arbeitnehmer                    │     │                                     │
│   • Entwicklung eigener Vorschläge  │     │                                     │
└─────────────────────────────────────┘     └─────────────────────────────────────┘
                                                          ↓
┌─────────────────────────────────────────────────────────────────────────┐
│ Betriebsrat beschließt, sich nach einem sachverständigen Berater zu erkundigen │
└─────────────────────────────────────────────────────────────────────────┘
                                    ↓
┌─────────────────────────────────────────────────────────────────────────┐
│ Betriebsrat fasst auf einer ordentlichen Sitzung einen Beschluss; der Beschluss enthält: │
│   • Hinzuziehung eines Sachverständigen                                  │
│   • Möglichst genaue Eingrenzung des Untersuchungsgegenstands            │
│   • Person des Sachverständigen nicht zwingend (Beschlussvorschlag)      │
└─────────────────────────────────────────────────────────────────────────┘
              ↓                                           ↓
┌─────────────────────────────────────┐     ┌─────────────────────────────────────┐
│ Betriebsrat teilt den Beschluss     │ →   │ Betriebsrat holt Kostenvoranschlag  │
│ dem Arbeitgeber mit (Schreiben 2)   │     │ von Sachverständigen ein            │
└─────────────────────────────────────┘     └─────────────────────────────────────┘
                                    ↓
┌─────────────────────────────────────────────────────────────────────────┐
│ Betriebsrat erhält Kostenvoranschlag und leitet diesen an den Arbeitgeber weiter │
└─────────────────────────────────────────────────────────────────────────┘
              ↓                                           ↓
┌─────────────────────────────────────┐     ┌─────────────────────────────────────┐
│ Arbeitgeber akzeptiert die          │     │ Arbeitgeber akzeptiert die          │
│ Hinzuziehung nicht                  │     │ Hinzuziehung eines Sachverständigen │
└─────────────────────────────────────┘     └─────────────────────────────────────┘
              ↓                                           ↓
┌─────────────────────────────────────┐     ┌─────────────────────────────────────┐
│ Betriebsrat wendet sich an das      │     │                                     │
│ zuständige Arbeitsgericht           │     │ Beratung kann nach Umfang           │
└─────────────────────────────────────┘     │ der näheren Vereinbarung erfolgen   │
              ↓                             │                                     │
┌─────────────────────────────────────┐     │                                     │
│ Arbeitsgericht entscheidet auf      │     │                                     │
│ Antrag des Betriebsrats im          │     │                                     │
│ Beschlussverfahren                  │     │                                     │
└─────────────────────────────────────┘     └─────────────────────────────────────┘
        ↓               ↓
┌──────────────┐  ┌──────────────────┐
│ Arbeitsgericht│ │ Arbeitsgericht   │
│ verneint die │ │ ersetzt die       │ →
│ Erforderlich-│ │ Zustimmung des    │
│ keit         │ │ Arbeitgebers      │
└──────────────┘  └──────────────────┘
```

Schreiben 1

An die Geschäftsleitung im Hause

Informationszusatzbedarf in Bezug auf

Sehr geehrter Name,

Sie haben uns am Datum Informationen in Bezug auf   gegeben. Wir haben noch Informationsbedarf in folgenden Fragen:
A.
B.
C.

Wir bitten Sie um die schriftliche Beantwortung unserer Fragen bis zum Datum.

Vor allem wüssten wir gerne, ob wir nach der Beantwortung Ihrer Antworten abschließend informiert sind. Wenn dies nicht der Fall ist, teilen Sie uns bitte mit, von wem wir wann welche Informationen erhalten werden.

Mit freundlichen Grüßen

Name
Betriebsratsvorsitzender

Beschlussvorschlag

Betriebsrat der Firma Bezeichnung

Beschluss vom Datum für die Hinzuziehung eines Sachverständigen

Der Betriebsrat beschließt auf seiner Sitzung vom Datum mit   Ja-Stimmen, dass zur Wahrung seiner Informations-, Beratungs- und Mitbestimmungsrechte in der Sache die Einsetzung eines Sachverständigen gem. § 80 Abs. 3 BetrVG zu erfolgen hat.

Die Beiordnung des Sachverständigen ist erforderlich, weil:
1. Sichtung und Prüfung der Unterlagen, mit dem Ziel   (z. B. Gefahrenanalyse)

Sich Hilfe organisieren

2. Prüfung und Einschätzung der Folgen und
3. Teilnahme an Beratungsgesprächen
4. Erarbeitung von Konzepten für
5. ▨

Als Sachverständige(r) ist Frau/Herr Name vorgesehen.

Datum,
Name
Betriebsratsvorsitzender

Schreiben 2

An die Geschäftsleitung im Hause

Beauftragung eines Sachverständigen wegen oder weil ▨

Sehr geehrte Name

Da Ihr Antrag auf ▨ in der Bewertung der Folgen und der Ausarbeitung eines ▨ für uns äußerst kompliziert ist, hat der Betriebsrat am Datum beschlossen, einen Sachverständigen nach § 80 Abs. 3 BetrVG zu seiner Unterstützung hinzuzuziehen.

Dieser Sachverständige hat folgende Aufgaben:
1. Sichtung und Prüfung Ihrer Informationen an uns.
2. Prüfung und Beantwortung der Fragen ▨
3. Teilnahme an Beratungsgesprächen.
4. Erarbeitung eines Konzepts und Vorschlags.
5. Teilnahme an Gesprächen mit Ihnen.

Wir haben uns für Frau/Herrn Name als Sachverständigen entschieden. Hinsichtlich der Kosten werden wir uns mit Ihnen in Verbindung setzen, sowie wir einen Kostenvoranschlag vorlegen können.

Mit freundlichen Grüßen

Name
Betriebsratsvorsitzender

5.3 Sachverstand nach § 111 BetrVG, ab 300 Beschäftigten

§ 111 BetrVG ist eine Sonderregelung für Betriebsänderungen von Betrieben, die mehr als 300 Beschäftigte haben. Anders als in § 80 Abs. 3 BetrVG wird in diesem Fall per Gesetz unterstellt, dass die Hinzuziehung eines Sachverständigen notwendig ist. Das bedeutet, dass der Betriebsrat nicht das gleiche Verfahren wie nach § 80 Abs. 3 einzuhalten hat. Er kann ohne vorherige Zustimmung des Arbeitgebers einen Sachverständigen hinzuziehen. Der Arbeitgeber trägt dafür die Kosten nach § 40 BetrVG.

6. Umgang mit Rechtsanwälten

Rechtsanwälte haben keine berufliche Verpflichtung, sich rechtsneutral zu verhalten. Sie sind die Interessenvertreter ihrer Mandanten und haben die Pflicht, für ihre Mandanten das beste Ergebnis zu erstreiten, welches im Rahmen der Rechtsordnung möglich ist. Sie haben auch nicht die Pflicht, es allen Prozessbeteiligten recht zu machen. Sie vertreten die Interessen einer Partei, und die Rechtsordnung geht davon aus, dass die andere Partei sich selber um eine Prozessvertretung kümmert.

Wenn Ihr Betriebsjurist oder der Anwalt des Arbeitgebers Ihnen eine Rechtsauskunft gibt, bedeutet das nicht, dass Sie damit eine rechtsgültige Antwort erhalten haben. Diese wird im Arbeitsgericht durch einen Richter erteilt. Es ist völlig normal, dass ein Sachverhalt, wenn er von zwei oder drei Juristen begutachtet wird, zwei bis vier verschiedene Deutungen erfährt. Das ist ähnlich wie im Umgang mit Architekten, wenn sie ein Haus bauen wollen: Je nachdem, welche Funktion und welchen Rahmen Ihr Haus haben soll, werden die Architekten die unterschiedlichsten Häuserkonstruktionen aufzeigen.

Im Umgang mit Juristen müssen Sie wissen, dass das Arbeitsrecht ein Spezialgebiet des Zivilrechts ist. Nur weil jemand Jura studiert hat, verfügt er noch nicht über die Befähigung, einen Arbeitsgerichtsprozess erfolgreich zu führen. In dieser Profession geht es ähnlich zu wie bei Medizinern. Alle Mediziner haben Medizin studiert und einen Abschluss in dieser Profession gemacht. Erst ein Spezialstudium befähigt jedoch die Einzelnen dazu, Tierarzt, Frauenarzt, Hals-Nasen-Ohrenarzt usw. zu werden. Fragen Sie einen Juristen, bevor Sie ihn beauftragen, welchen Schwerpunkt er belegt hat! Nur weil Ihnen jemand zu einer guten Scheidung (Familienrecht) verholfen hat, ist er noch lange nicht in der Lage, einen Arbeitsgerichtsprozess zu gewinnen. Arbeitgeber verlieren

Sich Hilfe organisieren

häufig Arbeitsgerichtsprozesse, weil sie ihre Wirtschaftsjuristen ins Gericht schicken, ohne zu bedenken, dass Wirtschaftsjuristen keinen blassen Schimmer vom Arbeitsrecht haben.

Sie können sich ruhig an einen Fachanwalt für Arbeitsrecht wenden, teurer ist er nicht.

7. Das Arbeitsgericht einschalten

Über die Rechtmäßigkeit Ihrer Arbeit entscheidet bei Nichteinigung mit dem Arbeitgeber in letzter Konsequenz immer ein Arbeitsgericht.

Das Arbeitsgericht gliedert sich in drei Instanzen

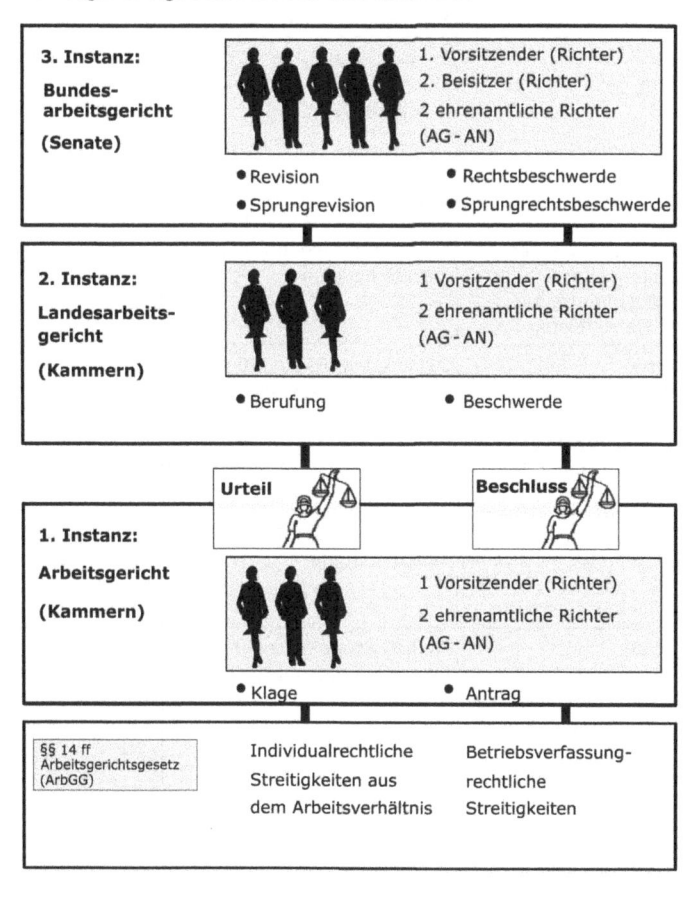

3. Instanz: Bundesarbeitsgericht (Senate)	1. Vorsitzender (Richter) 2. Beisitzer (Richter) 2 ehrenamtliche Richter (AG - AN)	
	• Revision • Sprungrevision	• Rechtsbeschwerde • Sprungrechtsbeschwerde
2. Instanz: Landesarbeitsgericht (Kammern)	1 Vorsitzender (Richter) 2 ehrenamtliche Richter (AG - AN)	
	• Berufung	• Beschwerde
	Urteil	Beschluss
1. Instanz: Arbeitsgericht (Kammern)	1 Vorsitzender (Richter) 2 ehrenamtliche Richter (AG - AN)	
	• Klage	• Antrag
§§ 14 ff Arbeitsgerichtsgesetz (ArbGG)	Individualrechtliche Streitigkeiten aus dem Arbeitsverhältnis	Betriebsverfassungsrechtliche Streitigkeiten

Wenn der Arbeitgeber sich weigert, den Betriebsrat zu beteiligen, kann der Betriebsrat jederzeit eine Klage vor dem Arbeitsgericht führen (Beschlussverfahren nach §§ 2a, 80ff. Arbeitsgerichtsgesetz). Im Folgenden ein Überblick, welche Verfahrensarten und Verfahrensinhalte mithilfe der Arbeitsgerichte verfolg- und durchführbar werden.

Tatbestand	Rechtsfolge	Entscheidung durch
§ 23 Abs. 3 BetrVG Grober Verstoß des Arbeitgebers gegen seine Verpflichtung aus dem BetrVG	Ordnungs- oder Zwangsgeld bis zu 10 000 € Verurteilung des Arbeitgebers zu künftig gesetzmäßigem Verhalten • Handlung zu unterlassen • Handlung vorzunehmen • Handlung zu dulden	Arbeitsgericht
§ 76 BetrVG Einberufung der Einigungsstelle	Einigungsstelle ersetzt die Einigung zwischen Arbeitgeber und Betriebsrat	Arbeitgeber und Betriebsrat – mit oder ohne Hilfe des Arbeitsgerichts Einigungsstelle
§ 98 Abs. 5 BetrVG Arbeitgeber weigert sich, einem Beschluss des Gerichts zur Bestellung oder Abberufung von Ausbildungsbeauftragten Folge zu leisten	Ordnungs- oder Zwangsgeld bis zu 10 000 € bzw. bis zu 250 € für jeden Tag der Zuwiderhandlung	Arbeitsgericht
§ 101 BetrVG Arbeitgeber weigert sich, einem Beschluss des Gerichts zur Aufhebung einer personellen Einzelmaßnahme Folge zu leisten	Zwangsgeld bis zu 250 € für jeden Tag der Zuwiderhandlung	Arbeitsgericht
§ 109 BetrVG Unternehmer weigert sich, eine Auskunft über wirtschaftliche Angelegenheiten zu erteilen	Konfliktschlichtung durch Einigungsstelle	Einigungsstelle
§ 119 BetrVG Arbeitgeber oder andere Personen behindern oder beeinflussen die Wahl von Betriebsverfassungsorganen, behindern oder stören die Tätigkeit dieser Organe, begünstigen oder benachteiligen die Mitglieder dieser Organe	Freiheitsstrafe bis zu einem Jahr oder Geldstrafe	Staatsanwaltschaft (Ermittlungsverfahren) Amtsgericht Strafgericht

Tatbestand	Rechtsfolge	Entscheidung durch
§ 121 BetrVG Arbeitgeber unterlässt es, seine Informationspflichten nach § 90 Abs. 1 und 2, § 92 Abs. 1, § 99 Abs. 1, § 106 Abs. 2, § 108 Abs. 5, § 110 oder § 111 BetrVG ordnungsgemäß zu erfüllen	Bußgeld bis zu 10 000 €	Verwaltungsbehörden (Ermittlungsverfahren und Bußgeldbescheid) Amtsgericht
§ 98 ArbGG Entscheidung über die Besetzung der Einigungsstelle	Bestellungsverfahren der Einigungsstelle nach § 76 Abs. 3 Satz 2 BetrVG	Arbeitsgericht
§ 85 Abs. 2 ArbGG Erlass einer einstweiligen Verfügung	• Sofortiger Stopp einer Maßnahme bis zur Einigung zwischen Arbeitgeber und Betriebsrat = Unterlassungsanspruch • Erzwingen einer Handlung gegenüber dem Arbeitgeber oder Betriebsrat	Arbeitsgericht Voraussetzung: • klare Rechtslage • Verfügungsanspruch: Drohender andauernder Rechtsverstoß
	• Dulden einer Handlung durch Betriebsrat oder Arbeitgeber Anspruch aus § 23 Abs. 3 BetrVG	• Verfügungsgrund: Eilbedürftigkeit
§ 80 ff. ArbGG Allgemeines Beschlussverfahren	• Klärung von Rechtsfragen • Streit um Kosten	Arbeitsgericht

Im Umgang mit einem Gericht müssen Sie Ihrer seelischen Gesundheit zuliebe unbedingt lernen, dass es vor Gericht – anders, als Sie vielleicht denken – niemals um Gerechtigkeit geht. Es geht immer nur darum, ob eine Klage im gesetzlichen Sinne berechtigt oder unberechtigt ist. Ein Gericht entscheidet nur, ob etwas gesetzlich erlaubt oder unerlaubt ist. Mit Gerechtigkeit im moralischen, politischen oder spirituellen Sinn hat gerichtliche Arbeit nichts zu tun. Sie erhalten immer nur ein Urteil, welches den formalen Anforderungen der Gesetzestexte entsprechen **könnte**.

7.1 Auf hoher See und vor Gericht

Jeder Jurist kennt das Sprichwort: »Auf hoher See und vor Gericht bist du in Gottes Hand!« Diese Albernheit hat in Wahrheit nichts mit Gott zu tun, da im

Gericht Menschen arbeiten und handeln. Bürger erleben dort Menschenwerk. Ich möchte Sie nicht entmutigen, die Arbeitsgerichte zu bemühen. Ich gebe Ihnen den Rat, sich inhaltlich mit Ihrem Arbeitgeber auseinanderzusetzen. Hoffen Sie jedoch nicht auf Gerechtigkeit oder gar auf eine Entscheidung, die annähend mit Ihrer Lebenswirklichkeit oder der Betriebskultur in Übereinstimmung ist. Im Folgenden gebe ich Ihnen ein Beispiel für eine völlig desolate Rechtssituation am Beispiel der alleinerziehenden Frauen.

7.1.1 Beispiel der Vereinbarkeit von Familie & Beruf

Wie bereits im Kapitel 6 zum Thema Vereinbarkeit von Familie & Beruf beschrieben gibt es in der Bundesrepublik Deutschland kein gesamtgesellschaftliches Verantwortungsbewusstsein für die notwendige Unterstützung der Menschen, die Familie und Arbeit vereinbaren müssen. Das Arbeitsrecht wird immer dann mehrdeutig und unklar, wenn Menschen eine Familie zu versorgen haben. Ich vermute es liegt daran, dass sich die Bundesregierung das Arbeitsleben immer noch so vorstellt, dass Menschen mit Familienpflichten von anderen versorgt werden oder dass eine Familie sich sozusagen selbst versorgt oder durch Haushaltspersonal betreut wird. Es ist keine böse Absicht des Parlaments. Ganz sicher nicht. Es ist nur so, dass familienferne Menschen in der Kategorie »Familie« nicht denken können! Dies war besonders nach der Wiedervereinigung Deutschlands im Jahre 1990 zu beobachten. Als erstes wurden in Ost-Deutschland alle familienunterstützenden Institutionen und Bedingungen abgeschafft. Danach verloren als Erstes die Frauen ihre Arbeitsplätze, weil ihre Arbeitsplätze in Männerarbeitsplätze umgewandelt wurden.[58] Es darf die Frauen eigentlich nicht wundern, dass bis heute an die Frau mit Kind und pflegebedürftiger Familie in der Arbeitswelt nicht gedacht wird. Eine Frau, die ein Leben führt wie ein Mann ohne Familie, ist selbstverständlich voll in der Arbeitswelt willkommen und integriert. Sie muss sich dann jedoch verhalten wie ein Mann ohne Familienbindung. Ändern wird sich an diesem Umstand nur

---

58 1990 bis 1991 habe ich Fortbildungen für das Arbeitsamt in Guben geleitet und ich staunte nicht schlecht, als alle Frauen in dieser Zeit eine Kündigung mit folgender Begründung erhielten: »Sehr geehrte Frau X. Leider müssen wir Ihnen mitteilen, dass Ihr Arbeitsplatz im Rahmen der Währungs-, Wirtschafts- und Sozialunion (gemeint war der Staatsvertrag zwischen der BRD und DDR vom 18.05.1990) wegrationalisiert wird. Ihr Arbeitsplatz wird in einen Arbeitsplatz für Männer umgewandelt. Ihre Kündigung ist zum xx.xx.199x wirksam.«! Die West-Mutter war 1990 noch keine mit den Männern im tatsächlichen Sinne gleichgestellte Arbeitnehmerin. Eine Mutter, die Arbeiten geht, war eine Rabenmutter und gängig war es, dass sie sich ihrem Mann anpassen muss, damit sie nicht unterversorgt ist. Alleinerziehende Frauen sind bis heute diskriminiert!

Sich Hilfe organisieren

etwas, wenn Männer beginnen, in die Verantwortung für ihre Familien zu gehen! Dass diese »ungehörige Behauptung« keine überzogene Erfindung von mir ist, soll folgendes Beispiel verdeutlichen. Gleichzeitig macht es deutlich, dass alle Menschen mit einer Familienverpflichtung den Mut und die Kraft finden können, für ihren realen Bedarf juristisch zu kämpfen. Es lohnt sich, dieses juristische »Neuland« zu beschreiten.

Schauen wir uns zunächst die Gesetzessystematik an und spielen dann den Fall durch, dass eine Betriebsrätin mit und ohne Lebenspartner von ihrem Arbeitgeber die Finanzierung ihrer Kinderbetreuungskosten erstattet haben möchte, wenn sie Kinder zu betreuen hat und die Arbeit als Betriebsrat vereinbart werden muss.

In der rechtlichen Ausgangslage finden wir folgende Werte und Regelungsvorgaben.

7.1.1.1 Die Sichtweise aus dem Grundgesetz

Der Schutz der Familie hat nach Art. 6 GG Verfassungsrang.

Die Ehe und Familie stehen unter dem besonderen Schutz der staatlichen Ordnung. Die Pflege und Erziehung der Kinder sind das natürliche Recht der Eltern. Über ihre Betätigung wacht die staatliche Ordnung. Jede Mutter[59] hat Anspruch auf den Schutz und die Fürsorge der Gemeinschaft.

Auf die Rechtsausführung der nicht unmittelbaren Wirkung der Grundrechte im Zivilrecht verzichte ich an dieser Stelle.

Fazit: Theoretisch müsste das Arbeitsrecht sehr familienfreundlich gestaltet sein.

7.1.1.2 § 80 Abs. 1, Nr. 2a und 2b BetrVG

Es ist die Aufgabe der Betriebsräte darauf zu achten, dass die Durchsetzung der tatsächlichen Gleichstellung zwischen Frauen und Männern gefördert wird. Es ist Aufgabe der Betriebsräte, die Vereinbarkeit zwischen Familie und Erwerbstätigkeit zu fördern.

§ 80 Abs. 1 Nr. 2a BetrVG verfolgt das verbindliche Staatsziel, die ungleichen Lebensverhältnisse zwischen Männern und Frauen zu beseitigen (unbestritten und nachzulesen bei Däubler, 13. Aufl., zu § 80 Rz 26ff.).

Die Vereinbarkeit von Familie und Arbeit im Sinne des § 80 Abs. 1 Nr. 2b BetrVG hat ebenfalls Verfassungsrang (unbestritten und nachzulesen bei Däub-

---

[59] Väter, die sich kümmern, sind hier sicherlich im Sinne des Art. 3 GG mit gemeint.

ler, 13. Aufl., zu § 80 Rz 33 ff.). Staat und Gesetzgeber sind verpflichtet, hierfür die erforderlichen Grundlagen zu schaffen. Der Bundesgesetzgeber hat das mit dem betriebsverfassungsrechtlichen Reformgesetz aus dem Jahre 2001 getan, indem er § 80 Abs. 1 Nr. 2 b in das BetrVG eingefügt hat. Eine Familie ist laut einer Entscheidung des Bundesverfassungsgerichts die »umfassende Gemeinschaft zwischen Eltern und Kindern« (nachzulesen bei Däubler, 13. Aufl., in § 80 Rz 35 f.).

Fazit: Theoretisch dürfte es keine Familiendiskriminierung im Betrieb geben, da jeder Arbeitgeber und jeder Betriebsrat hier ein Kernschwerpunkt in der betrieblichen Zusammenarbeit sehen müsste.

7.1.1.3 Teleologische Bewertung[60]

Es ist unbestritten, dass die Vereinbarkeit von Familie und Beruf gesellschaftspolitisch gewollt ist. Das erklärt sich auch historisch.

Wenn Juristen es sich scherzhaft erlauben, ihre Entscheidung in Gottes Willen umzudeuten, erlaube ich mir an dieser Stelle, Jesus zu fragen, was er zu diesem Thema zu sagen hat. Beim Evangelisten Lukas[61] wird beschrieben, wie irritiert Erwachsene sind, weil Jesus sich besonders den Kindern zuwendet. Er erklärt diese Liebe und Zuwendung damit, dass in den Kindern das Reich Gottes zu finden ist. Drohend verkündet er: »Wer das Reich Gottes nicht so annimmt wie ein Kind, der wird nicht hineinkommen!«

Wenn uns ernst ist, was uns wichtig ist, dann hat sich die Wirtschaft der Arbeitswelt anzupassen.[62]

Fazit: Theoretisch müsste jeder Christ sein Bestes zugunsten der Kinder geben.

7.2 Zwischenergebnis

Nach diesem sehr knappen Überblick[63] der rechtlichen Lage müssten wir ehrfurchtsvoll zusammenzucken, wenn im Streitfall eine Familie verhandelt wird.

---

60 Erläuterung auf Seite 26.
61 Lukas 18, 15–17.
62 Ebenso Däubler, § 80 Rz 34, 11. Aufl.
63 Das gesamte Thema ist bis zum heutigen Tag im betriebsverfassungsrechtlichen Kontext nicht bearbeitet.

7.3 Gerichtsentscheidung zum Thema

Eine rechtlich eindeutige Klärung zugunsten der Vereinbarkeit von Familie und Arbeit existiert in der Bundesrepublik Deutschland bis dato nicht. Immer wieder begeben sich weibliche und männliche Arbeitnehmer in ein hohes Prozessrisiko, wenn sie mit dieser Frage ein deutsches Gericht bemühen. Folgendes Beispiel soll dies belegen.

Ausgangslage: Zwei Betriebsrätinnen begehrten die Kostenübernahme für die Kinderbetreuung für die Zeit ihrer Betriebsratsarbeit außerhalb ihrer regulären Arbeitszeit. Eine verheiratete Betriebsrätin aus Hessen klagte 1997 diese Kosten ein und gewann. Eine andere alleinerziehende Gesamtbetriebsratsvorsitzende aus Bayern verlangte 2008 von ihrem Arbeitgeber ebenfalls die Kostenübernahme für die Kinderbetreuung für eine mehrtägige Gesamtbetriebsratssitzung außerhalb ihrer Arbeitszeit – sie verlor diesen Prozess. In Bayern. Sie hat sich nicht kleinkriegen lassen und zog mit ihrem Fall bis zum Bundesarbeitsgericht. Dort hat sie gewonnen. Was war passiert?

7.3.1 Pro Familie aus Hessen

Das LAG Hessen (LAG Hessen v. 22.07.1997 – 4/12 TaBV 146/96 in AiB 98/221), hatte einer Betriebsrätin den Anspruch auf Übernahme der Kinderbetreuungskosten durch ihren Arbeitgeber zugestanden, weil
- die Sitzungen des Betriebsrats außerhalb ihrer Teilzeitarbeitszeit lagen,
- ihr Ehemann bis 18:00 Uhr arbeitete und die Kinderbetreuung aus diesem Grunde nicht gewährleisten konnte,
- § 40 BetrVG das Ziel hat, dass einzelne Betriebsratsmitglieder nicht infolge ihrer Amtsausführung mit finanziellen Nachteilen belastet werden.

Das LAG Hessen hat § 40 BetrVG richtig gedeutet.

7.3.2 Contra Familie aus Nürnberg

Das LAG Nürnberg v. 27.11.2008 – 5TaBV 79/09 – hatte die Kostenübernahme für die Kinderbetreuung einer alleinerziehenden Gesamtbetriebsratsvorsitzenden für eine mehrtägige Abwesenheit von der Familie bei nicht unerheblicher Entfernung (500 km von zu Hause) verneint, weil in ihrem Haushalt, neben den kleinen Kindern (11 und 12 Jahre) eine volljährige Tochter lebte.

Dabei war die große Schwester selbst im Einzelhandel tätig. Ihr frühester Arbeitsbeginn lag bei 6:30, das späteste Dienstende bei 19:45. Ein Auto hatte die große Schwester nicht.

Für einen Teil des Erstattungszeitraums hatte die große Tochter Urlaub. Sie wollte diese Zeit nutzen, um sich zu erholen. Das Gericht meinte, dass das Bedürfnis der großen Schwester nach freier Zeitgestaltung unberechtigt sei, wenn dadurch der Arbeitgeber der Klägerin belastet werde.

Der Einwand der Mutter, dass sie in der Vergangenheit schlechte Erfahrungen gemacht habe, wenn die große Schwester auf die kleinen Geschwister aufgepasst habe, blieb unberücksichtigt.

Die Tatsache, dass die Schwester überhaupt nicht in den Schutzzweck des § 80 Abs. 1 Nr. 2 b BetrVG einzubeziehen ist, wurde überhaupt nicht erörtert. So kann es kommen ...[64]

Das LAG Nürnberg hat § 40 BetrVG falsch gedeutet.

7.3.3 Was sagte das Bundesarbeitsgericht?

Das Bundesarbeitsgericht hat am 23.06.2010 – 7ABR 108/08 – in einer knapp gehaltenen Entscheidung entschieden, dass die Kosten für die Kinderbetreuung durch die Arbeitgeber nach § 40 BetrVG zu übernehmen sind, weil diese Kosten infolge der Betriebsratsarbeit entstehen, ohne dass die Betriebsrätin einen Einfluss auf die Kostenvermeidung hätte. Ganz richtig hat das Bundesarbeitsgericht erkannt, dass die einzige Regelungsmöglichkeit der Betriebsrätin zur Vermeidung der Kosten nur möglich wäre, wenn sie das Mandat der Betriebsratsarbeit niederlegt. Und das darf nicht sein. Die gesamten Familienphantasien der Richter aus dem LAG Nürnberg spielten im Bundesarbeitsgericht überhaupt keine Rolle. Mit keinem Wort hat sich das Bundesarbeitsgericht mit den Ausführungen der Nürnberger Richter beschäftigt.

7.3.4 Auswirkung auf die Praxis

Die Entscheidung des Bundesarbeitsgerichts hat sich in der Bundesrepublik wie ein Flächenbrand verbreitet. Seit meinem ersten Betriebsräteseminar nach der Entscheidung im Juli 2010 habe ich nie wieder Betriebsräte angetroffen, die ihre Kinderbetreuung nicht durch ihren Arbeitgeber erstattet bekommen haben. Ihre Augen strahlten und die Entlastung war bei allen Betriebsräten spürbar.

---

64 Den Hinweis, dass diese Entscheidung drei männliche Richter getroffen haben, erlaube ich mir in dieser Fußnote. Als Mutter einer volljährigen und einer 12-jährigen Tochter konnte ich über diese Entscheidung nicht einmal den Kopf schütteln. Ich war sprachlos! Ich kenne keine Familie, in der man Geschwister wie selbstverständlich und ohne externe Kontrolle verpflichten könnte, Elternpflichten zu übernehmen.

7.4 Ergebnis

Der Gesetzgeber muss dringend eine eindeutige Regelung zur Stärkung und Unterstützung all jener Arbeitnehmer treffen, die »Familie & Beruf« zu vereinbaren haben. Vor 1997 wäre niemand in der Bundesrepublik auf die Idee gekommen, diese Lebenswirklichkeit vor ein Gericht zu tragen. Wenn wir uns vor Augen führen, dass die rechtliche Klärung bis zur eindeutigen Entscheidung – in diesem Fall – 14 Jahre gebraucht hat, wissen wir alle, die wir mit einer Familienbeziehung im Leben stehen, dass wir erst am Anfang einer diskriminierungsfreien Beteiligung aller Menschen in der Arbeitswelt stehen. Neben der hohen wirtschaftlichen Belastung, die eine Familie zu tragen hat, schmerzt vor allem die Missachtung dieser ganz besonderen Lebensleistung.

8. Rechtliche Schranken für den Arbeitgeber

Nach § 23 Abs. 3 BetrVG kann der Betriebsrat oder eine im Betrieb vertretene Gewerkschaft bei groben Verstößen des Arbeitgebers gegen das Betriebsverfassungsgesetz beim Arbeitsgericht beantragen, den Arbeitgeber zu verpflichten:
- eine Handlung zu unterlassen,
- oder eine Handlung vorzunehmen,
- oder die Vornahme eine Handlung zu dulden.

Folgt der Arbeitgeber dieser Verurteilung nicht, kann er mit einem Zwangsgeld- oder Ordnungswidrigkeitsgeld belegt werden. Ein Verfahren nach § 23 BetrVG ist bedeutend schneller als die Klage eines einzelnen Arbeitnehmers.

Nach § 119 BetrVG kann ein Arbeitgeber mit Geldstrafe oder Haftstrafe durch das Arbeitsgericht und durch die Staatsanwaltschaft belangt werden, wenn er
- die Wahl eines Betriebsrats behindert oder durch Zufügung oder Androhung von Nachteilen oder Gewährung oder Versprechen von Vorteilen beeinflusst,
- die Tätigkeit des Betriebsrats behindert oder stört,
- ein Mitglied des Betriebsrats um seiner Tätigkeit willen benachteiligt oder begünstigt.

9. Rechtliche Schranken für den Betriebsrat

Bei groben Pflichtverletzungen aus dem Betriebsverfassungsgesetz kann der Betriebsrat nach § 23 Abs. 1 BetrVG aus seinem Amt durch das Arbeitsgericht enthoben werden. Ich kenne keinen Fall, in dem ein Arbeitsgericht einen Betriebsrat jemals aus dem Amt enthoben hat, weil er etwas falsch gemacht hat. Aus meinem Fundus sind mir Fälle bekannt, in denen ein Gericht einem Betriebsrat erklärte, was er falsch gemacht hat. Die Richter halten dann einen Rechtsvortrag, wie Sie sich im Sinne des Betriebsverfassungsgesetzes zu verhalten haben. Dann werden Betriebsräte sozusagen abgemahnt und nur, wenn sie denselben Fehler erneut machen und damit die Entscheidung des Gerichts ignorieren, liegt ein grober Verstoß vor, der zur Amtsenthebung führen kann.

Das Gericht weiß auch, dass Sie keine Juristen sind und dass die Rechtsmaterie viel zu kompliziert ist, als dass man alles richtig machen könnte. Bei der Schuldfrage wird auch immer berücksichtigt, wie viel Ihr Arbeitgeber dazu beigetragen hat, dass sie eine gesetzeswidrige Handlung begehen. Angenommen, Sie machen im Kündigungsverfahren Fehler, und dann stellt sich heraus, dass Ihr Arbeitgeber nie eine Schulung zum Thema Kündigung bewilligt hat. Dann wird das Arbeitsgericht Sie ermuntern, in Zukunft die Hilfe des Arbeitsgerichts in Anspruch zu nehmen und bei einem NEIN des Arbeitgebers nicht gleich aufzugeben. Mehr passiert Ihnen aber nicht.

So lange Sie Ihre Handlungen mit dem Betriebsverfassungsgesetz begründen können, brauchen Sie sich ohnehin keine Sorgen zu machen.

10. Haftung des Betriebsrats?

Viele Betriebsräte sorgen sich, ob sie für ihre Handlungen persönlich haftbar gemacht werden können. Diese Sorge ist so lange unbegründet, wie sich der Betriebsrat im Rahmen des Betriebsverfassungsgesetzes bewegt und nur die ihm zugestandenen Rechte nutzt. Das Betriebsverfassungsgesetz erlaubt Ihnen ausdrücklich, das betriebliche Geschehen mitzugestalten und damit auch ggf. Arbeitgeberhandlungen zu blockieren. Im Umkehrschluss kann aus dieser ausdrücklichen Erlaubnis keine Haftung begründet werden.

Wenn Sie unsicher sind, ob Sie eine bestimmte Strategie verfolgen dürfen, beschließen Sie einfach die Einschaltung von Juristen. Dann erfahren Sie, was erlaubt ist und was eben nicht.

Sich Hilfe organisieren 211

Wenn Du einen Riesen siehst, so achte auf den Stand der Sonne, ob es nicht der Schatten eines Zwerges ist.

Zeichnung: Bernhard Wieszezeynski

Stichwortverzeichnis

A
Altersgemäßes Arbeiten 173
Anwälte 200
Anwesenheitsliste 103
Arbeitgeberpflicht 147
Arbeitsbeziehung 147
Arbeitsorganisation 92
Arbeitsplanung 79, 147
Aufbau des BetrVG 67
Aufgabe des Betriebsratsmitgliedes 87
Augenhöhe 149
Auslegen von Paragraphen 18

B
Beratungsgespräch 165, 166
Beschäftigungssicherung 153
Beschlüsse des Betriebsrats 100, 110
Beschwerdeverfahren 161
Beteiligungsqualitäten 67, 161
Betriebsfamilie 85
Betriebsratsarbeit in Kleinbetrieben 76
Betriebsratsarbeit mit Freistellung 78
Betriebsratssitzung 35
Betriebsratsvorsitz 85
Betriebsversammlung 132, 133, 136, 138
– Abteilungsversammlung 132
– Auswertung 135
– Durchführung 135
– Hausrecht 138
– Teilnahmerecht 133
– Teilversammlung 132
– Versammlungsraum 134
– Vorbereitung 133, 136
Beziehungskonflikte 176
Bundesgesetze 35

C
Contra Familie 207

E
Ehrenamtlichkeit 106
Einigungsstelle 192
Ersatzmitglied 89
Europäisches Recht 34
Externe Öffentlichkeitsarbeit 114

F
Familie und Beruf 116, 174, 204
Formulare 102
Freistellung 78, 79
Friedenspflicht 43, 147, 154

G
Gedicht 85
Geheimhaltung 157
Geschäftsordnung 108
Gesetzliches Verbot
– Arbeitgeber 209
– Betriebsrat 210
Gesprächsführung 165
– Beratungsgespräch 165
– Konfliktgespräch 166
– Seelsorgegespräch 165

Gesundheitsmanagement 113, 172, 173
Gewerkschaft 33, 39, 104, 190
Grundgesetz 33
Günstigkeitsprinzip 35

H
Haftung des Betriebsrats 210
Hilfe organisieren 186
– Einigungsstelle 192

I
Interessenkonflikt 176, 177
Interne Öffentlichkeitsarbeit 114

K
KAPOVAZ 51
Kleinbetriebe 76
KollegInnen 114, 132, 161
Kommunikation 149
Konflikt 178
Konfliktgespräch 165, 168, 175, 178
Konfliktmanagement 174
Konstituierende Sitzung 71
Kosten 133
– für Betriebsversammlung 133
Kosten der Betriebsratsarbeit: Literatur 130
Kostenübernahme für Kinderbetreuung 129
Kündigung 65, 66

L
Landesgesetze 36
Leitende Angestellte 147
Literatur 130, 188

M
Mobbing 173
Monatsgespräch 150

O
Öffentlichkeitsarbeit 75, 114

P
Personelle Mitbestimmung 59
Persönlichkeitsrechte 174
Pflicht des BR 41
Primärprävention 174
ProFamilie 207
Protokoll 98, 104, 111, 153

R
Recht des BR 18
Rechte und Pflichten 147
Rechtliche Schranken
– Arbeitgeber 209
– Betriebsrat 210
Rechtsverordnungen 37
Rolle der Betriebsratsmitglieder 85, 92, 149

S
Sachkonflikt 176, 178
Sachverstand 196
Schulung 120
Schutzbedürftige Personen 62
Seelsorgegespräch 165, 167, 171
Sekundärprävention 174
SiegerInnentreppe 69
Sitzung 96
Soziale Mitbestimmung 65, 90, 91, 101–104, 108, 113, 123–125, 127–130, 153, 164, 192, 193
Sozialplan 45
Sperrwirkung des Tarifvertrags 42
Sprechstunde des Betriebsrats 111
Strategie & Taktik 138
Stress am Arbeitsplatz 174
Strukturkonflikt 176, 178
Systematischer Aufbau des Betriebsverfassungsgesetzes 67

Stichwortverzeichnis

T
Tarifverträge 37
Teamarbeit 92
Tertiärprävention 174

U
Unterrichtung, rechtzeitig und umfassend 155

V
Verhandlung 165, 166, 168, 172
Vertrauensvolle Zusammenarbeit 147

W
Wertekonflikt 176, 177
Wirtschaftliche Mitbestimmung 68

Kompetenz verbindet

Christian Schoof

Betriebsratspraxis von A bis Z

Das Lexikon für die
betriebliche Interessenvertretung
11., überarbeitete Auflage
2014. Ca. 1.900 Seiten, gebunden
inklusive Online-Ausgabe
ca. € 54,–
ISBN 978-3-7663-6318-3
(lieferbar ab Juni 2014)

Von Abfindung bis Zurückbehaltungsrecht des Arbeitnehmers: Der »Schoof« ist aus der Praxis der Betriebsratsarbeit nicht mehr wegzudenken. Das bewährte Lexikon liefert praktische Hilfen zum Beantworten von im betrieblichen Alltag auftretenden Fragen. Es informiert über die Aufgaben, Rechte und Handlungsmöglichkeiten des Betriebsrats und zeigt Rechte und Pflichten der Beschäftigten auf.

Auch für Nichtjuristen verständlich sind die Erläuterungen zu den jeweiligen Begriffen und Fallgestaltungen. Sie werden ergänzt durch zahlreiche Checklisten, Musterschreiben und Übersichten. Bei jedem Stichwort finden sich zusätzlich die wichtigsten Leitsätze der Rechtsprechung.

Neu: die **Online-Ausgabe** mit sämtlichen Stichwörtern, Arbeitshilfen und Leitsätzen zu jedem Stichwort. Die Inhalte lassen sich so ganz einfach übernehmen und weiter bearbeiten.

Zu beziehen über den gut sortierten Fachbuchhandel oder
direkt beim Verlag unter E-Mail: kontakt@bund-verlag.de

Bund-Verlag